古代貴族社会の結集原理

野口　剛　著

同成社　古代史選書　22

目　次

第Ⅱ部　神事の実像

古代貴族社会の結集原理

序章　問題の所在

古事記の上巻は、かく語っている。

天照大御神、見畏《みかしこ》み、天の石屋戸を開きて、刺しこもりましき。しかして、高天の原みな暗く、葦原の中国《なかつくに》ことごと闇し。これに因りて、常夜《とこよ》ゆく。ここに、萬の神の声は、狭蝿那須満《さばえなすみ》ち、萬の妖《わざわい》ことごと発《おこ》りき。ここをもちて、八百萬神、天の安之河原に、神集ひ集ひて、高御産巣日神の子、思金神に思はしめて、云々と。(1)

ここにみられる神代の出来事は、天照大御神が石屋戸に隠れてしまうという非常事態に際して、高天の原の神々が天の安の河原に集まって話し合ったということを述べたものであるが、これは、古事記の編纂時、もしくはそれに近い頃に、実際にヤマト政権のなかで諸氏族の族長が集まって合議的な政治を行っていたことを基礎にして描かれたものではないかと考えられている。(2)そして、古事記はさらにこうした事態への対処方法を次のごとく記し、神事を執り行う場面へと移行していく。

常世ノ長鳴鳥《ながなきどり》を集めて、天の安の河の河上の天の堅石《かたしわ》を取り、天の金山《かなやま》の鉄を取りて、鍛人天津麻羅《かぬちあまつまら》を求めて、伊斯許理度売命《いしこりどめのみこと》に科《おお》せて、鏡作らしめ、玉祖命《たまのおやのみこと》に科せて八尺《やさか》の勾璁《まがたま》の五百津《いおつ》の御須麻流《みすまる》の珠作らしめて、天《あめの》児屋命《こやねのみこと》、布刀玉命《ふとたまのみこと》を召して、天の香山《かぐやま》の真男鹿《まおしか》の肩を内抜《うつぬ》きに抜きて、天の香山の天の波々迦《ははか》を取りて、占《うら》合ひ麻迦那波《まかなわ》しめて、天の香山の五百津真賢木《いおつまさかき》を根許士《ねこじ》に許士て、上つ枝《ほつえ》に八尺の勾璁の五百津の御須麻流の玉を取り著け、中つ枝に八尺鏡《やたのかがみ》を取り繋け、下つ枝に白丹寸手《しらにきて》、青丹寸手を取り垂《し》でて、この種々《くさぐさ》の物は、布刀玉命、布刀御幣《ふとみてぐら》と取り持ちて、天児屋命、布刀詔戸言祷《ふとのりとごとほ》き白《まお》して、天の手力男神《たじからおのかみ》、戸の掖に隠り立ちて、天の宇《う》受売命《ずめのみこと》、天の日影を手次《たすき》に繋けて、天の真析《まさき》を蘰《かづら》として天の香山の小竹葉《ささば》を手草《たくさ》に結ひて、天の石屋戸に汙気《うけ》伏せて、踏みとどろこし、神懸かりして胸乳《むなち》を掛き出で、裳の緒番登《おほと》に忍垂《おした》れつ。しかして、高天の原、動《とよ》みて八百萬の神ともに咲《わら》ひき。

ここでも、それぞれのウヂの祖神たちは分担して祭事の準備をし、祭事がはじまると布刀玉命は御幣を捧げもち、天児屋命は祝詞を読み上げるという厳粛な時間帯へのプロセスをたどる。

そういった緊張した聖なる営みが終了し、次に天の宇受売命が神がかりして神楽を舞い、それをみた神々が哄笑するという場面へと向かっていくが、これによって天照大御神は天の石屋戸を出、高天の原と葦原の中つ国には光が戻り、日常の秩序の回復が示されている。

そのあと、さらにこうした異常な事態を引き起こした速須佐之男命に対しては、

八百萬の神、共に議りて速須佐之男命に千位《ちくら》の置戸《おきど》を負わせ、また鬚と手足の爪とを切り祓はしめて、神やらひやらひき。

という刑罰を与えている。そして、ここでも注目すべきことは天照大御神が速須佐之男命にこの刑罰を自ら下しているのではなく、集まった八百万の神々が協議してこれを決めているということである。

こうした神代の物語について、それが何らかの現実を反映したものであるとしても、そこから直ちに実際の政治や社会のあり方を論じることには、なお慎重でなければならない。しかし、それと同時に、かく語られている世界には、日本の古代国家における大王や天皇、さらには政治や文化のあり方を考える際に、なお無視しえない要素があること

もまた事実というべきであろう。

それは三国志の魏書東夷伝において、卑弥呼の場合もそうであるが、年十六歳の壱与という女子が共に立てられて邪馬台国の王となり、それによって国中が納得し治まったと記述されていることであり、また、宋書の倭国伝に収録された倭王武の上表文には、東西に転戦して寧処に遑あらずと記されながらも、三世紀後半以降、六世紀の磐井の乱までは日本列島内でそれほど大規模な戦闘は発生せず各地に大豪族が居館を構えながら、ヤマトの王権に服属しているようにみられるからである。さらに　日本書紀巻二十二では、崇峻天皇の弑逆《しいぎゃく》による混乱を収束させるため、欽明天皇の皇女であり敏達天皇の皇后であった額田部皇女を群臣百寮が推挙して、推古天皇としての即位が行われていることが記されているが、こうしたことなどと比較した時、そこのある種の共通性をみるのはそう難しいことではないであろう。

では、こうした諸現象を成り立たせている社会とは、どういった原理で機能している社会であったのだろうか。日本列島中央部における国家の誕生はどのような人間の結びつきの総体として存在が可能となったのであろうか。さらに、ひとたび国家というシステムをもつにいたった社会は、その後の経済や文化的諸条件の変化のなかで、そうした人間のつながり方をいかに組み替えていったのであろうか。確かに、日本列島中央部における国家の形成をいつ頃の時期に設定するべきかという議論は種々存在するのであるが、紀元前後において小地域に成立した政治権力が相互の抗争を経過しつつ、しだいに広範囲の統治を可能とする大きな政治単位へと変貌をとげ、やがては平城京や平安京といった明確な政治都市を形成する国家へと成長していったということに関しては、ほぼ異論は存在しない。しかし、国家というものも、それを分解していくならば、その原点は人間と人間とのつながりにあり、それらを複雑に組み合わせていったものである。そのつながり方には人間に恐怖心をあおりたてて服従を強要するような、露骨な暴力的な手段を用いてそれを可能にするものもあれば、物質的な利益を供与することによってゆるやかに服従させるという関係の場合もある。さらには、一方の人間が他方の人間に優越感をもたせるなど心理的な快感をあたえることによって、はじめて成り立つような関係も存在している。現実に存在する国家とは、いつの時代であれ、どこの地域であれ、こうしたさまざまな関係をその内部にふくみ込んで機能しているはずであるが、その組み合わせのあり方によってその運動形態は非常に異なり、非常に個性的なものとなってくる。また、そういった国家の外観も著しく違ったものとなっているのである。

こうした見地からみた時に、日本列島中央部に出現した古代国家には、どういった位置づけをするべきなのであろうか。一般に古代国家を考える場合、その対象が史料上に明確にとらえられる政治制度上の問題から入るか、あるいは政治や文化のあり方をその根底から規定していると考えられる生産状態の問題から入っていくことがこれまでの多くの場合にとられてきた方法であり、それらはそれ自体、十分に合理的な根拠をもつものである。しかしその一方で、古代国家をより文化的ないしは感性的な角度から考えようとする傾向も存在している。例えば、その一つが吉田孝氏の古典文化論ともいうべき考え方である(3)。これは、平安中期の記録類のなかには奈良時代どころか、延暦年間までさかのぼって言及する記述も少ないという土田直鎮氏の発言を受けて(4)、九世紀後半こそ日本における古典文化の時代と呼ぶべきものではないかと提起したものである。この議論においては「日本」という名称は世界史的には王朝を指す名称であり、現在にも通じる日本国家の成立をこうした文化形成の観点から論じたものである。このように人々の感性を視野に入れて日本の国家なり、文化なりをみていこうとする性格のものとしては、かつて、内藤湖南が「応仁の乱に就て」という講演を第一次大戦が終結した直後の大正十年八月の史学地理学同攻会に行っており(5)、そこでは「応仁の乱以後百年ばかりの間といふものは日本全体の身代の入れ替りであります」と述べているように、政治権力の帰趨とは違った基準で歴史を区分したものを世に示しているのである。また、南北朝時代をもって日本歴史を前後に区分しようとした網野善彦氏の考え方(6)もこうした系譜のなかに位置づけられる性質のものであろう。

もっとも、現実的な国家というものの性質を考える際に必要なことは、その国家の最も本質的属性たる強制力の問題である。それは社会外の存在との間に発生する紛争を解決する場合にも、徴税のような社会内の富を特定の場所に集中させる場合においても、そのいずれにおいても人々に対して有無をいわせない強制力をもって行使される点にある。したがって、そうした強制を可能ならしめる制度を構築するところに政治権力の最大の意味があるわけであり、その意味では権力とは強制力そのものでもあるともいえる。そして、そういった強制力を掌握する者は決して個人として存在することはできず、必ず何がしかのある大きさをもつ集団として存在せねばならないという特徴をもつ。その際、そこには必ず集団自体を作り上げる共通した原理や感性といったものが機能していなければならず、そのような集団が作り上げた政治体制に従う人々を感情面からも納得させるような社会的な状態、より根源的にはその社会を成立せしめている文化的基盤に立脚した行為というものを前提としなければならない。すなわち国家権力とは、むき出しの暴力として表出されるだけでは継続できず、そこには必ず権力を支える権威性、自らを正統化するある種の内的動機づけを必要としてくる。そして、そうした権威とは軍事的成功のごとき外在的権威として付与される場合もあるが、人々を心の底から納得させ、従わしめる内的権威、その究極的な形態である宗教的権威を伴った権威をもたなければ完結しないという性格をもつ。本論において集団における結集の原理にはじまり、さらにはそこに認められる族制をめぐる感性の問題、そして、とくに王権をめぐる浄化作用の問題、地域社会における民俗慣行へと対象が拡大するのは、こうした国家を成立せしめる社会的基盤を考えたいからである。もっとも、人間の社会ではいかなる時点のどの地域をとってみても、必ず上下優劣の意識を伴った階層制が存在するものであり、すべてにおいて決して均一な状態の社会関係というものは存在しない。社会の支配層を形成する人々と、社会の最底辺で暮らす人々を文化的にも同一次元で論じることはできない。

こうしたことから、本書ではまず史料上からもより把握が可能な、政治権力をになう階層にひとまず基準を置き、そこにみられる民俗的あるいは慣習的ともいえる生活感覚について考える端緒とする。そして、まずその手はじめとして古代の貴族や豪族とされる人々の結びつき方、つながり方を考え、そこから古代社会および国家の成り立ちの契機を考えてみたいのである。そして、更にはそうしたこととも密接な関連性をもつが、そうした人々を結び付けている、結集の核となるべき社会における聖性の問題すなわち、神々の問題、神事の問題へとつなげなければならない。この書の題名「古代貴族社会の結集原理」には、こうした意図が込められているのである。

注

（1）この訓読は、岩波思想大系『古事記』（岩波書店、一九八二年）をもとに、それに手直しを加えたものである。以下同じ。

（2）井上光貞「古典における罪と制裁」（『日本古代国家の研究』岩波書店、一九六五年、初出は一九六四年）など。

（3）吉田孝「律令国家の諸段階」（『律令国家と古代の社会』岩波書店、一九八三年）、初出は「日本における律令国家の諸段階」（『東アジア世界における日本古代史講座』7、学生社、一九八二年）。および『日本の誕生』（岩波書店、一九九七年）。

（4）土田直鎮氏は村井康彦氏・白洲正子氏との鼎談のなかで「平安のお公家さんの日記を読んでいると、奈良時代には関心がないですね。」、「さかのぼっても、貞観あたりがせいぜいで、桓武天皇もあまり出て来ませんね。」と発言している（『人物探訪　日本の歴史2　王朝の貴族』に収録された鼎談「奈良・平安朝の群像」（暁教育図書、一九七五年）。

（5）内藤湖南「応仁の乱に就て」（『内藤湖南全集』第九巻、筑摩書房、一九六九年）。この講演はその後、『日本文化史研究』のなかに収載され、一九二四年に弘文堂から出版された。

（6）　網野善彦「『社会構成史的次元』と『民族史的次元』について」（『日本中世の非農業民と天皇』岩波書店、一九八四年）。のち『網野善彦著作集』第七巻（岩波書店、二〇〇八年）に再録。

第Ⅰ部　古代貴族の結集

第一章　結集の原理

一　権力を集中させる社会

人間の社会には、権力を集中させた政治組織をもつものと、そうした集権的な政治組織をもたずに存続していく社会があるということは、文化人類学がもたらした新しい知的地平の一つである。そして、特別な集中的政治組織をもたない社会というものは、その内部で発生する問題を社会組織のなかで肩代りして解決してゆく仕組みをとっているという。(1) この類型に従えば、国家とは集中的な政治的組織をもつにいたった社会の一形態ということになり、現代国家とはわれわれが知りうる最も究極的な権力集中的社会形態ということになろう。一方、人類史において、非常に長い石器時代があったということは、非集中的権力機構の社会が長期間にわたって存在し続けたということであり、かつてはこの類型の方が一般的であったということになる。したがって、見方によっては、この二つの社会類型とは社会の発展段階の差異であると理解することも、また、これを交通や通信手段といった技術の発達段階の違いであると考えることも、当然ありうることである。しかし、その一方、主権国家というものが地球上をくまなく覆い尽している現代においてもなお、アフリカ大陸や東南アジア地域、南アメリカ大陸などにおいて、小さな地域においては主権国家に収斂しきれない非権力集中的社会が存在し続けてきたということも、また、厳然たる事実であった。

こうした見方に立って、日本列島の位置する西太平洋の島嶼社会をみてみるならば、北海道本島から千島列島、樺太地域にはアイヌ人社会をはじめ、比較的最近まで権力を必ずしも一箇所に集中させた政治組織をもたない社会があったわけであるし(2)、また、沖縄本島から台湾、フィリピン諸島においても、ユーラシア大陸部と比べるならば政治組織の権力集中化の進展ははるかに緩慢であったといえよう(3)。さらに、パラオ諸島やマリアナ諸島などにおいても、やはり権力が集中して継続していくための十分な条件を欠いていたものと考えることができよう(4)。

それに対して、日本列島の九州北部地域から本州の近畿地域にかけては紀元前後の戦乱をへて、しだいに権力の集中化を促進する方向へと社会が変化していった。漢書地理志に記された「百余国」にはじまり、三国志魏書烏丸鮮卑東夷伝にみえる「女王国」、そして平城京や平安京においてその中心部に官舎を並べた朝廷組織へと継続してゆく過程は、まさにそういった権力を集中させた政治組織の諸特徴をもっていると判断できるものである。

それにしても、日本列島の中央部ともいえるこの地域において、権力集中的な政治組織の発達をみるという方向で社会変化が進み、なぜ権力を分散化させた社会組織を維持するという方向ではその歴史が展開しなかったのだろうか。その理由の一つは、激しい戦乱の繰り返されたユーラシア大陸と距離的に近いという地政学的要因が作用していたことは重視されなければならない。権力集中の契機として、海を越えて日本列島に渡来する多くの人々がいたという意味はきわめて大きい(5)。また、一定程度の土地の広さとそこで生産される食料の分量、さらにはそれに支えられた人口の大きさといったことも、こうした社会のあり方に大きく関連していると思われる(6)。しかし、そうした権力のあり方を規定しているであろう要因といったものは、その後、本格的な国家と称される政治組織が整備されてきても、その社会の性格に深く刻印されていったものと考えることができると同時に、それまで存在していた社会の性質というものが逆に権力集中化のあり方にも作用を及ぼすものであったことにも注意しなければならない。今日、われわれが権力集中的な政治組織である国家を考えるにあたって、日本列島における国家の初期段階の社会の性質を問題とする理由は、実にここにこそ存在するというべきであろう。

石母田正氏は、かつてその著書のなかで次のように記していた。「国家の成立についての諸問題が全面的に提起されるのは、古代国家の完成される時期においてであって、七・八世紀、すなわち、推古朝から大化改新を経て律令国家の成立にいたる時期こそ、国家の成立を総括的に問題にし得る基本的な場でなければならない。」と。[7] ここには、紛れもなく、律令国家とは、それ以前の日本社会が経験した政治的ないしは社会組織上の総決算そのものであるという認識が表明されている。確かに国家とは何か、その起源をいつに求めるべきかという形式の議論は数多く存在する。しかし、政治組織の変遷という観点からみた場合に、天皇をはじめとする皇室制度、太政官を頂点とする政府の官制、五畿内国と七道諸国といった地域区分の方式、各地域を国という単位で京から派遣された国司が統治する制度など、いずれも七・八世紀において一定の様式を確立しているということは否定できない。それと同時に、これら国家の諸要素が、日本列島において律令が整えられてくる以前の、長い社会的体質の上に開花したものであるという点で、七・八世紀こそ国家の問題を論じる際に適切な時期であるということは間違いない。

また、日本列島における政治組織の形成とその社会を考えるにあたって、七・八世紀が注目されなければならないのは、その他にも理由が存在している。それは、現在、知りうる史料が、ほぼこの時期にはじまるということである。これは、そのこと自体、非常に興味深いことであるが、単に量的に拡大するということだけにとどまらず、僅かながらも風土記や戸籍・計帳、さらには木簡や漆紙文書によって社会各層の動きが垣間みえるということでもある。それは、いわば社会の全体像をおぼろげながらも描き得る可能性があるということを意味している。

さらに、日本列島の歴史を通覧した場合に、繰り返してたち現れる要素、すなわち、君主の称号、官職の名称、位階勲等の制度、文書の様式、筆や紙の製法、税の品目など、この時期に形成される多くのものが、その後も連続的に使用され、一部は現代にまで至っているということである。一度、確立されたものが、その後も使われ続けるということは、そこにそれなりに意義があったためとみなければならず、それを必要とする動機が作用していたといわなければならない。そのことは、この時期の研究が、国家の初期段階のみならず現代の日本国家を考える上でも、重要な示唆を与えうる可能性があるということを意味しており、長期的な展望の下に日本社会の体質を考える上でも有利な条件を備えていると考えることができるだろう。

こうした見地から、いま、ここで対象として取り上げようとするのは、専ら七世紀から九世紀におよぶ日本列島中央部、すなわち本州から九州にいたる地域の社会に居住する主に支配層に属する人間のつながり方である。そして、この「律令国家」と称される日本の歴史学独特の操作概念によって示される体制は、その基礎に多くの非律令的な要素をふくみ、それらが機能してはじめて成立するものである。このことから、井上光貞氏はこれを律令制と氏族制による二元国家と表現したし、(8)また、石母田正氏は在地首長制と総体的奴隷制という概念を用いて国家の基礎構造をとらえ、これを二重構造として理解しようとした。(9)こうした考え方はその後の研究者にも非常に大きな影響を与えていったが、ウヂや国造のような律令の規定には明確に位置付けられないような要素が、九・十世紀の時期においていかなる変化を遂げていくのかを考えてみることは、その後の日本における権力構造をみる上でも重視しなければいけない点である。とくに権力を集中させた政治組織の頂点に立つ天皇が、いかなる意味においてその存立を可能にしているかを考えるためには、こうした社会を成立せしめている人間のつながり方にまで視野を広げていかなければならない。そして、そうした点にこそ、この時期の政治組織が「律令国家」という国家の一つの完成であるとともに、その後の歴史にある種の規範性を与えていく秘密が隠されているように思われるのである。

ここでは、こうした問題関心にもとづき、まず、律令の規定には明確に位置付けられない現象に注目したい。そして、それを通して日本列島中央部におけるこの時期の権力集中を可能ならしめている原理を考えてみたい。それにより、その後の時代に規範性を与えていく社会と人々の精神の特性を知る端緒としたい。

二　固関が意味するもの

養老令三十編のなかに関市令があり、これがその母法たる唐令においても同様に関市令の名で呼ばれ、その条文もかなり類似していたことは、唐律疏議や大唐六典などに引かれた文から明らかである。(10)そうした意味では、関所が律令制度にもとづく政治運営において重要な一装置であったことは確かである。

一方、養老令のなかには「三関」という用語が使われている。この「三関」とは、伊勢国の鈴鹿関、美濃国の不破関、越前国の愛発関を指すものであるが、奈良時代において単に関といえばこれらの関を意味するほど、文献のなかではしばしば用いられるものである。しかし、この「三関」という存在は、唐にその原型をみないのみか、時に応じて閉ざされたり開かれたりするという点で、必ずしも律令的政治運営の原理的産物というだけでは理解しえないものである。むしろ、律令制度の普遍的性格とは異質の、日本列島社会の特異性によって理解されるべき存在であると考えられるのである。

そして、これについて一つの示唆を与えてくれるのが、日本古典文学大系本出雲国風土記に記された合計一〇ヶ所に及ぶ「剗《さん》」の存在である。この剗については、養老職員令70大国条に国の守の職掌として「関剗および関契の事を掌れ」とあり、令義解ではこれに「関は検判の処、剗は塹柵の所、是なり」という解釈をほどこし、これを根拠に関と剗とを違ったものとする見方も存在している[11]。しかし、前近代社会において軍事と警察という二つの行為を区分することは難しく、また、いずれの剗も出雲国が伯耆国、備後国、石見国などに接する国の境の道路に設置されているところからみて、機能的にはほとんど関と差のないものであったとみるのが妥当であろう。そして、剗が記されている史料は、この他にも、

ア「遣下二従五位下藤原朝臣房前于東海東山二道一、検二察関剗一、巡中省風俗上。仍賜二伊勢守正五位下大宅朝臣金弓、尾張守従四位下佐伯宿禰大麻呂、近江守従四位下多治比真人水守、美濃守従五位上笠朝臣麻呂、当国田各一十町、穀二百斛、衣一襲一。美二其政績一也。」（続日本紀和銅二年九月己卯条）

イ「置二剗奈羅一。」（同天平宝字元年七月庚戌条）

ウ「遷二尾垂剗於葦淵一。」（同天平宝字三年十月戊申条）

エ「　安積団解　□□番［　　　］事
　畢番度玉前剗還本土安積団会津郡番度還　　」（『多賀城跡（宮城県多賀城跡調査研究所年報、一九八四年）』所収、宮城県多賀城跡調査研究所、一九八五年）。

オ「始置二近江国相坂大石龍花等三処之関剗一。」（日本文徳天皇実録天安元年四月庚寅条）

カ「応下准二長門国関一、勘中過白河菊多両剗上事」（類聚三代格巻十八、承和二年十二月三日太政官符）

これらのうち、アの「関剗」とは三関とその周辺のものを指しているものと思われ[12]、また、オとカの場合は後に歌枕ともなった逢坂関や白河関もふくまれている。こうしてみるならば、関と剗とは用字上の違いに他ならないと考えるべきであろう。したがって、出雲国風土記に記された「剗」も三関などとは施設規模の上で差異はあるだろうが、機

能の上では隣国との境に置かれた関所と理解すべきであろう。確かに出雲国という地域は、記紀の神代の記述においても、また、荒神谷遺跡や加茂岩倉遺跡などから出土した青銅器にしても、さらには巨大な宮柱が出土した出雲大社にしても、日本古代史上において非常に特異な性格をもっていることは間違いない。しかし、風土記では出雲国だけが完本であること、また、エのようにこれまで文献上からはまったく知られていなかった玉前剗のような存在が確認されている[13]ことからすれば、八世紀から九世紀にかけての時期に日本列島中央部には、かなりの数の関や剗と呼ばれる施設があったと考えるべきであろう。

しかし、そうした一般的な状況をふまえた上でなお注目しなければならないことは、出雲国風土記の神門郡や飯石郡にみられる次の記載である。

通㆓同安濃郡川相郷㆒、卅六里、径常剗不㆑有。但当㆑有㆑政時、権置耳。

（神門郡家より石見国安濃郡川相郷の境まで三十六里の距離があり、道路に常設の関はないが、政事があるときは臨時に関が置かれる。）

あるいは、また

波多径、須佐径、志都美径、以上径、常無㆑剗。但当㆑有㆑政時、権置耳。並通㆓備後国㆒也。

（波多道、須佐道、志都美道、以上の三道には通常は関がない。しかし、政事があるときには臨時に関を置くのである。どれも飯石郡から備後国にいたる道である。）

という記載がある。ここから、この関剗が常設のものではなく、臨時に置かれる場合もあることがわかるが、ここでいう「有㆑政時」とは具体的にどういった状況を指すのかは俄かには判断できない。しかし、これらが非常時において三関を閉鎖する行為と、現象の上で非常に類似しているということは注意すべき点である。そこで、この問題をさらに深化させるには、おおよそ二つの方法が考えられるであろう。つまり、一つには、日本列島中央部において関がもっている一般的な機能を明確にすること、二つ目には、固関と開関の状況が比較的よくわかる事例から、その理由を整理していくこと、この二つである。

まず最初の、日本列島中央部の古代社会において関がどういった機能をもっていたのかということについて、最も包括的に記述しているのは、養老律令をおいて他にはない。それによれば、

（衛禁律25私度関条）凡私度レ関者、徒一年。〈謂、三関者。〉摂津、長門減二一等一。余関又減二一等一。越度者、各加二一等一。〈不レ由レ門為レ越。〉已至二越所一未レ度者、減二五等一。〈謂、已到下官司応二禁約一之処上。余条未レ度准レ此。〉即被レ枉二徒罪以上一、抑屈不レ申、及使人覆訖、不二与理一者、聴下於二近レ関国郡一具レ状申訴上。所在官司、即准レ状申二太政官一、仍逓送至レ京。若无二徒以上罪一、而妄陳者、即以二其罪一々之。官司抑而不レ送者、減二所レ訴之罪二一等一。

（衛禁律26不応度関条）凡不レ応レ度レ関而給二過所一、〈取而度者亦同。〉若冒名請二過所一而度者、各徒一年。摂津、長門二減一等一。余関又減二一等一。即以二過所一与レ人、及受而度者、亦准レ此。若家内人相冒、杖八十。主司及関司知レ情者、与同罪。不レ知レ情者不レ坐。即将二馬牛一、越度冒度及私度、各減二度人二等一。〈家畜相冒者、不レ坐。〉

（衛禁律27関津無故留難条）凡関津度レ人、无レ故留難者、一日主司笞廿。一日加二一等一。罪止二杖一百一。

（衛禁律29領人兵度関条）凡領二人兵一度レ関、而別人妄随度者、将領主司。以二関司一論。関司不レ覚、減二将領者罪一等一。知レ情者、各依二故縦法一。

（軍防令54置関条）凡置レ関応二守固一者、並置配二兵士一、分番上下。其三関者、設二鼓吹軍器一、国司分当守固。所レ配兵士之数、依二別式一。

（関市令1欲度関条）凡欲レ度レ関者、皆経二本部本司一、請二過所一。官司検勘、然後判給。還者連二来文一、申牒勘給。

若於㆓来文外㆒、更須㆑附者、験㆑実聴之。日別惣連為㆑案。若已得㆓過所㆒、有㆑故卅日不㆑去者、将㆓旧過所㆒、申牒改給。若在㆑路有㆑故者、申㆓随近国司㆒。具㆑状送㆑関。雖㆑非㆓所部㆒、有㆓来文㆒者亦給。若船筏経㆑関過者、亦請㆓過所㆒。

(関市令2行人出入条) 凡行人出㆓入関津㆒者、皆以㆓人到㆒為㆓先後㆒。不㆑得㆓停擁㆒。

(関市令3行人度関条) 凡行人度㆑関者、皆依㆓過所々㆑載関名㆒勘過。若不㆑依㆑所㆑詣、別向㆓余関㆒者、関司不㆑得㆔随㆑便聴㆓其入出㆒。

(関市令4賷過所条) 凡行人賷㆓過所㆒、及乗㆓駅伝馬㆒出㆓入関㆒者、関司勘過、録白案記。其正過所及駅鈴伝符、並付㆓行人㆒自随。仍駅鈴伝符、年終録㆑目、申㆓太政官㆒惣勘。

(関市令5丁匠上役条) 凡丁匠上役、及庸調脚度㆑関者、皆拠㆓本国歴名㆒、共所㆑送使、勘度。其役納畢、還者、勘㆓元来姓名年紀㆒、同放還。

(関市令7蕃客条) 凡蕃客初入㆑関日、所㆑有一物以上、関司共㆓当客官人㆒、具録申㆓所司㆒。入㆓一関㆒以後、更㆑不須㆑検。若無㆑関処、初経㆓国司㆒、亦准㆑此。

(関市令10関門条) 関門、並日出開、日入閉。

といった規定がそれにあたろう。ここからは、例えば衛禁律の25私度関条や26不応度関条のように摂津や長門の港も関の一つと考えられ、また、それ以外にも関のあったことが読み取れる。さらに、軍防令や関市令1欲度関条、同7蕃客条からは関の管理について関司とそれに近接する国司が連携していたことなどがわかるのである。

そして、こうした律令の条文をみた時に浮かび上がる特徴は、すでに指摘されてきたように[14]、人間の移動についての規定が中心であり、関がもつ物資の移動や交易の検査などの機能にほとんど関心が払われていないことである。も

ちろん、関市令8官司条には、

凡官司未二交易一之前、不レ得下私共二諸蕃一交易上、為レ人糺獲者、二二分其物一、一分賞二糺人一、一分没官。若官司於二其所部一捉獲者、皆没官。

とあり、この義解の注釈では、

其関津糺獲、及里長坊長於二其坊里一捉獲者、亦皆没官。

と解説している。ここから官司が外国と交易する以前に私的に物品の交易を行っていたものを、関津で検査して摘発していたことが判明する。また、続日本紀和銅七年二月庚寅条にも、商布二丈六尺を一段と規定した際、

其帯レ関国司、商旅過日、審加二勘捜一、附レ使言上

とあり、この場合の関は三関を指すと考えられる(15)。したがって、厳密な意味では関が経済統制的な機能をまったくもたなかったわけではない。しかし、続日本紀天平神護元年二月乙亥条には、

又聞、諸人等詐二称商人一、多向二所部一、国司不レ察、遂以成レ群。自今以後、一切禁断。

とあり、これは大炊王（淳仁天皇）が廃位となって淡路島に流され際に、それを慕って多くの官人たちが商人であると偽称して淡路島へ渡海しているのである。このことは、商人といえば移動することが怪しまれなかったことを意味しており、物品を交易する経済活動が厳格に管理された社会ではなかったことの証しといえよう。こうした社会においては、関が物資流通の統制や通行税の徴収に概して無関心であり、専ら人間の移動について主たる関心が払われていたということは、きわめて当然のことであったと考えられる。

そして、その点について更に具体的に示しているのが、類聚三代格に載録された勅や太政官符であろう。そのなかの比較的早い事例が、延暦八年七月十四日の勅である(16)。そこには「置レ関之用、本備二寇賊一」という言葉がみえ、また、

承和二年十二月三日の太政官符[17]には、白河、菊多の二つの関剗を論じた文中において「此国俘囚多レ数、出入任レ意。若不二勘過一、何用為レ固。加以進レ官雑物触レ色有レ数。商旅之輩、竊買将去。」とみえる。この承和二年の官符の事書には「応下准二長門国関一、勘中過白河菊多両剗上事」とあり、俘囚が自由に関を通過しているとともに、渡り歩いて移動する商人が本来は種類と数量が決まっている官物を密かに購入して域外にもち出しているので、長門国の関剗のように厳重に管理せよということをいっている。さらに九世紀末の昌泰二年九月十九日太政官符[18]になると、相模国足柄坂と上野国碓氷坂に関を置く理由として「遂結二群党一、既成二凶賊一。因レ茲、当国隣国共以追討、解散之類赴二件等堺一。」ということを挙げている。その結果として、翌年の昌泰三年八月五日の太政官符[19]に引用された相模国の解には「依二太政官去年九月十九日符旨一、始置二件関一。尓来、部内清静、奸濫稍絶。」とあり、すぐにその効果が現れたことが記されている。

こうした事例からすると、やはり古代の日本列島中央部における関所は、物資流通の統制機能は皆無ではないにせよさして重要視されず、本来的な機能はどこまでも本貫地主義を基本とする制度の下における人間の移動の把握、とくにその延長としての治安維持に置かれていたとみるべきであろう。したがって、関を閉ざすという行為は、それが三関であれ出雲国の場合であれ、まさに人の移動を途絶させる点にこそ最大の意義があったといわねばならない。

一方、関を閉ざすことの意味を問う上で欠かすことのできないもう一つの条件は、その原因となる直接的理由を知ることである。次に示す表は、六国史にみられる三関固守の事例である。

ここに列挙した二二例のうち、K・Lにおいては「故関」と表記がなされていること、また、同じくLでは越前国の代わりに近江国が入ってきていることなどについては、延暦八年七月十四日に三関が廃止され[20]、また、同十四年八月十五日に近江国の相坂関が廃止されたこと[21]に関連した表現である。その理由として、喜田新六氏は長岡京・平安京の

表1　六国史にみる固関の事例

	日付	記事概略
A	天武元・六・廿四	大海人皇子の軍、兵五百を以て鈴鹿の山道を塞ぐ。（書紀）
	天武元・六・廿八	大海人皇子の軍、美濃の兵三千を以て不破の山道を塞ぐ。（書紀）
B	養老五・十二・七	元明上皇崩御し、使いを遣わして三関を固守する。（続紀）
C	神亀六・二・十	左大臣長屋王に謀反の計画ありとして、使いを遣わして三関を固守し、また、長屋王の邸宅を六衛府の兵が包囲する。（続紀）
D	天平勝宝八・五・三	前日、聖武上皇崩御し、この日、使いを遣わして三関を固守する。（続紀）
E	天平宝字八・九・十一	太師藤原恵美朝臣押勝、逆謀発覚し、兵を挙げる。よって、使いを遣わして三関を固守する。（続紀）
	天平宝字八・九・廿	詔の中に「仲麻呂は関に使いを遣わして窃に関を閉じて、一・二の国に軍丁を乞い兵を発そうとした」とある。（続紀）
	天平宝字八・九・廿九	勅の中に「仲麻呂は兵を三関諸国に発し、近江国に奔り拠り、越前関に亡入する」とある。（続紀）
F	天平神護元・十・二	使いを遣わして三関を固守する。（続紀）
G	神護景雲四・八・四	称徳天皇崩御し、使いを遣わして三関を固守する。（続紀）
H	天応元・四・一	光仁天皇不予のため、使いを遣わして三関を固守する。（続紀）
I	天応元・十二・廿三	光仁上皇崩御し、使いを遣わして三関を固守する。（続紀）
J	天応二・閏正・十一（推定）	因幡守氷上真人川継の謀反が発覚し、川継は逃走した。そこで使いを遣わして三関を固守し、また、京畿七道に下知して川継を捜索し捕捉した。（続紀）
K	延暦廿五・三・十七	桓武天皇崩御し、三国の故関を固守する。（後紀）
	延暦廿五・三・廿二	平城天皇、災異の頻発を鎮めるため、政治を匡すとして、近仗の甲を尽く脱却させ、諸国の関津の守りも解除させた。公卿たちは、関津を固守することは往古の恒例であるとして反対したが、天皇はこれを強行した。（後紀）
L	大同五・九・十	平安京より平城京への遷都の計画が持ち上がり、人心が動揺した。そのため、使いを遣わして伊勢・近江・美濃の三国府ならびに故関を鎮固した。（後紀）

M	天長十・三・七	この年の二月廿八日に淳和天皇が譲位し、仁明天皇が受禅した。そして、三月六日に即位し、この日に東宮より遷り、権に松本院に御した。使いを遣わして関門の警固を解除させた。（後紀）
N	承和七・五・八	淳和上皇崩御し、近江・伊勢・美濃に使いを遣わして三関を固守させた。特に美濃では国守に命じて関門を固守させた。（後紀）
	承和七・五・十五	同月十三日、遺体を葬り、十四日、初七日の法要を行い、この日、固近江国関使が復命した。（後紀）
	承和七・五・十八	固伊勢・美濃関使たちが復命した。（後紀）
O	承和九・七・十五	嵯峨上皇崩御、諸兵をして内裏を警備させ、諸衛府をして兵庫を警固させた。また、勅使を派遣して伊勢・近江・美濃の三関を固守させた。（続後紀）
	承和九・七・十七	同月十六日、葬儀終了し、この日、固関使らを解いた。（続後紀）
P	嘉祥三・四・十八	同年三月廿一日、仁明天皇崩御、同四月十七日、文徳天皇即位、この日、使いを遣して諸関の警を解かしめた。（文徳実録）
	嘉祥三・四・十九	固近江国関使帰京し、天皇に奏して関契を奉る。（文徳実録）
	嘉祥三・四・廿一	固伊勢国関使・固美濃国関使帰京し、天皇に奏して、関契を奉る。また、同廿二日には六衛府が戒厳を解除する。（文徳実録）
Q	天安二・八・廿六	天皇不予のため、夜に入り、急拠、諸国へ固関使を遣し、勅符木契を賜う。また、勅使を左右兵庫、左右馬寮に遣し、警固を甚だ厳にする。（文徳実録）山城国司に宇治・与度・山崎の京の東南西三道を警護させる。（三代実録）
	天安二・八・廿七	文徳天皇崩御し、その状況を山城国司、伊勢・近江・美濃等の使いに知らせる。また、廿九日には諸衛の鎧甲、警固を厳重にする。（三代実録）
	天安二・十一・廿一	同月廿日、山城国司に詔して警固を停止させ、さらにこの日、使いを遣わして勅符木契を賷し諸関の警固を解除する。夜に入り、固近江関使、帰京して契を奉る。（三代実録）
	天安二・十一・廿四	固伊勢関使、帰京して契を奉る。（三代実録）
	天安二・十一・廿六	固美濃関使、帰京して契を奉る。また、諸衛も戒厳を解除する。（三代実録）
R	貞観十三・九・廿九	前日の廿八日に太皇太后藤原順子崩御する。よって、この日、諸衛を警固し伊勢・近江・美濃等の国の諸関も警固させる。（三代実録）
	貞観十三・十・七	天皇、服を釈き、近臣もこれに随った。よって、諸衛の厳戒を解き、伊勢・近江・美濃等の国の関も警固を解かせた。（三代実録）

S	貞観十四・九・四	同二日に太政大臣従一位藤原朝臣良房薨ず。四日には諸衛陣兵が戒厳し、特に左右近衛・兵衛などの舎人は左右兵庫を監護した。また、左右馬寮も監された。さらに、使いを遣わして、伊勢・近江・美濃等を警固した。こうした中で太政大臣を葬った。（日本紀略）
	貞観十四・九・八	諸衛、厳を解き、兵庫・左右馬寮の監護使を罷めた。また、使いを遣わして伊勢・近江・美濃等の国の関の警固を解いた。（三代実録）
	貞観十四・九・九	固近江国関使、京に帰り、関契を奉り奏上する。（三代実録）
	貞観十四・九・十三	固伊勢・美濃国関使、京に帰り関契を奉り奏上する。（三代実録）
T	貞観十八・十一・廿八	清和天皇に譲位の意志があり、そのため、使を遣わして内外要害の処を守らせ、不慮の事態に備えた。左右馬寮・左右兵庫・近江関・伊勢関・美濃関には使が立てられた。（三代実録）
	貞観十八・十二・廿一	同年十一月廿九日、清和天皇が譲位し、陽成天皇が九歳で帝となった。この時、諸衛の警陣は異常に厳密をきわめた。更に、十二月十七日、使を伊勢神宮に遣し、明年正月三日即位を報告する。そして、この廿一日、諸衛は厳を解き、三関は警を廃した。（三代実録）
	貞観十八・十二・廿二	固近江関使、木契を奉じて復命する。（三代実録）
	貞観十八・十二・廿五	固伊勢関使復命する。（三代実録）
	貞観十八・十二・廿七	固美濃関使、復命する。（三代実録）
U	元慶四・十二・五	前日の四日、藤原朝臣基経を太政大臣とする。五日にいたり、清和太上天皇崩御する。そして、諸衛に命じて、警を厳にし、左右兵庫と左右馬寮には非常を監護させ、また、伊勢国・近江国・美濃国には勅符と木契を出して関門を固守させた。（三代実録）
	元慶四・十二・十一	十二月七日、清和上皇を葬り、十日、初七日の法要を行う。そして、十一日に至り、諸衛は厳を解き、左右馬寮兵庫を監護する為の遣使も召還した。更に使を遣して三関の警固も解除した。（三代実録）
	元慶四・十二・十二	近江関の固関使・開関使共に木契を持ち帰り、復命する。（三代実録）
	元慶四・十二・十五	伊勢関の固関使・開関使共に木契を持って帰り、復命する。（三代実録）
	元慶四・十二・十七	美濃関の固関使・開関使共に木契を持って帰り、復命する。（三代実録）
	元慶八・二・五	前日の四日、陽成天皇譲位し、この日に光孝天皇受禅する。よって、使を遣わして内外要害の処を固守し、左右馬寮・左右兵庫を監護した。また、伊勢・近江・美濃の各関には、勅符と木契を出した。（三代実録）

V	
元慶八・二・廿六	廿三日に光孝天皇が即位する。この日にいたり、左右馬寮・左右兵庫の監護することを停止し、三関を固守する使いに勅符・木契を出して召還する。（三代実録）
元慶八・二・廿七	固近江関使、京に帰り開関状を奏上する。（三代実録）
元慶八・二・廿八	諸衛、厳を解く。（三代実録）
元慶八・三・一	固伊勢関使、京に帰り開関の復命をする。（三代実録）
元慶八・三・二	固美濃関使、京に帰り開関の復命をする。（三代実録）

造営のための役夫の移動を簡単にすることを挙げ[22]、また、岸俊男氏はこの措置に三関を固守すること自体の質的変化を認めている[23]。しかし、ここでは一度、廃止された関が固守され、また、いつの間にか復元されており、さらに相坂関への代替の後も、固関という形態が維持されてゆくという点にこそ、より大きな注意が向けられるべきであろう。そして、こうした関が閉ざされるという状況の把握であり、固関という現象の意味を理解することである。そこで、まず右の事例について固関の直接的な理由ごとに分類してゆくと、おおよそ次のようになろう。

（イ）反乱・政変によるもの……A・C・E・F・J・L
（ロ）太上天皇の崩御　……B・D・I・N・O・U
（ハ）天皇の崩御　……G・K・P
（ニ）天皇の不予　……H・Q
（ホ）天皇の譲位　……M・T・V
（ヘ）太皇太后の崩御　……R
（ト）太政大臣の薨去　……S

もとより、ここに挙げられた事例が固関のすべてであり、他には固関がまったくなかったということはできない。むしろ、MやPなどのように開関の記事がいきなり現れる場合もあることからすれば、文献上に記されていない、あるいは、史料自体が残されていないものがあったと考えるのが適切であろう。しかし、そうした可能性にもかかわらず、これらの事例が固関という現象の一端を示しているということも否定できないことである。したがって、これらの事例から固関の問題を考えることは、一定程度の有効性をもちうるというべきであろう。

そこで、まず（イ）の事例であるが、このうち、Fについては明確な理由が記されていない。しかし、この十一日後から称徳天皇は紀伊国、和泉国、河内国への一カ月余の行幸に出ているが、この前年の天平宝字八年九月には藤原朝臣仲麻呂が誅されるとともに、道鏡が大臣禅師となっている。また、同年十月には淳仁天皇が廃位となり淡路島へ移送され、それに替わって称徳天皇が重祚している。さらに、天平神護元年八月には和気王の謀反が発覚し、十月には脱出を企てたとして淳仁廃帝は捕らえられ、翌日に薨じるといった異常な事態が発生している。そして、同年閏十月に入って道鏡は太政大臣禅師の地位に任ぜられる。こうした状況からすると、このFの場合も、やはり政変の危機を感じ取ったための措置であると理解すべきだろう。(24) したがって、この（イ）の事例は未遂もふくめて反乱や政変に関するものばかりであるが、ここで注意すべきことはLのほかはすべて平安京遷都以前に属するということである。平安時代にも、承和の変や応天門の変など、政変劇は発生しているが、なぜか固関ということには結びつかない。このことから、平安時代に入ると、関の機能は形骸化したという結論が導けなくもない。しかし、承和の変は、開関とともに発生したものであり、六衛府が再度、宮門や内裏を固守している。また、山城国の五道にも固守が発令されている。応天門の変の場合は、政変自体の規模が小さいこと、応天門の炎上が貞観八年閏三月十日であるのに、伴宿禰善男らの告発は八月三日になってなされていること、計画的な失脚をねらった謀略であること、そして、それは八月十九日の藤原朝臣良房の摂政就任と密接な関連があるらしいことなどの特殊性をもつが、それでも山城、若狭、長門、大宰府などへ警固が下知されていることなどからして、やはり戒厳下に置かれていたと考えられる。したがって、昌泰四年一月廿五日、菅原朝臣道真の大宰府への左遷の際にも固関がなされていることも考え合わせると、平安時代に入っても依然として政変と固関との関連性は強いものと判断できるであろう。一方、こうした畿内の反乱や政変の事例を根拠にして、三関の基本的役割を、畿内から東国へ人が脱出することを未然に防止することにあったとする見解が存在する。[25]確かに鳥が鳴く東の国は畿内の者にとって蕃夷の地ではあったが、源頼朝の事例より以前には畿外に基盤をもつ勢力が畿内に侵攻してきたという明白な事実が認められないこと、東国が畿内の政治勢力にとって強力な軍事的基盤を提供していたらしいこと、[26]山背大兄王の変や壬申の乱、恵美押勝の乱、それに薬子の変など、いずれも東国の勢力を頼りにして基盤形成を試みようとしていること、壬申の乱に際して大海人皇子が東国に入ったことを知った大津宮の人々の間に動揺が走り、逃走する者まで出はじめたということを考えるならば、三関が実は畿内から東国への脱出防止のために設置されたという考え方は、一応首肯できるものといえよう。ただ、その場合にも、なぜ三関のみが固守されるのか、また、なぜ畿内の東側だけが問題とされるのかという疑問は依然として残る。事実、壬申の乱に際しては、大津宮の側では吉備国や筑紫へも出兵を要請しており、東国における兵力確保に出遅れが生じたという理由があったにせよ、必ずしも東国方面のみが畿内の兵力供給源だったとはいえない。そして、とくに平安京の時代の薬子の変や承和の変になると、三関のみならず宇治、山崎、淀、大枝、大原などの交通上の要所に兵が配置されるなど、平安京の西側の防備も固められるという現象もみられるようになる。これについて、仁藤智子氏は「奈良時代に比して、三関の軍事的機能が低下したことを端的に示すものであると同時に、平安京を中心とする新たな要所―境界とも称すべき―が、形成されつつあることを物語っているのである。」と解釈している。[27]これは三関が実質的な機能をもたなくなってはいったが、平安京への遷都に伴って、関を閉ざす行為に新たに境界祭祀という儀礼的な意味が付与されていったという理解方法であるといえよう。いずれにしても、こうした多くの疑問点をふくみながらも、(イ)の場合には一応軍事的な機能を関がもっていたということにおいて、状況はある程度明確であるともいえよう。

しかし、(ロ)以下の場合においては、そうした軍事的機能ということすら、それほど自明なことではない。なぜなら、まず第一に律令制度運営の本来的な性格からすれば、その最高権力の源泉は詔書や勅旨を発する主体である天皇にこそ求められなければならない。しかるに、(ロ)では太上天皇、(ヘ)では太皇太后、(ト)にいたっては皇族ですらない太政大臣といった地位の者が欠けた場合にも固関が実施されているのである。逆に、文武天皇の崩御や孝謙天皇の譲位の際には、少なくとも史書上には固関の記事が見出せず[28]、また、持統太上天皇や元正太上天皇の崩御でも固関ということは確認されていないのである。さらに第二点目として、天皇や太上天皇の崩御や不予、譲位といったことが、どうして三関を固守することに結びつくのかということである。官僚制度の理想的な形態は個人的、人格的な要素を統治行為のなかから極力排除していったところに成立するべきものである。確かに、日本の官司制度は七世紀以降、そうした方向で発達してゆき、奈良時代ともなると上級役人の交替や地位の変動とは無関係に、日々官司での勤務に従事する新しいタイプの人間を出現させている。それにもかかわらず、統治機構の最上部の変動が、固関という現象を伴っていることを、どのように理解すべきであろうか。もっとも、この点については、前近代社会においては、政変はいつでも君主権の争奪という形態をとって表面化するという一般的な説明が存在している。確かに、日本列島中央部の古代社会においても、こうした傾向は顕著に見出せるものである。そして、それは多くの場合、君主の交替を一つの契機として発生するといえよう。例えば、その事例を日本書紀にさがすならば、神武天皇崩御の後、のちの綏靖天皇らによる手研耳命の暗殺にはじまり、天武天皇崩御後の、大津皇子の処刑にいたるまで、実に多くのものをみることができる。三関国の成立は大宝令によって確立したとされており、少なくとも七世紀段階で天皇の崩御に伴う固関の事例は確認されていないが、八世紀以降の史書に現れる固関という現象は、おそらく皇位の継承に伴って予想される危機的事態に備えるために実施されたとみるのが最も自然であろう。しかし、こうした説明というものは、結局のところ、なぜ天皇の崩御といった事態が政治権力の危機的事態を引き起こすのかという根本的な問題に解答を与えないのみか、天皇の在位中に発生する太上天皇などの崩御に際しても固関がなされることがあるということを、うまく解釈できないという欠点をもっている。

こうしたことから、固関がなされるより根本的な理由を、天皇に代表されるような政治権力の中枢部に位置する者の異変に伴う呪術的ないしは象徴的な意味での危機への対応として把握していこうとする考え方も生じてくる。あるいは、八世紀以降の固関は、しだいに実質的な意味をもたなくなり、儀礼的、形式的なものへと変化していった産物であるという理解も出てくるのである。しかし、朝廷組織になかで詔書、勅旨を出せるのは天皇ただ一人であり、太上天皇や皇后が代替することは断じてありえないはずである。また、固関から開関にいたる期間も必ずしも一定しておらず、その時々で変化していること、崩御ではなく不予ということで固関使が出発している事例もあること、三関の固守とともに京においては諸衛府が戒厳状態に入り、兵庫や馬寮も非常時の監視下に置かれることなど、こうしたことを考慮するならば、平安時代に入っても固関は必ずしも儀礼的、形式的になってしまったとのみは断定できないものである。また、天皇の交替したことを世に示すための境界儀礼であるという以上の要素をもっているのではないかと思われる。

したがって、そうした事情を勘案するならば、平安時代初期の段階においても、やはり固関とは太上天皇や天皇、太政大臣といった地位の者が欠落することによって生じる現実的な秩序の混乱に備えた、予防的行動と理解すべきものであろう。また、その混乱とは、主に畿内の政権中枢において発生し、それが畿外、とりわけ東国と結合することによって生じる混乱の拡大を未然に防止することを目的としたものであったと考えられるのである。

三関の固守というものが以上のような性質をもつものであり、しかも、この段階の関の一般的機能からして、そこで検査の対象となるものが、専ら人間の移動そのものであるということは、出雲国の関剗についても、一つの示唆を与えるに足るものであろう。あえて推測するならば、出雲国風土記にいう「有レ政時」とは、新しい出雲国造の就任や国司の交替、さらには神賀詞の奏上のための国造の斎戒、京への出発といったことを表現しているのではないだろうか。在地レベルにおいて、小地域のみを対象とした固関という現象があり、それがもし、日本列島中央部の各地に散在している関剗においても見出しうるものであるとするならば、三関で行われている警固とは、そういった広範囲の社会的運動の上に乗った行為であるということになる。鈴鹿、不破、愛発という三関は、いずれも近江国との国境に位置する。日本書紀天武八年十一月是月条にははじめて龍田山、大坂山に関が置かれ、難波に羅城を築いたことが記され、関の設置が難波宮の整備事業の一環として行われたように、これらの三関も近江大津宮の整備と密接な関連をもつと考えられてきた(30)。しかし、関剗がこれまでみてきたようなものであるとするならば、おそらく、七世紀の遥か以前から、常置の施設であったどうかはともかくとして、関剗として存在したとしても不思議ではない。類聚三代格巻十八に載録された承和二年十二月三日の太政官符所引の陸奥国解文によれば白河、菊多の両関は承和二年をさかのぼること四百余歳といい、また、新撰姓氏録の右京皇別下の和気朝臣の項には、和気関は神功皇后凱旋の時にはじまるとある。これらの真偽の程はもとより確認しようもないが、あるいは、そうした遠い時代の記憶が反映しているのかもしれない。関の設置が、すぐに固関という現象を意味するものではないが、やはり注意しておくべき一つの観点であることには間違いない。

三　政変にみる人間の紐帯

古代の日本列島中央部における関剗というものがこうした機能をもつ存在であるにしても、特定の個人の交替によって、反乱や政変の時と類似した危機的状況が出現する仕組みは、また違った角度から考えていかなければならないだろう。そこで、今度は固関と密接な関連性をもちながらも、その対極に位置する反乱を起こした勢力、あるいは政変を起こそうとした勢力の問題に焦点をあて、その特徴を掴んでいかなければならない。なぜならば、そこには平常時の政治制度やレトリックの陰に隠れて表面化することの少ない、生の人間関係のつながり方が観察されるからに他ならない。

そこで、まず、六国史のなかから固関が行われている場合の参加者の動きをみてみることとする。その際に体制側の動きというものは文献上に記されがたい上に、軍事機構や官人組織という形をとっているので、機構の内部における人間関係の結合関係というものがなかなか把握しづらい。体制に挑戦する側の勢力をみていくというのは、そういった理由によるものである。

ここに取り上げた四つの事例は時代的にも約百年の差があり、その規模にしても原因にしても、それぞれ発生する状況には相当な差異がみられる。例えば、壬申の乱は時の政治権力を二分して、万単位の人間が参加しており、激烈な戦闘が畿内とその周辺部の広い範囲にわたって展開している。それに対して、長屋王の変といわれる事例の場合には、政権内部における特定勢力の追い落としという性格が強い。しかし、こうした違いにもかかわらず、これらの四つの事例にはその集団の構成方法において、非常に興味深い共通点が存在していることを否定できない。そして、そ

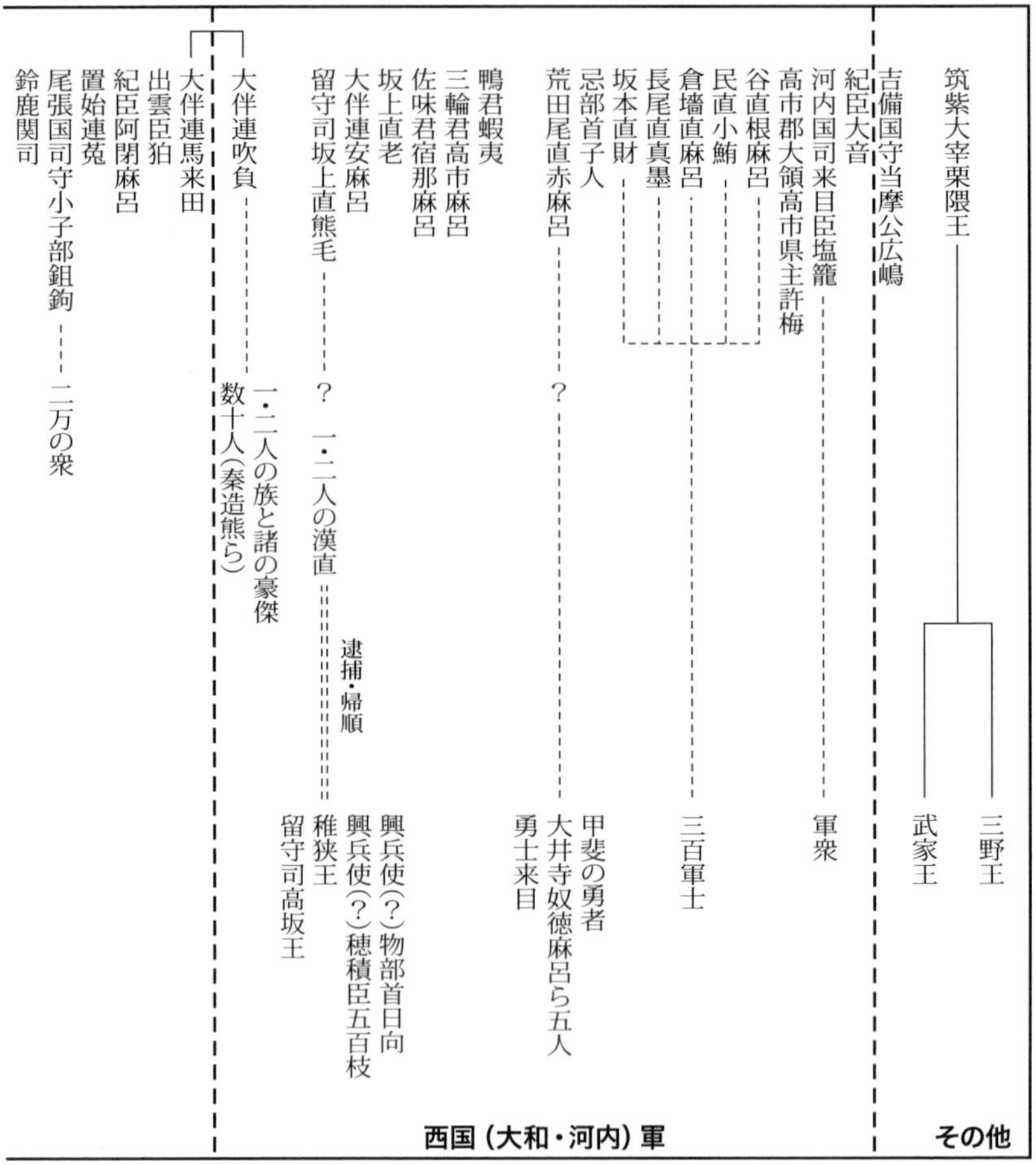

図1　反乱・政変の【事例一〜四】

の共通点を列挙してみるならば、おおよそ次のようになるであろう。

（イ）いずれの場合にも、ミカド（国家・朝廷・天皇）との深い関係のもとに事態が展開しており、したがって、そこには必ず皇族の参加が認められること。

（ロ）いずれの場合にも、事態の中心的核となる血縁関係で結ばれた集団が存在するが、その範囲はきわめて限定されたものであること。

（ハ）いずれの場合にも、中心となる人物には婚

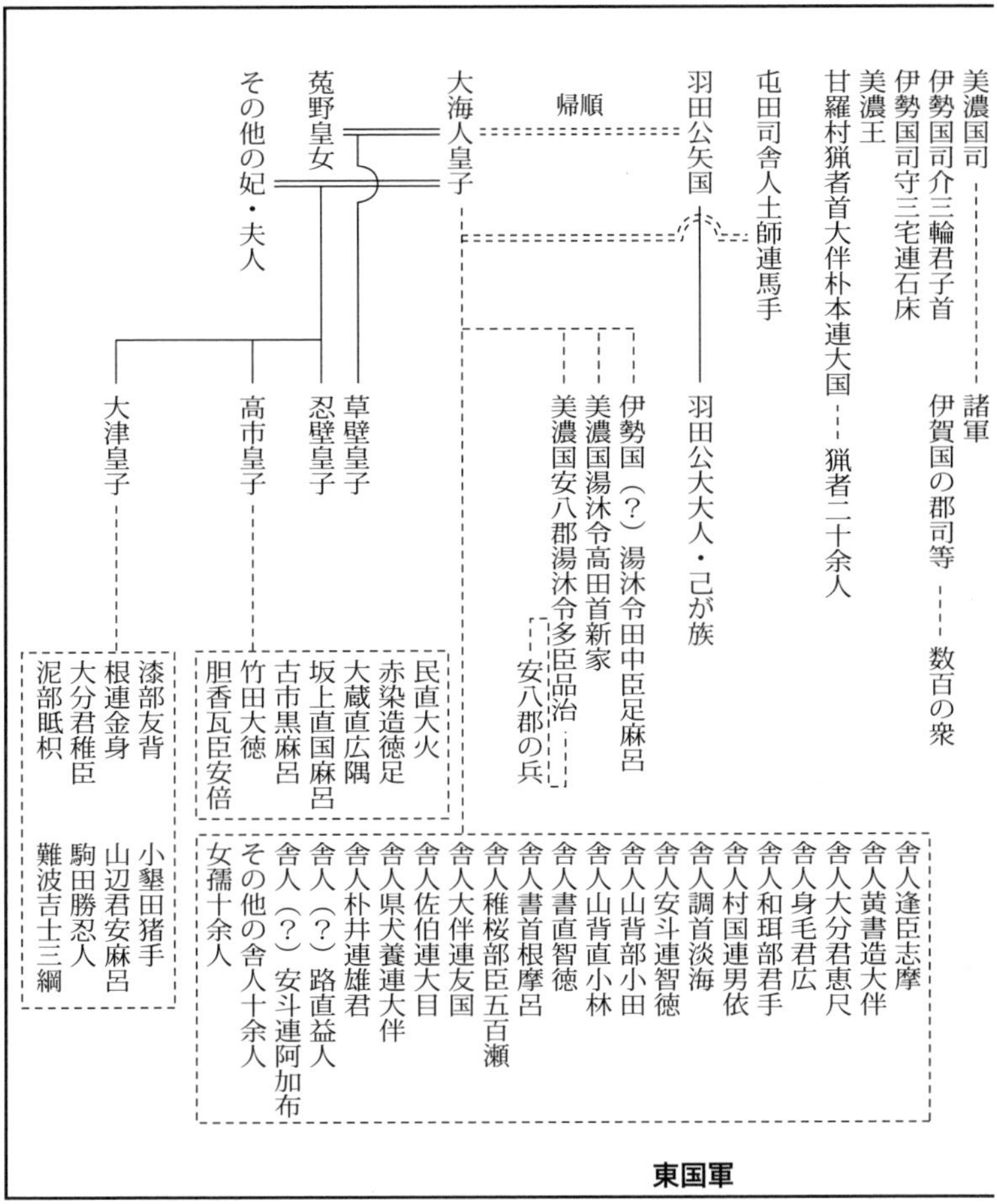

姻によって結ばれた者の参加が認められ、しかも、その結合はかなり強固なものと考えられること。

（ニ）いずれの場合にも、事態に先立ち、隠密行動や機敏な活動により、中心的人物の手足となって働くものは、中心的人物と直接的な統属関係をもっている下級官人であること。

（ホ）いずれの場合にも、地位・官職・位階・行動などからみて、中心的人物と同列の立場にある者の参加がみられ

【事例二】　長屋王の変にみる長屋王の勢力

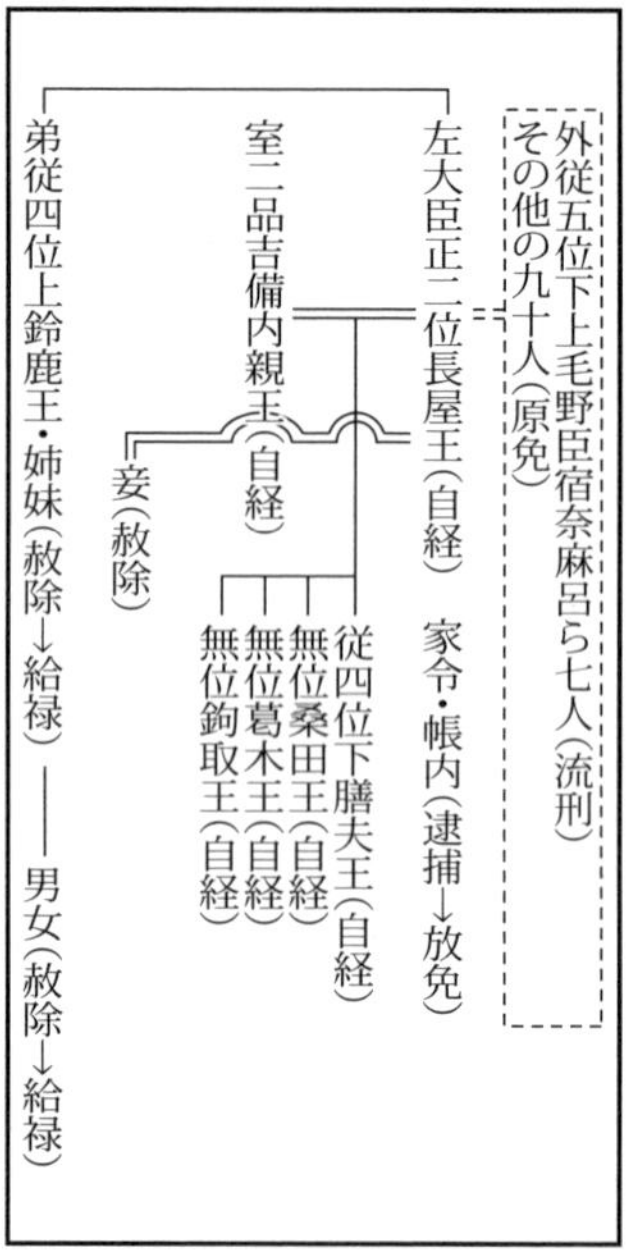

【事例三】　藤原仲麻呂の乱における仲麻呂方の勢力

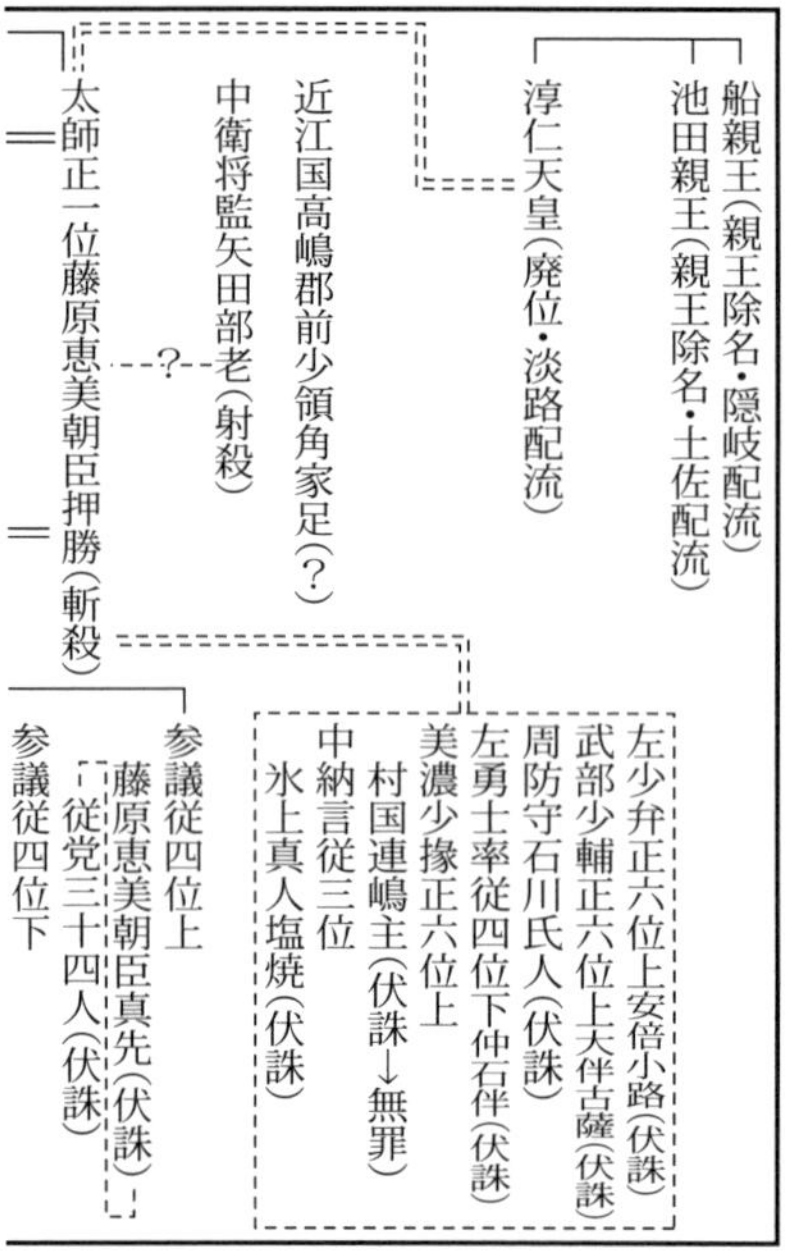

るが、その行動は（二）の官人ほど活発ではなく、また、罰則のあり方は、血縁や直接的統属関係にある者と比較して一段と緩やかなものとなっていると考えられること。

もっとも、こうした共通点が、この四つの事例のみに該当して、それ以外には適用できない普遍性を欠いたものであるならば、たいした意味はもたないことになるわけであるが、逆に、それらの諸点によって、奈良朝・平安朝初期の反乱や政変について、ある程度の分析可能性が広がるものであるならば、これらの各共通性の相互関連について、より深く考えていく必要があろう。そこで、次に、これらの共通点について普遍性の有無を検討してゆかなければならない。

まず（イ）の必ず皇族の参加がみられるという問題であるが、こうした傾向は日本列島中央部の古代社会において非常に顕著な特徴といえよう。例えば、敏達天皇崩御以後における穴穂部皇子の立場、舒明朝における田村皇子と山背大兄王との天皇の地位をめぐる状

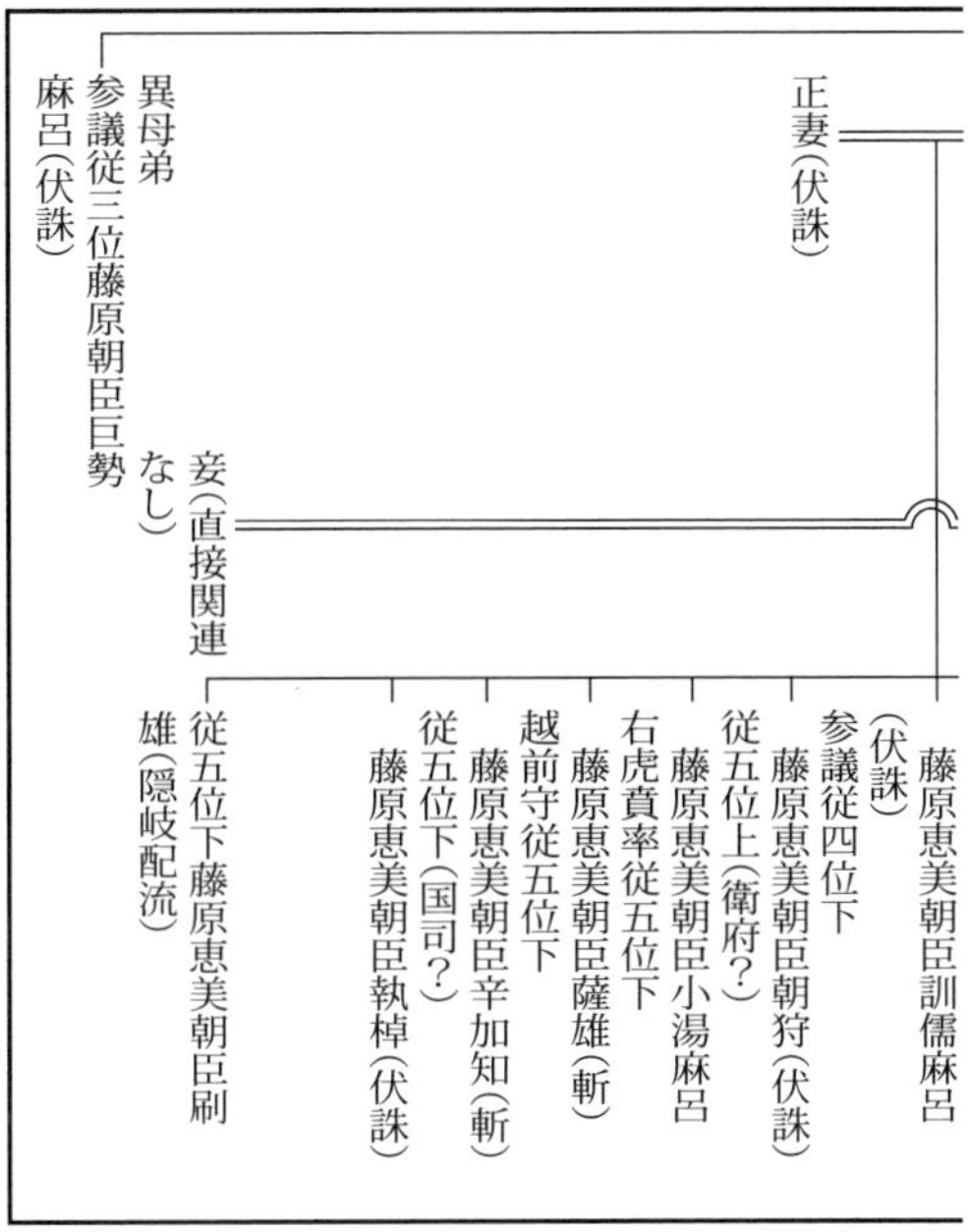

沢、乙巳の変における中大兄皇子、有間皇子の変、大津皇子の変、塩焼王の変、和気王の変、伊予親王の変など、枚挙に暇がない。また、政変と廃太子問題が密接に関連しているものとしては、橘奈良麻呂の変における道祖王、藤原朝臣種継暗殺事件における早良親王、薬子の変における高岳親王、承和の変における恒貞親王などの事例が挙げられる。そして、藤原朝臣広嗣の乱や応天門の変のように、直接には皇族と結びつかずに発生している事例も皆無ではないが、それは少なくとも史料上は僅かしか確認できない。

　こうした点からするならば、七世紀より九世紀にいたる政治の運動は、言葉の意味が明確に規定できない「天皇制」という用語の使用の適否はともかくとしても、確かに天皇をある種の頂点とするシステムによって展開していると表現できなくもない[31]。そして、この時期、天皇や皇太子という地位に就きうる資格をもつものは、皇族という特定の血統に属する人間に限定されていた。また、その範囲も、養老継嗣令皇兄弟子条などで明確に規定されており、皇親身分というものが確立していたことも明白である。しかし、それにもかかわらず、現実には聖武皇帝の皇子を自称する者が名乗り出て、朝廷では勘問した結果、はじめてその虚偽なることを知り遠流に処したり[32]、周防国の賤民が他戸皇子と自称して百姓を惑わした結果、伊豆国に配流となったりしていることを考えると[33]、皇親身分の管理統制と

【事例四】　氷上真人川継の変にみる川継の勢力

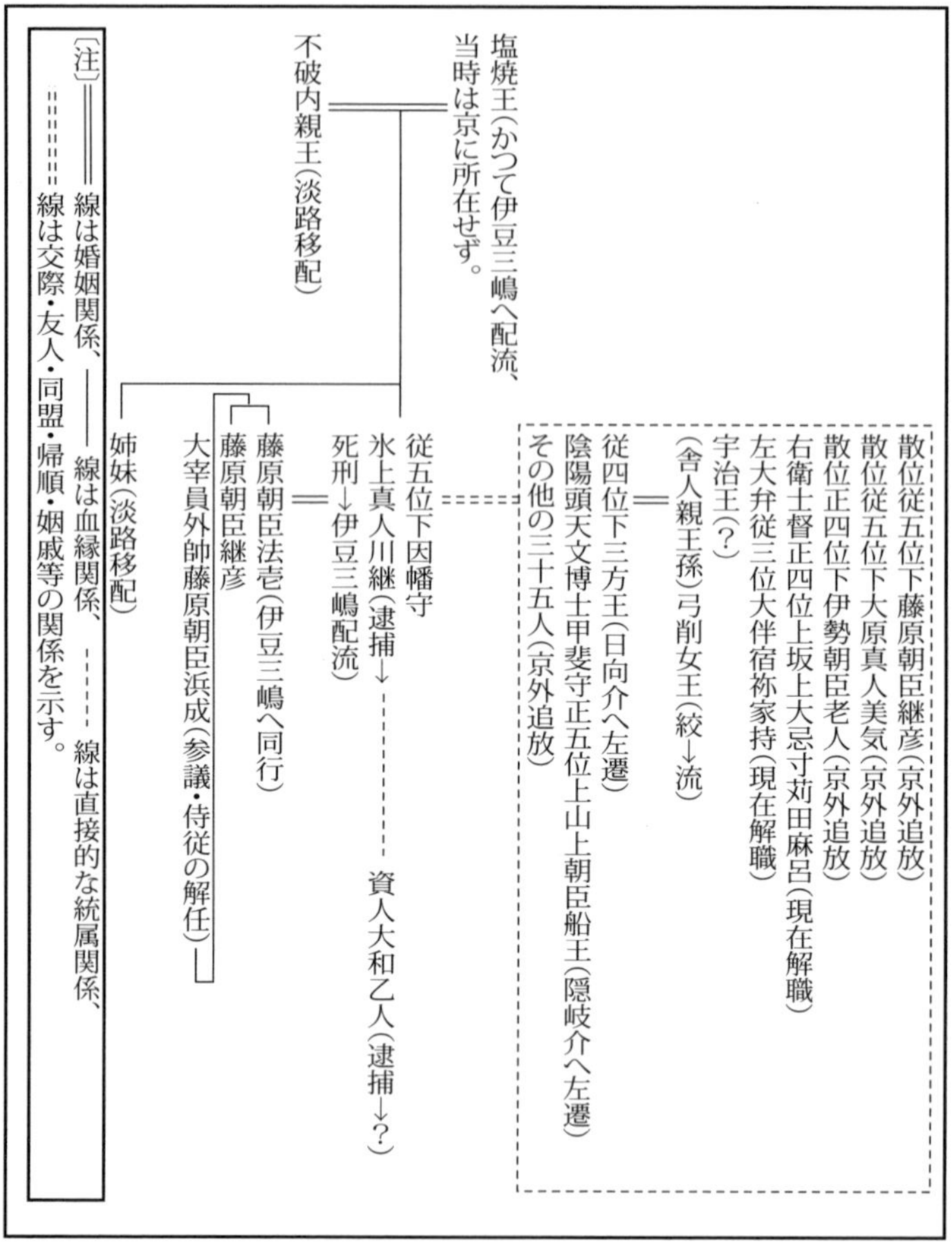

いうものが、日常的にどこまで厳格に実行されていたのかについては疑問である。さらに、〔事例四〕にみられるように、真人姓を賜与されて臣籍にあった氷上真人川継を擁立する工作があったり、光明子[34]や道鏡[35]に関しても、そういった動きがみられるということは、社会全体ではもちろんのこと、貴族社会のなかにおいても皇族の血統的な絶対性というべきものは、本当にどこまで確立していたのかを疑わせるものである。そして、それらのことは、同時に他の集団と明瞭に区別された排他的集団としての皇族という存

在、皇族集団の一体性といった点についても、大きな疑問を生じさせるものである。山背大兄王にしても、壬申の乱が発生した時の大海人皇子の皇子たちにしても、さらに長屋王にしてもそれぞれ独立した居館をもち、各所に分散して居住していたわけである。それは単に居住地を異にするということに止まらず、経済的な基盤それ自体も違っていたと考えるべきであろう。特定の皇族出身者が窮地に立たされた時に、他の皇族たちの支援がほとんどみられないというのも、そういった背景によるところが大きいものと思われる。したがって、皇族集団、もしくは皇親勢力というものがまず存在し、その族長が国家を代表する天皇となるという把握方法は、よほど注意しなければいけない陥穽である。

一方、政変や反乱において皇族の参加が確認される場合に、これを直ちに皇位継承の問題と結びつけて考える傾向が、非常に強く存在する。確かに文献上では「道鏡を皇位に即かしめば、天下太平ならむ[36]」とか「氷上塩焼を立てて今皇と為す[37]」といった事例では、天皇の地位を問題としているといってよいであろう。しかし、長屋王の罪状には「私かに左道を学びて、国家を傾けむと欲す[38]」とあり、氷上真人川継は「潜かに逆乱を謀り[39]」、「将に朝庭を傾けむ[40]」としたという。また、伴健岑は太上天皇の崩御の時に「隙に乗じて、橘逸勢と力を合わせて、逆謀を構え成して国家を傾け亡ぼさむ[41]」としたと記されている。こうした事例がすべて、天皇の位のみを意味しているとは断定できない。天皇も国家も朝廷も、そして御門もすべてミカドと訓ずることは可能であり、また、事実、万葉集などにおいてもそういった訓じ方がなされていたものと思われる[42]。このことは、先にみたように、皇族集団という排他的な単一体が存在したか否かは疑わしいということを考え合わせると、天皇という地位の性格および日本の首長権といったものをみる上に重大な示唆をあたえることとなろう。かくして、先に四つの事例から導き出した命題（イ）は、古代の日本列島社会において非常に特徴あるものであることが判明するのである。

次に(ロ)、すなわち事件をになった勢力の核心に血縁原理による小さな単位がある点について考えることとする。もっとも、この点については、文献も多くを語ってはいない。したがって、こうしたことが記されること自体が珍しい。それにもかかわらず、これに関連した事例を求めるならば、まず、用明天皇二年七月、物部守屋大連の場合などがあてはまるだろう。この時、大連は河内国渋河郡の邸において自ら子弟と奴の軍とを率い、稲城を築いて奮戦した。しかし、守屋大連とその子らが殺されるに及んで、軍は崩壊し、大連の「児息」と「眷属」とは逃走してしまったという。(43) ここには、血縁原理にもとづく集団が中心に存在していたことは知りえても、明瞭にその集団の大きさを示す表現はない。しかも、この「児息」にしろ「眷属」にしろ、その意味するところは明確ではない。だが、邸宅に常駐ないしはそれに近い形で駐留していたらしいこと、最も中心となる大連とその子らが討たれたことにより、戦闘を継続する形態が維持できなくなっていることからすると、やはり、その規模はそれほど大きなものではなかったものと考えられる。

さらに、これに類似した事例としては、

・山背大兄王が斑鳩宮からその妃と子弟たちを率いて胆駒山に脱出していること。(44)
・乙巳の変において甘檮岡にある蘇我氏の邸宅を警備していた高向臣国押や漢直らが逃亡したのち、蘇我臣蝦夷らはさしたる抵抗をせずに邸宅もろとも誅滅させられていること。(45)
・讒言された蘇我倉山田石川麻呂臣は山田寺において妻子八人とともに自害していること。(46)
・道鏡が下野国に左遷される際に、その弟の弓削浄人およびその息子の広方、広田、広津らが土佐国に配流されていること。(47)

また、平安期に入ってからは、叛逆の罪に問われ、一五〇人の兵士によって邸宅を包囲された伊予親王とその母の藤原吉子が、その後に服毒して自害していることなどが挙げられよう。[48]

もっとも、それらとやや趣きを異にする事例としては、藤原種継暗殺事件における大伴、佐伯の場合がある。この事件に際しては、事件当時はすでに没していた大伴家持がかつて語った言葉として「大伴、佐伯の両氏に唱えて以って種継を除くべし」というものがあるとされている。[49]事実、この時に処罰された者のなかには、左少弁であった大伴継人をはじめとして、夫子、真麿、竹良、湊麿、永主、国道など、大伴氏の氏人が数多く確認される。[50]これは先の家持の言葉と一致し、このうち明確に関係が判明するのは家持と永主、国道とが親子関係であるということのみであるが、ともかく、この事件によって大伴氏という血縁を基礎とした集団が存在しており、それが政治的単位として弾圧されたということは間違いない。しかし、この場合にも、関係していると思われる者は数十人であり、[51]しかもそのなかには近衛の伯耆桴麿、中衛の牡鹿木積麿、春宮少進の佐伯高成、春宮主書首の多治比浜人、右兵衛督の五百枝王、大蔵卿の藤原雄依、春宮亮の紀白麿、春宮学士兼造東大寺次官林稲麿といった多様な人々がみられる。[52]また、これまでにも指摘されてきたように、実際にどこまで大伴家持自身がこの事件に関与していたのかも頗る疑わしいところである。[53]したがって、この事件の場合も、大伴氏の一定部分が参画あるいは朝廷側より反乱集団と認定されたにすぎず、血縁関係からしても、それほど広い範囲に及ぶものではないと考えるのが妥当であろう。

確かに、この問題はウヂというものの政治的実体とはどういうものであるのかということと密接に関連してくるものである。そして、血縁にもとづく強い結合関係は、比較的狭い範囲にしか及ばないのではないかということでの観察は、奈良時代から頻繁に行われてくる氏姓を改めるということが比較的小さな集団に対して実施されているということ、[54]ウヂ集団は中央政権内において一族のなかで最高官位に就いた人物を中心とし、そのまわりに結集するという形態で組織化されているということ、[55]ウヂは父系と母系との両方へ出自をたどりうる双系的存在であり、族外婚制がないということ、[56]日本列島中央部の古代社会における家族は「妻と未婚の子ども、そして夫」から構成される小家族であるということ[57]などと矛盾しないのみか、きわめて整合的であるといえよう。したがって、この点からも、日本列島中央部の政治権力集団の中枢部には血縁による小さな核となる集団があるということは、一般化しうるものと考えられる。

次の（ハ）の婚姻関係による結合については、多分にこの血縁による（ロ）の場合と重複してこよう。山背大兄王にしても、蘇我倉山田石川麻呂にしても、その妻が行動を共にしているのは、最もよい事例であろう。しかし、この問題については、先の（ロ）の場合以上に、文献の上には現れてこない。ただ、そういったなかにあってとくに注目すべきものに、乙巳の変に先立ち、中臣鎌子が中大兄皇子にいった次の言葉である。そこでは「大いなる事を謀るには、輔有るには如かず。請ふ、蘇我倉山田麻呂の長女を納れて妃として、婚姻の昵を為さむ。然して後に陳べ説きて、與に事を計らむと欲ふ。功を成す路、茲より近きは莫し[58]」とあり、それに対して中大兄皇子もそれを聞いて大いに喜んでいるのである。こうした鎌子の確信の背景には、蘇我氏一族の分断をはかり反撃を防止しようとする意図が働いていたことは間違いない。しかし、そのことが成り立つためには、ウヂという系譜上の結合よりも、婚姻によって成立する結合の方が優先するという社会的意識が存在しなければ、とうてい成り立ちえないこととなる。そうした意味では、いみじくも鎌子の言葉とされるものは、当時の貴族層における規範意識のあり方の一つを垣間みせてくれたものと評価できよう。そして、これは、前にみたごとく双系的社会においてはきわめて当然のことともいえる。葛城氏は磐之媛（仁徳皇后）[59]、黒媛（履中皇妃）[60]、韓媛（雄略妃）[61]を天皇に嫁がせ、蘇我氏は堅塩媛（欽明妃）[62]、小姉君（同）[63]、河上娘（崇峻嬪か）[64]、刀自古郎女（厩戸王后）[65]、法提郎媛（舒明夫人）[66]を出し、藤原氏も氷上娘、五百重娘（ともに天武夫人）[67]、宮子娘（文武夫人）[68]、光明子（聖武皇后）[69]などを後宮に送り、そうすることによっていずれも権勢を掌中にしている。また、このことは、逆にいえば、当時有力であった豪族と婚姻関係をつくることにより、天皇は自らの勢力基盤としていたことを物語るのである。したがって、これらの事例はどれも日本列島中央部の古代社会において、政治勢力の形成上、婚姻のはたす役割が非常に大きく、かつ、広範囲にわたって社会に存在していた証拠ともなるものである。

最後に（ニ）の中心人物と直接的な統属関係をもつ下級官人と（ホ）の中心人物と同列の立場にある者の存在についてであるが、この間の状況を厳密に確定することは非常に困難である。しかし、出自、地位、居住地などといったことから考える時、やはり、一応の判別は可能であり、また、古代の人間の行動を理解する上では、この区別はきわめて有効なものである。こうした保留条件を付けた上で、類例を探すならば、まず（ニ）の問題、すなわち直属の従者の活動については、敏達天皇が悉く内外のことを委ねた寵臣である三輪君逆、物部守屋のために兵士百人余を率いて難波の邸宅を守った資人の捕鳥部万、山背大兄王の下で防戦に努めた奴の三成や舎人たち、乙巳の変において蘇我蝦夷の邸宅の警備にあたった漢直ら、有間皇子の叛に与して斬罪に処せられた舎人の新田部連米麻呂、大友皇子に最後まで同行した舎人たち、大津皇子の罪に連座して伊豆国へ配流となった帳内の礪杵道作、塩焼王の変に際して各地へ流刑にされた塩焼王の女孺たち、橘奈良麻呂らの政変計画をいち早く察知して藤原仲麻呂に通報した中衛舎人で従八位であった上道臣斐太都(70)、藤原種継の暗殺を実行した近衛の伯耆桴麿や中衛の牡鹿木積麿(71)、承和の変において皇太子の直曹にいて武装解除された後、散禁された侍者帯刀や春宮坊の舎人など、数多くの事例をみることができる。

こうした立場の者が忠誠心に厚いことは、しばしば指摘されるところであるが、その理由は何であるのか。一つの理解の仕方としては、隷属的立場におかれていたがための過剰な忠誠と片付けることもできよう。またその反対に、主人の特別な恩情にそれを帰することもできよう。しかし、養老軍防令兵衛条には、

凡兵衛者、国司簡下郡司子弟強幹便二於弓馬一者上。郡別一人貢之。若貢二采女一者、不レ在下貢二兵衛一之例上。三二分一国一、二分兵衛、一分采女。

とあるように、兵衛、采女には郡司の一族があてられていた(72)。また、中衛も地方豪族出身者を重要な供給源としている(73)。こうしたあり方は、令制以前のトネリの伝統を引くものであるが、中央政権の有力者が郡司の子弟を介して郡司等の在地社会の豪族と結びつくというこの結合のあり方は、道嶋宿禰などが典型的に示しているように(74)、中央政権の有力者にとっては自己の私的権力を得るという点で、また、郡司の子弟にとっては自分の中央政権における昇進が可能となるという点で、さらに、在地社会の豪族にとってはその地域における地位が保護、優遇されるという点で、それぞれ大きな優位性をもつものである。

内舎人、大舎人、春宮舎人、帳内、資人などについては、養老軍防令五位子孫条、内六位条、帳内条から知られるとおり、蔭子孫、位子、庶人から採るとされるが、内舎人を除き、実際には外位の者や下層の中央官人、庶人へと採用範囲が緩められていくことから(75)、先の兵衛や中衛と結果としては同じものになると考えられる。

しかも、こうした状況は中央政権によって厳格に管理されていたとはいいがたい。例えば、養老軍防令帳内条には、三関国、大宰部内、陸奥、石城、石背、越中、越後より帳内、資人を採ることの禁止が明記されている。しかし、大宝令施行下とはいえ、養老六年閏四月二十五日の太政官奏(76)のなかには、

其国授刀兵衛々士及位子帳内資人、并防閤仕丁、采女仕女、如レ此之類、皆悉放還、各従二本色一。

という言葉がみえている。これは平城京に多数の陸奥国出身の従者がいた明確な証拠といえる。そして、養老令施行後の天平神護元年三月五日の勅旨(77)のなかにも、

伊勢、美濃、越前者、是守関之国也。宜其関国百姓及余国有力之人、不レ可三以充二王臣資人一、如有二違犯一、国司資

人同科三違勅之罪一。

とある。こうしたことは、奈良時代を通じて、令の規定とは異なる現実が存在していたことを意味している。また、その人数についても、養老軍防令給帳内条に詳しいが、一方では養老元年五月十七日の詔書[78]には、

率土百姓、浮二浪四方一、規二避課役一、遂仕二王臣一、或望二資人一、或求二得度一、王臣不レ経二本属一、私自駈使、嘱二請国郡一、遂成二其志一、因レ茲、流二宕天下一、不レ帰二郷里一、若有二斯輩一、輙私容止者、揆レ状科レ罪、並如二律令一。

とある。もっとも、こうした傾向に対して、中央政権は制度的制限を加えているが、奈良朝を通じて、しだいに王臣家の土地兼併も進んでいるのに[79]平行して、浮浪人の吸収も継続的になされていたと考えられる。

そして、他田日奉部直神護の場合には[80]、位分資人を一一年、中宮舎人を二〇年勤めているわけであるが、こうした長期に及んで直属関係が維持される時、そこには単なる政治的利害のみでは割り切れない特殊な情緒的結びつきも発生してくるであろう。

したがって、こうした条件が整ってくる時、はじめて自らの主を「吾が君」と呼ぶ精神的基盤が形成されてくるのであろう。火葦北国造阿利此登の子である日羅が、大伴金村大連を「我が君」と呼び[81]、柿本朝臣人麻呂が明日香皇女に「吾王」と語りかけ[82]、そして、内舎人であった大伴宿禰家持が「吾王」と仰ぐのは安積皇子であった[83]という背景には、右のごとき状況が存在していたのであろう。舎人などの直属する従者が有能な戦闘員として活躍する最も根本的な理由は、こうした構造に求められなければならないと思われる。

それに比較して、畿内の貴族どうしの横の結合というものは、婚姻関係など特殊な場合を除き、やはり緩やかであるといえよう。これに類するものとしては、中臣鎌子連と軽皇子や中大兄皇子との関係などが参考になる。鎌子と軽皇子とは、個人的に親しかったが、たまたま皇子の宮殿に鎌子が侍宿した際、その人物の優秀なことを知った皇子が

厚遇したことを契機にして関係が深まったものであるという。[84] また、中大兄皇子とは、皇子の器量を見込んで接近を図った鎌子が、打毱会で顔見知りになり、南淵請安門下の学習会への参加を通して意気投合していったものであるという。[85] こうした結びつき方というものは、当然、好悪の感情とか思想的共通性などといった情緒的要素に支配される傾向が強い。したがって、ここから安定した強力な結合というものは、なかなか発生しにくいものと思われる。にもかかわらず、橘奈良麻呂の変においても、奈良麻呂の邸宅や図書蔵辺庭、太政官院庭などで会合がもたれ、天地四方に礼拝し塩汁を啜ることにより誓いを固めている。[86] しかも、そうして集まった人々のなかには、安宿王のように現場に行ってはじめて事の次第を知る者もふくまれていたりしている。また、中立を守り計画に加わらなかった佐伯全成や、謀反の計画を仲麻呂に密告する上道臣斐太都などにも参加の勧誘がなされている。こうしたことは、予め明確な政治的利害を共有する集団が存在していたのではなく、時に応じて参加の可能性があると思われた人々を順次に取り込む形で集団形成がなされていったことを示していると考えられる。それと同時に、常に裏切りや密告といった危険性を伴うという欠点も並存させている。和気王の変に際しても、事件が露見するのが宴の席からであるというのは、やはり、同様の状況があったからであろう。それにもかかわらず、政治勢力を形成する場合にこうした方法が採用されるというのは、この方式以外に横の結合を作りだすことができなかったからであると思われる。

もっとも、ここでも親族集団というものとの関係が問題となろう。光明子が大伴宿禰を「吾族」とよび、[87] 橘奈良麻呂が「大伴佐伯の族、この挙に随がはば、前に将に敵無し」[88] とするのは、平城京の時代において家族以上に親族集団というものが一つの範疇として存在していた確実な証拠でもあろう。しかし、そういった枠組みとは無関係に、政変などにおいては両者は敵対する関係となる。また、大伴古麻呂と佐伯全成も、政変に対する立場を異にする。したがって、家族以上の親族単位とは、現実には一つの理念であっても、利害の一致にもとづく貴族どうしの結合によって、簡単に乗り越えられるものであったと評価できるであろう。こうした意味において、貴族層における横の緩やかな結合関係というものが、政治勢力を形成する上で一定の機能を有していたということは、七世紀から九世紀にかけて、一般的に認められると判断される。

以上により、前に壬申の乱などから帰納される（イ）から（ホ）までの五つの項目は、すべて一般性をもっているということができよう。そこで、これらのことを総合して政治勢力の構造を示した模式図を作るとおおよそ次のようになると考えられる。

この図2において最も特徴的なことは、その円錐を何段にも積み重ねたような構造にある。そして、その最頂点に位置付けられるのが天皇や太上天皇、皇太子などから成る王権をになう人々の集団であろう。しかし、先にみたように、皇族と称されるような集団というものがまずあって、そこから天皇や皇太子が出てくるというよりも、逆に天皇や皇太子となった者を中心として集団が形成されてくるところに、その集団的な特質があるというべきであろう。しかも、天皇や皇太子という存在は、単に皇族という皇位に即いた者の一族だけの意向によって決定されるものではなく、むしろ、皇位に即く資格があると考えられる候補者のなかから、貴族層からの強い支持を得ることができたものが推戴されて、その地位に即くことができた。それゆえにこそ、国家も朝廷も天皇も、すべて同一のミカドという言葉で表現することが可能となり、しかもそれが公的存在を意味することになったものと思われる。(89)

また、そうした性質の社会にあっては、前の天皇やその后という立場は、その治世がうまくいっている場合には、当然のことながら政治的に大きな影響力をもってくることが考えられる。太上天皇や女性天皇が出現する背景には、こうした状況がまず基本にあったといえよう。さらに、七世紀には廐戸皇子をはじめとして、有能な皇太子が実質的に執政権をもつという事例がたびたびみられるが、やはり、こうしたことも同様の観点から説明されるべきものであ

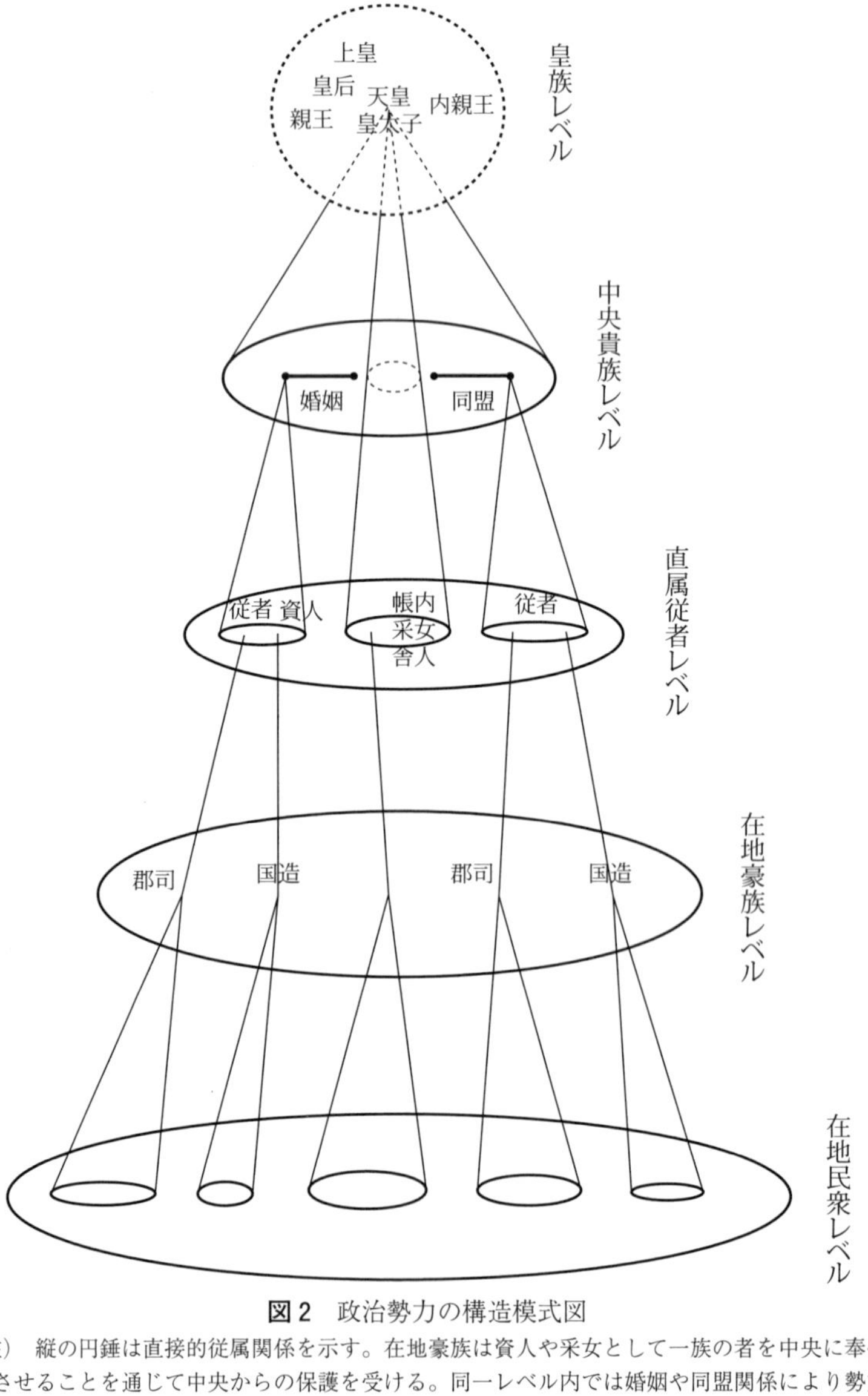

図2　政治勢力の構造模式図

(註)　縦の円錘は直接的従属関係を示す。在地豪族は資人や采女として一族の者を中央に奉仕させることを通じて中央からの保護を受ける。同一レベル内では婚姻や同盟関係により勢力結集がなされる。

一方、皇族内では必ずしも特定の一人に権力が収束するとは限らず、たえず権力の分散化する可能性をはらんでいる。

ろう。そして、このような状態の下では、権力機構の最高の政策決定権は、一人に固定されることはむしろ珍しく、かなり流動的に移動する可能性を潜在させている。「天皇事《みかどわざ》を行う」[90]とか「悉に内外の事を委ねたまひき」[91]といった表現がみられるのは、専らこうした状況を物語っているといえよう。

一方、額田女王に代表されるように、王や女王をオホキミと呼ぶ事例が万葉集にはみられ、また、二十巻本和名抄巻五では皇親の名籍を扱う正親司に「於保岐無太知乃司」という訓を施している。これは件の王権の状態を想定した時、はじめて鮮明に解釈できるのではないだろうか。すなわち、漢語の「大王」が「王」の美称であるように[92]和語の「オホキミ」も「キミ」の美称と考えるのが適切である。[93]そして、キミとは従者がその仕える者を指して使う呼称である。したがって、もとより天皇位の継承資格者のみを対象とするものではなく、令制以前の地方豪族に上毛野君や胸方君[94]といった名称[95]がみられ、また、大伴金村を君と呼ぶ[96]といったように、一般的に広く用いられたものである。しかし、氏姓制度の体制が整うにつれて、徐々に天皇位の継承資格を有する者や、それに連なる血縁関係にある者などへ、その適用範囲が縮小されていったものと考えられる。だが、平城京の時代において天皇も王も共にオホキミと訓じられていたというのは、その性格において共通しており、従者と主人の関係として意識されていたからに他ならない。このことは、王権というものが、天皇と他の皇親との間に完全に分離されたものではなく、連続性をもっていたことの証しでもある。

それにもかかわらず、天皇はきわめて特異な地位であることは間違いなく、同時に二人並存することはできないという特徴を有している。もちろん、天皇という呼称自体は七世紀に確立されたものと考えられるが[97]、それに相当する和語は、養老儀制令天子条にみられるように、スメラミコトを措いて他にはなかろう。[98]そして、その語幹をなす「スメル」とは、天にも喩えられるような、世界の中心に位置する最高の神の山を意味するものであるともいう。[99]そして、天皇が天皇霊というものを保持しており、それにより天皇自体に特異な霊性を認め、それによって天皇と他とを区別する最大の特徴とする見解もある[100]。確かに日本書紀の敏達天皇十年閏二月条や天武天皇元年六月丁亥条には「天皇霊」「天皇之霊」という表現が存在するが、これは「御稜威」というほどの意味と解釈すべき可能性もあり、必ずしも決定的な要素とはいえないであろう。しかしながら、天皇が厳重な潔斎を行い、神聖な身体によって大嘗祭をはじめとする神事を執り行っていることは間違いない。天皇のもつ政治的な諸権限は、時として摂政や関白などに移動することはあっても、こうした宗教的権能のみは天皇にのみ専属するものであったといえよう。

　記録の上では、太上天皇の初見は持統太上天皇であり、女性天皇の場合は推古天皇である。また、摂政のはじまりは廐戸皇子にあるとされる。親王という名称も天武朝から確認される。もっとも、これらが厳密な意味で最初の事例であったかどうかは確定できない。しかし、七世紀から八世紀にかけて、国家の体制化がすすむなかで天皇に関連する制度も整備されていったということは確かである。そして、そういった制度の整備は一面では律令というものを導入することにより推進されていったが、また、もう一面では皇族集団内での権限の分散化であり、明確化であったともいえよう。三代実録天安二年十一月十一日条には「凡天皇即位之日、擇下王氏女有二容儀一者二人上、充下褰二御帳一之職上。」とあり、九世紀以降になると王氏という名称が現れるが、これなどは皇族が皇親という法制用語ではなく一つの実体をもった単位として確立し、天皇を頂点とする集団的なまとまりとして認識されるようになったものと評価できよう。したがって、こうしたことから考えるならば、七世紀より九世紀に至る期間は、皇族が集団としてのまとまりを確立していく段階といえ、その集団のなかで政治的権力は分散して存在するようになり、また、その権力の移動も可能となっていったものと思われる。

　一方、前の模式図において示した円錐状の構造では、上位者と下位者とが直接的な主従関係で結合し、相互に利益を得るという点に特徴がある。そして、帳内にしても資人にしても、それらはいずれも令制官職の一つではあるが、その実態は令制以前より存在していたものであり、むしろ、その結合原理はほぼ一貫したものであったと思われる。しかも、こうした関係は一度成立すると上位者と下位者の地位が変化しても継続する傾向があり、その後も維持されていったのではないかと思われる。

したがって、こうした条件の下で最頂点に位置する皇族集団、そのなかでもとりわけ天皇や太上天皇の地位に変動が発生すると、その特定個人を中心として展開されている人間関係全体の秩序に変化が生じることとなろう。これは、具体的には中央政権内部における中央貴族層の編成替えを意味するのみでなく、舎人や帳内、資人らを媒介にして、地方社会にまでその影響は波及しうる可能性をもっている。特定個人の交替が、反乱や政変の時と同じように高度の危機的状態と認識され、三関固守といった事態にまで立ち至るのは、こうした理由が潜んでいるからであると考えることができよう。

四　古代貴族を結びつける原理

日本列島の古代社会において、関劉を固守するということは、単に三関のみに限らず、在地レベルにおいても、広く認められる現象であるといえる。その一方で、三関の固守は、畿内に存在した中央政権のなかでの権力者の交代、あるいは反乱や政変といった非常事態、さらにはそうした危険性があると判断された際に実施されるものである。このことは、おそらく在地社会においても、類似した状況が発生した場合に、同じような危機対処の方法で実施された可能性があったことを予測させる。律令制度という高度に組織化された制度をもつ国家において、なぜ権力者の交代や地位の継承が固関を必要とするような状況として認識されるのか。それは取りも直さず、中央政権の内部でみられる主人と従者、あるいは上位者と下位者とが直接的に結びつくというところに基礎をもつ統合の原理が、日本列島中央部の古代社会においてはかなり普遍的に存在していたからではないのか。史料によって確認しうる七世紀から九世紀にかけての社会においては、こうした個別的な主従制的ともいえる関係が、何層にもわたって重層的に積み重なる形で構造化されているのではないかと考えられるのである。

石母田正氏が『日本の古代国家』[101]において提起した在地首長制という概念は、総体的奴隷制と表裏一体となった概念であり、一定の歴史的段階において存在する構造であると理解すべきである。それは律令国家の段階において、京を本拠地として国家権力をになう中央貴族層と在地社会においてその地域権力を把握する豪族層とからなる二重の構造をもっているとされる。しかし、その後、その具体的な首長概念の適用をめぐっては、大宝令や養老令段階における郡司にそれをあてるもの、あるいは、より下層の里長などの村落レベルにそれを想定するものなどさまざまな解釈を生じせしめることとなった。もっとも、そのことは違った角度からいうならば、いわゆる律令国家の段階においては、社会のなかの各所に首長制的な構造が認められるということの証拠でもあるともいえよう。すなわち、律令国家とされるものは、中央貴族層と在地首長とされる豪族層という単純な二重構造をとっておらず、むしろ、より多重的ともいえる相互依存の構造をとっている可能性を予測させるものである。日本書紀の天武天皇元年六月壬午条には、壬申の乱において大海人皇子らが名張の駅家を襲撃した際に、直接その邑に人夫に参加することへの協力を呼びかけても、誰一人として応じる者がいなかったにもかかわらず、同じ伊賀国でも、中山においては郡司の参加の下に数百人を動員することができている。こうした日本書紀などの記事については、その編纂が勝者である側の人々の手によってなされていることから、その史料としての証言能力に疑問をさしはさむ余地は当然のことながら存在する。しかし、ここでより重要なことは、個々の事実というよりも事件自体がそうした構成によって語られているということである。すなわち、皇子の呼びかけにも動かない人々がいる一方で、地元の住民も郡司が参加していると協力したということである。この事例などは、在地社会において天皇や皇族の権威などは直接的には作用せず、郡司などとの個別的な従属関係が人々を動かしえたわけであり、おそらくこうした人格的結合とも呼べるような主従制的な構造は社会の各所に見出しうるものと考えられる。日本の中央政権が採用した律令制度というものは、その導入以前から存在していた舎人部や靭負部のような従者が兵衛などに改編されて令制のなかに編成されていったことは、早くから指摘されてきたところであるが、[102] 帳内、資人、事力といった存在もかなりの程度にそれまでに存在していた従者的なものを、新たな令制の組織のなかに組み込み、再編成し、補強していったものとみることができるだろう。

確かに成文法である律令というものが日本列島に導入されたことにより、高度にシステム化された行政が可能となり、また、それに伴って官僚という、人的要素によって左右されることの少ない新しいタイプの人間の類型が出現してきたことは確かである。そして、そのことが崩壊していったとはいえ、九世紀以降の社会に強い影響力をもたらしたことは正当に評価されなければならない。しかし、その一方で、十四世紀の足利政権初期段階の権力構造を分析した佐藤進一氏は、そこから「主従制的支配権」と「統治権的性質をもつ」権限という二つのカテゴリーを抽出している。[103] このうち「主従制的支配権」とは足利将軍と家人とが直接的に取り結ぶ従属関係をさし、「統治権的性質をもつ」権限とは引付方や安堵方といった幕府機関をとおして権益が保護される従属関係を意味している。もとより、足利政権における主従制的関係とは新恩給与としての所領の付与や本領安堵という形での既得地の権利保護を主たる内容とするものであり、鎌倉政権、平氏政権、さらには本所による荘官の職の保護にまでその源流をたどりうるものである。その意味において、舎人を媒介として中央貴族と在地豪族とが相互に利益を得ようとする古代社会の主従制的関係とは性質を異にするものであることは確かである。しかしながら、律令国家を氏族制と律令制という二つの原理をもつ二元国家[104]と理解した場合、やはり、その類似性にも注目しないわけにはいかない。この場合の氏族制とは氏姓の賜与をとおして天皇と臣下とが結びつくシステムであり、律令制とは成文法に規定された品階・位階と官司・官職によって秩序付けられたシステムを指している。したがって、前者は人と人が直接的に紐帯を形成するという点では、多分に主従制的原理というべき性質をもち、後者は人格的な要素をなるべく排除して統治機関を組織的に機能させるという点では統治権的性質をもつものとして把握することが可能である。そして、いわゆる律令国家の段階の社会を、こうした意味での主従制的原理が社会のさまざまなレベルに存在し、それが重層的に積みあがる形で機能していたと理解できるならば、律令制が導入される以前のトモ制や部民制との連続性について、あるいは律令国家のなかから本所、領家、荘司といった寄進による階層構造が発生してくるメカニズムをより整合的に理解することが可能となるのではなかろうか。

こうして考えていった場合、これは比較的短期間において形成され、変化していく制度的なものというよりも、そうした制度の根底にあってそれを支えている社会構造ないしは規範意識のあり方としてとらえるほうが適切ではないだろうか。この問題を、稲荷山古墳出土鉄剣の銘文にもみえる「奉事」、あるいは詔書などにも記された「仕奉」という言葉[105]をたよりに、氏姓の名の賜与ということをとおして天皇と臣、連を名乗る豪族から百姓にいたるまでが結びつく特異な構造として注目したのが、吉村武彦氏であった[106]。吉村氏は、この構造を「臣従制」と呼び、天皇の代替わりごとに豪族が天皇との関係を再確認する行為を「マナ」の継承と理解した。そして、それは在地首長を介しては百姓にまで王民という形で及んでいるものと把握した。こうした上位者と下位者が個別的に結びつく構造において、それを「マナ」といった霊的存在の継承と理解する必要があるのか[107]、また、史書に表れる「王民」という貴族層の理念をもって、実際の氏姓をもつ農民層が間接的とはいえ天皇に「つかへまつる」という意識をもっていたのかについては、[108]なお議論の余地を残すところであろうが、主者と従者とが個別的に結合する構造に着目した点は評価されなければいけない。

もう一つ吉村氏の論において注目すべきことは、こうした主者と従者との関係を一方的な支配と被支配という関係ではなく、双方が何らかの利益を受ける「互酬」の関係とみている点である。こうした上位者と下位者とが個別的に結びつくという規範意識をもつ社会においては、それぞれの者は自らが属する集団内においても、上位者は下位者に対して何をしなければならないかという行動規範を要求され、下位者はそれを期待するがゆえに己の義務を果たそうと努力するという関係を生み出そう。こうした柔軟ともいえる凭れ合い構造が、社会の基本構造となってくるならば、その結果、それぞれの者が形成する集団は階級のごとく社会を横断するものとはなりえず、それぞれが閉鎖系として完結してしまう傾向をもつであろう。そこでは、個々の集団に権力も分散して保有されやすくなり、それにとって全体としては緩やかな統合を生み出す可能性が高い。

日本列島の古墳時代の墳丘の所在地についてみた場合、中国本土や朝鮮半島の諸国と比較すると、一〇万基から一二万基ともいわれるものが、政治権力の中心地であったと考えられる畿内地域のみでなくそこから遠く離れた陸奥から大隅、薩摩の地域にいたるまで広範囲に分布しているという特徴を見出せるところに特異性があるという。[109]しかし、それとともに前方後円墳体制[110]あるいは前方後円墳国家[111]とも呼ばれるほどに共通した強い企画性をもっているのはなぜなのか。さらには、こうした時代の畿内の古墳や遺跡から日本列島各地域で生産された土師器などの製品が出土するという現象をどのように説明することができるのか。これはおそらく、在地社会の政治勢力をある程度温存した形で畿内の政治勢力が規制をかけていたと考えるほかはない。そして、そうしたことを可能にしているのが、上位者と下位者が個別的に結びつくという編成原理があるからであり、多数の古墳から同笵鏡が出土する現象は畿内の有力者が各地の豪族に分与した結果であると考えられているが[112]、鏡をはじめ各種の物品はこうした上位者と下位者が作り出す主従的な関係にのって移動したものといえよう。

七世紀に形成されるいわゆる律令国家も、文字もあまり使用されていなかった社会から比較的短期間のうちに一挙に成文法によって機能する社会へと駆け上がり、また、一度整備された律令にもとづく運営が九世紀以降、とくに在地社会で急速に解体していくようにみえながら、社会全体としては崩壊してしまわないというのも、そこに社会の各層にわたって上位者と下位者が個別的に結びつくという主従制的原理が貫徹しているためであろう。そして、新撰姓氏録抄にみられるように、ウヂというものが天皇などの少数のものに極度に収斂していく理由も、ここに求めることができる。

このように日本列島中央部の古代社会にかなり普遍的に存在していたと思われるこの種の規範意識というものは、それを基礎とした個別的な主従制的編成原理を生み出し、そのことがこの地域に権力集中的な外見をもった政治機構を作り出す原動力となっているといえよう。その意味で、日本古代の政治権力というものは、一方で権力を集中させた形態をとりつつ、その一方で社会の各層、各集団ごとに部分中枢をもって、それらが大中枢に収斂していくというところに、特徴があると考えるべきであろう。

注

（1）　M・フォーテイス、E・E・エバンス＝プリチャード、大森元吉訳「序論」（『アフリカの伝統的政治体系』みすず書房、一九七二年。原題は M. Fortes and E. E. Evans-Pritchard, *African Politics System*, Oxford University Press, London, 1940）。

（2）　加藤九祚『東北アジア民族史の研究』（恒文社、一九八六年）、佐々木史郎『北方から来た交易民―絹と毛皮とサンタン人―』（日本放送協会、一九九六年）、岩崎菜緒子『日本近世のアイヌ社会』（校倉書房、一九九八年）、児島恭子『アイヌ民族史の研究』（吉川弘文館、二〇〇三年）、海保嶺夫『エゾの歴史』（講談社、二〇〇六年）、瀬川拓郎『アイヌの歴史』（講談社、二〇〇七年）など。

（3）　高良倉吉『琉球王国の構造』（吉川弘文館、一九八七年）、伊藤潔『台湾―四百年の歴史と展望』（中央公論社、一九九三年）、鈴木静夫『物語フィリピンの歴史』（中央公論社、一九九七年）、桜井由躬雄「東南アジア前近代国家の類型的考察」および矢野暢「東南アジアにおける『国家』と『支配』：試論」（ともに石井米雄編『東南アジア世界の構造と変容』創文社、一九八六年）など。

（4）　石川栄吉編『民族の世界史　オセアニア世界の伝統と変貌』（山川出版社、一九九一年）。また、サモアやトンガの事例ではあるが、石母田正「民会と村落共同体―ポリネシアの共同体についてのノート（一）」（『石母田正著作集』第十三巻、岩波書店、一九八九年、初出は一九六七年）などがこうした問題をあつかっている。

（5）　石母田正「国家成立史における国際的契機」（『日本の古代国家』岩波書店、一九七一年）。

（6）　宮崎市定『宮崎市定全集』第十八巻（岩波書店、一九九三年）、同『アジア史概説』中央公論社、一九八七年、初出は『アジア史概説』正編として一九四七年、同続編として一九四八年にそれぞれ人文書林から発行された。

（7）　石母田正「はしがき」（石母田前掲注（5）書）。

（8）　井上光貞「律令国家群の形成」（『岩波講座　世界歴史』第六巻、岩波書店、一九七一年。『井上光貞著作集』第五巻再録）。

（9）　石母田前掲注（5）書（『石母田正著作集』第三巻再録）。

（10）　唐律疏議では、巻第八衛禁律の越州鎮戍等城垣、私度関、不応度関、関津留難、私度有他罪、人兵度関妄度、齎禁物私度関、越度縁辺関塞の各条、また、大唐六典では巻之二の考功郎中条、巻之三の戸部郎中員外郎条、巻之六の司門郎中員外郎条がそれにあたる。仁井田陞『唐令拾遺』（東京大学出版会、復刻一九六四年）および『唐令拾遺補』（東京大学出版会、一九九七年）参照。

(11)喜田新六「上代の関の研究」(『歴史地理』第五七巻第四号、一九三一年)。
(12)『新日本古典文学大系　続日本紀二』和銅二年九月己卯条脚注一九、岩波書店、一九八九年。
(13)平川南「過所木簡」(『古代地方木簡の研究』吉川弘文館、二〇〇三年)。
(14)喜田前掲注(11)論文。
(15)『新日本古典文学大系　続日本紀二』和銅七年二月庚寅条脚注一一(岩波書店、一九八九年)。
(16)類聚三代格巻十八所収、延暦八年七月十四日勅。
(17)類聚三代格巻十八所収、承和二年十二月三日太政官符。
(18)類聚三代格巻十八所収、昌泰二年九月十九日太政官符。
(19)類聚三代格巻十八所収、昌泰三年八月五日太政官符。
(20)続日本紀巻四十、延暦八年七月甲寅条。
(21)日本紀略前篇十三、延暦十四年八月己卯条。
(22)喜田前掲注(11)論文。
(23)岸俊男「元明太上天皇の崩御―八世紀における皇権の所在―」(『日本古代政治史研究』塙書房、一九七七年、初出は一九六五年)。
(24)『岩波新古典文学大系　続日本紀　四』(岩波書店、一九九五年)の天平神護元年十月庚申条の脚注でも「三関の固守が行われるのは、天皇・上皇の崩御、政変等国家の大事の時で、行幸にあたって行われるのは異例。称徳の紀伊行幸は、淡路の廃帝に威圧を加え、皇嗣擁立をめぐる官人層の不穏な動きを抑える目的をもっていたと推測される。」とする。
(25)早くには喜田前掲注(11)の論文において指摘され、その後、岸前掲注(23)論文において、補強された。
(26)井上光貞「大和国家の軍事的基礎」(『日本古代史の諸問題』思索社、一九四九年、『井上光貞著作集』第四巻再録)など。
(27)仁藤智子「古代における王権の空間認識―平安京の形成と固関の展開―」(『平安初期の王権と官僚制』吉川弘文館、二〇〇〇年、初出は一九九六年)。

（28）岸前掲注（23）論文では、文武天皇崩御の際には固関という行為自体がなされておらず、固関の開始は元明太上天皇の崩御からであるとしている。
（29）野村忠夫「令制の美濃不破関」（『奈良朝の政治と藤原氏』吉川弘文館、一九九五年。初出は一九七八年）など。
（30）喜田前掲注（11）論文。さらに、松本政春「古代三関考―停廃をめぐって―」（『続日本紀の時代』塙書房、一九九四年）では、西方からの外敵侵入に際して大津宮陥落をも想定して、東国を防衛するための施設として構築されたとする。
（31）河内祥輔「奈良朝政治史における天皇制の論理」（『日本古代政治史論考』吉川弘文館、一九八三年）、同『古代政治史における天皇制の論理　増訂版』吉川弘文館、二〇一四年（原版は一九八六年）。
（32）続日本紀巻二十七、天平神護二年四月甲寅条。
（33）続日本紀巻三十五、宝亀十年六月辛酉条。
（34）岸俊男「光明立后の史的意義―古代における皇后の地位―」（『日本古代政治史研究』塙書房、一九六六年）。
（35）岸俊男「元明太上天皇の崩御―八世紀における皇権の所在―」（『日本古代政治史研究』塙書房、一九六六年）。
（36）続日本紀巻三十、神護景雲三年九月己丑条。
（37）続日本紀巻二十五、天平宝字八年九月癸亥条。
（38）続日本紀巻十、天平元年二月辛未条。
（39）続日本紀巻三十七、延暦元年正月丁酉条。
（40）前掲注（39）に同じ。
（41）続日本後紀巻十二、承和九年七月乙卯条。
（42）例えば、万葉集巻五の八七九番の「美加度佐良受弖」とは朝廷の意味であるし、同巻十九の四二四五番の「毛等能国家尓」の国家はミカドと読まれていたことは間違いない。
（43）日本書紀巻二十一、崇峻天皇即位前紀。
（44）日本書紀巻二十四、皇極天皇二年十一月丙子条。

(45) 日本書紀巻二十四、皇極天皇四年六月戊申条および己酉条。
(46) 日本書紀巻二十五、大化五年三月己巳条。但し、翌日の庚午条には「山田大臣之妻子及随身者、自経死者衆」という記載もみられる。
(47) 続日本紀巻三十、宝亀元年八月辛亥条。
(48) 日本紀略前篇十三、大同二年十月辛巳および癸未条、同十一月乙酉、甲午、乙未、丙申の各条。
(49) 日本紀略前篇十三、延暦四年九月丙辰条。
(50) このうち、大伴国道については公卿補任の弘仁十四年に「延暦四、依㆑坐㆓父事㆒、配㆓流佐渡国㆒」とあるが、そのほかは日本紀略前篇十三の延暦四年九月丙辰および庚申条にみえる。
(51) 続日本紀巻三十八、延暦四年九月丙辰条には「捕㆓獲大伴継人、同竹良并党与数十人㆒、推㆓鞫之㆒」とある。
(52) 日本紀略前篇十三の延暦四年九月丙辰および庚申条。
(53) 北山茂夫「藤原種継事件の前後」(『日本古代史の研究』岩波書店、一九五九年)。
(54) 平野邦雄「八世紀〝帰化氏族〟の族的構成」(『続律令国家と貴族社会』吉川弘文館、一九七八年)。
(55) 義江明子「日本古代の氏と『家』」(『日本古代の氏の構造』吉川弘文館、一九八六年)。
(56) 吉田孝「イヘとヤケ」および「律令時代の氏族・家族・集落」(『律令国家と古代の社会』岩波書店、一九八三年)。
(57) 明石一紀「日本古代家族研究序説」(『日本古代の親族構造』吉川弘文館、一九九〇年、初出は『歴史評論』三四七号、一九七九年)。
(58) 日本書紀巻二十四、皇極天皇三年正月朔日条。
(59) 日本書紀巻十一、仁徳天皇二年三月戊寅条。
(60) 日本書紀巻十二、履中天皇元年七月壬子条。および古事記中巻履中天皇の段。葛城曾都毘古の子の葦田宿禰の娘。古事記では黒比売とする。
(61) 日本書紀巻十四、雄略天皇二年是月条。葛城円大臣の娘。

(62) 日本書紀巻十九、欽明天皇二年三月条。
(63) 前掲注(62)に同じ。
(64) 日本書紀巻二十一、崇峻天皇五年是月条。
(65) 上宮聖徳法王帝説。
(66) 日本書紀巻二十三、舒明天皇二年正月戊寅条。
(67) 日本書紀巻二十九、天武天皇二年二月癸未条。
(68) 続日本紀巻一、文武天皇元年八月癸未条。
(69) 続日本紀巻十、天平元年八月戊辰条。
(70) この場合、上道臣斐太都を誰の直属的従者であると具体的に特定することはできない。また、政変を企図した側の備前国の前守である小野東人から計画を打ち明けられているところから、特定の立場を鮮明にしているともいえない。しかし、この点については、北山茂夫「天平末葉における橘奈良麻呂の変」(『日本古代政治史の研究』岩波書店、一九五九年)において推定しているように、前の地位をとおして備前国出身の斐太都に誼を通じた東人の見込み違いの結果であると思われる。さらに、笹山晴生「中衛府の研究」(『日本古代衛府制度の研究』東京大学出版会、一九八五年)が明らかにしたごとく、中衛府自体が藤原氏の私的軍事力としての性格をもっている。そして、直接に仲麻呂へと通報しているという続日本紀の記載からしても、斐太都は仲麻呂の私的な従者であったと考えるのが適切であろう。
(71) ここでも明確な主従関係は確定できないが、最初にとらえられたのが、中心的立場にあった大伴継人や竹良らであったことから、おそらくその間の結びつきが推定できるであろう。
(72) これには、例外もあり、養老軍防令内六位条にあるように「内六位以下、八位以上の嫡子、年二十一以上にして見に役任無き」者から選抜し、そのうち、「身材強幹にして弓馬に便なる」者を訓練して兵衛となるコースも存した。
(73) 笹山前掲注(70)論文。
(74) 井上光貞「陸奥の族長、道嶋宿禰について」(『日本古代国家の研究』岩波書店、一九六五年、初出は一九五六年)。『井上

光貞著作集』第一巻再録（岩波書店、一九八五年）。
(75)『日本思想大系　律令』軍防令補注48a。
(76)続日本紀巻九、養老六年閏四月乙丑条。
(77)続日本紀巻二十六、天平神護元年三月丙申条。
(78)続日本紀巻七、養老元年五月丙辰条。
(79)吉村武彦「律令国家と土地所有」（『大系日本国家史1　古代』東京大学出版会、一九七五年）。
(80)大日本古文書編年文書巻三、一四九〜一五〇頁。
(81)日本書紀巻二十、敏達天皇十二年是歳条。
(82)万葉集巻二、一九六番、一九八番。
(83)万葉集巻三、四七五番、四七六番、四七七番、四七八番。
(84)日本書紀巻二十四、皇極天皇三年正月朔日条。
(85)前掲注（84）に同じ。
(86)続日本紀巻二十、天平宝字元年七月庚戌条。
(87)続日本紀巻二十、天平宝字元年七月戊申条。
(88)続日本紀巻二十、天平宝字元年七月庚戌条。
(89)家永三郎『日本文化史』（岩波書店、一九五九年）では、この現象に触れ、「『国家』とは、『ミカド』と訓読せられているところからも察せられるように、専ら政治権力の掌握者としての君主またはその政府を指していた……（中略）……具体的には奴隷制的支配を内容とする律令支配機構」と説明している。ここでは、いわゆる律令国家段階の国家を君主の家産制国家とみる傾向が強く、こうした把握の方法はその後の石母田正の総体的奴隷制論（『日本の古代国家』岩波書店、一九七一年）や佐藤宗諄「律令太政官制と天皇」（『大系　日本国家史1　古代』東京大学出版会、一九七五年）などを経て今日までも強い影響をもっている。しかし、これについては、必ずしもそのようにみる必要もなく、むしろ、関晃「大化改新と天皇権力」

（『歴史学研究』二二八、一九五九年）、同「大化前後の天皇権力」（『歴史学研究』二三三、一九五九年）以来指摘されているように、天皇独自の権力基盤というものは意外に小さいということからすると、実態としてはおそらくその反対に、国家も天皇も同じくミカドと訓じられる現象とは、天皇の選出方法とその性格によると理解した方が適切であろう。

(90) 日本書紀巻二十一、用明天皇元年正月壬子条。

(91) 日本書紀巻二十一、用明天皇元年五月条分註。また、類似のものとしては続日本紀巻三十八、延暦四年九月丙辰条に藤原種継を評して「天皇甚委二任之一、中外之事皆取レ決焉」とあるのがみえる。

(92) 宮崎市定「天皇なる称号の由来について」（『思想』六四六、一九七八年、『宮崎市定全集』第二十一巻再録、岩波書店、一九九三年）。および角林文雄「天皇号論」（『ヒストリア』八〇、一九七八年）。

(93) 万葉集巻二、二〇五番「王者　神西座者　天雲之　五百重之下尓　隠賜奴」は今日「おほきみは　かみにしませば　あまくもの　いほへのしたに　かくりたまひぬ」と訓じられている（佐竹昭広・木下正俊・小島憲之『万葉集　本文編』塙書房、一九六三年）が、その詞書には「弓削皇子薨時、置始東人作歌」とあり、この「王者」とは明らかに弓削皇子を指している。

(94) 日本書紀巻十八、安閑天皇元年閏十二月壬午条。

(95) 日本書紀巻二十九、天武天皇二年二月癸未条および天武天皇十三年十一月戊申条。

(96) 前掲注（81）に同じ。

(97) 天皇号の確立時期については、津田左右吉「天皇考」（『津田左右吉全集』第三巻、岩波書店、一九六三年。初出は一九二〇年の『東洋学報』十―三。のち『日本上代史の研究』に再録、岩波書店、一九五八年）、小林敏男「王・大王号と天皇号・スメラミコト考」（『古代天皇制の基礎的研究』校倉書房、一九九四年）、梅村喬「天皇の呼称」（『講座　前近代の天皇』第四巻、青木書店、一九九五年）などのように推古朝に求めるもの、山尾幸久「古代天皇制の成立」（『天皇制と民衆』東京大学出版会、一九七六年）や中野高行「天智朝の帝国性」（『日本歴史』七四七、二〇一〇年）のように天智朝に求めるもの、渡辺茂「古代君主の称号に関する二、三の試論」（『史流』八、一九六七年）や東野治之「天皇号の成立年代について」（『正倉院文書と木簡の研究』塙書房、一九七七年。初出は『続日本紀研究』一四四・一四五、一九六九年）、森公章「『天皇』号の成立をめぐって―君主号と外交との関係を中心として―」（『古代日本の対外認識と通交』吉川弘文館、一九九八年。初出は『日本歴史』四一八、一九八三年）などのように天武・持統朝に求めるものなど、かなりの幅がある。一九九八年に飛鳥池遺跡から出土した木簡には「天皇」の文字が判読され、これらは天武天皇六年頃とされている（奈良国立文化財研究所『飛鳥藤原宮発掘調査出土木簡概報』一三、一九九八年）ことから、少なくともその使用の下限は明確になったといえよう。

(98) 西郷信綱「スメラミコト考」（『神話と国家』平凡社、一九七七年）。

(99) 前掲注（98）の書において、西郷は「スメラミコト」の語源を「澄む」という清浄さという感覚に見出して理解しているが、大野晋『日本語をさかのぼる』（岩波書店、一九七四年）および大野晋・佐竹昭広・前田金五郎『岩波古語辞典』（岩波書店、一九七四年）の「すめら」の項ではサンスクリットの sumeru、モンゴル語の sumel と同源であろうとしている。

(100) 折口信夫「大嘗祭の本義」（『折口信夫全集』第三巻、中央公論社、一九七五年、初出は『國學院雑誌』三四―八・一一、一九二八年）。

(101) 石母田正『日本の古代国家』（岩波書店、一九七一年）。

(102) 井上光貞「大和国家の軍事的基礎」（『井上光貞著作集』第四巻、岩波書店、一九八五年、初出は『日本古代史の諸問題』思索社、一九四九年）。

(103) 佐藤進一「室町幕府開創期の官制体系」（『日本中世史論集』岩波書店、一九九〇年、初出は『中世の法と国家』東京大学出版会、一九六〇年）。

(104) 井上光貞「日本の律令体制」（『井上光貞著作集』第五巻、岩波書店、一九八五年、初出は『岩波講座　世界歴史』六、岩波書店、一九七一年）。

(105) 続日本紀巻二十、天平宝字元年七月癸酉条の詔書など。

(106) 吉村武彦「仕奉と貢納」（『日本の社会史』第四巻、岩波書店、一九八六年）。

(107) 首長が「マナ」をもつという考え方は、吉田孝氏（『律令国家と古代社会』岩波書店、一九八三年）からも提起されている。また、考古学においては近藤義郎氏（『前方後円墳の時代』岩波書店、一九八三年）が前方後円墳は首長霊の継承の場であるという考えを示している。一方、熊谷公男氏（「古代王権とタマ（霊）—『天皇霊』を中心として—」『日本史研究』三〇八号、一九八八年）は日本書記にみえる「天皇霊」という表記を中心として七世紀以前には祖先の霊が自己集団を守護するという観念の存在を認めつつも始祖の霊威が継承されるという見解には否定的である。広瀬和雄氏なども前方後円墳にそうした首長霊の継承という機能を認めていない（『前方後円墳国家』角川書店、二〇〇三年）。

（108）確かに、万葉集には「於保吉美能《おほきみの》　美許等可之古美《みことかしこみ》　伊蘇尓布理《いそにふり》　宇乃波良和多流《うなはらわたる》　知々波々乎於伎弖《ちちははをおきて》」（巻二十、四三二八番、助丁丈部造人麻呂）とか「祁布与利波《けふよりは》　可敝里見奈久弖《かへりみなくて》　意富伎美乃《おほきみの》　之許乃美多弖等《しこのみたてと》　伊涅多都和例波《いでたつわれは》」（巻二十、四三七三番、火長今奉部与曽布）といった歌がみられるが、こうした東国の部姓をもつ防人たちのいうオホキミが、和歌の表現上のレトリックを越えて、京に在住する貴族層のいうオホキミとどこまで同じものであるかは、なお考えるべきところである。

（109）森浩一『巨大古墳の世紀』（岩波書店、一九八一年）。

（110）都出比呂志「日本古代の国家形成論序説—前方後円墳体制の提唱—」（『日本史研究』三四三、一九九一年）。

（111）広瀬和雄『前方後円墳国家』（角川書店、二〇〇三年）。

（112）小林行雄「同笵鏡考」および「大和政権の勢力圏」（『古墳時代の研究』青木書店、一九六一年、後者の初出は「初期大和政権の勢力圏」『史林』四十—四、一九五七年）。

第二章　ウヂとカバネが提起する世界

一　問題群としてのウヂとカバネ

江戸時代よりウヂとカバネに対する関心は高く、十八世紀末、寛政年間に完成した『古事記伝』のなかでも、本居宣長は

氏姓は、宇遅加婆禰と訓、宇遅と云物は常に人の心得たるが如し【源平藤原などの類なり、】加婆禰と云は、宇遅を尊みたる號にして即宇遅をも云り、【源平藤原の類は、氏なるを其をも、加婆禰とも云なり、】宇遅ももと賛て負たる物なればなり、【是はた言は賛たる言に非るも、負たる意はほめたるものなり、】

と記し、また、氏と姓が典籍においてもさまざまな使われ方をしていることに触れ、

特に加婆禰の事は、殊に字に依て人の思い惑ふことなり、ゆめゝ、姓字には拘はるべからず、此字を忘れて思ふべきなり、

という解釈を示している(1)。

さらに、幕末の嘉永年間にいたって、伊達千広は『大勢三転考』を著し(2)、神武天皇から徳川氏による全国統治にい

たるまでの時代を三つに区分し、それぞれカバネの代、ツカサの代、ナの代と呼称した。ここではウヂとカバネについて「崇名などの説もあれど、いと迂遠にして、諾ひがたし。」として宣長の説を採らず、

氏てふ言は、生血の義にて血脈の流を称ふる言、加婆禰は骨にて、一部を統る言なるべし。氏は血脈に附たる唱なれば、同血脈の外に唱る事なく、骨は其部によれる唱なれば、諸氏にわたりて呼来れり。そは紀氏は紀氏、物部氏は物部氏にして、其すぢに限りて唱へ、骨は、紀氏も臣、出雲氏も臣と、なへ、物部も大伴も、皆連と唱ふるがごとし。そもそもこの氏と骨の二くさは、人の身にとりて、本とも本たる極みなれば、支体にならひて、血と骨ともて称たるは、さる事ならずや。

という解釈をほどこして、その後の氏姓制度につながる理解を示している。そして、カバネとツカサの違いについては「官職《つかさ》は其人につきて、文官にも武官にも、京官にも外任にも、伍したまひて、子孫に及ばず。骨は其家につきて、国県を治むるにも、自余の行事につきたるも、皆其家々の業にして、世々に動かず仕奉れば、かの職の進退予奪常なきとはいたく異なり。」として、「家」という言葉を用いてはいるが、人々の集団に対して与えられるカバネと、個人に対して与えられるツカサという、推古朝の冠位十二階制にはじまる位階制の本質についても的確な指摘を行っている。そして、こうしたツカサがやがていわゆる武家官位として実質を伴わなくなった、鎌倉政権成立以降の官職名目化の時代をナの時代と区分している。『大勢三転考』においては、このように古代に関して七世紀を境として前後に区分し、それ以前の豪族の時代をカバネとした点で、その後の研究のあり方に大きな影響を及ぼしたといえるであろう。

こうした江戸期における認識は、明治期になるとその史料に関する一層の総合化が図られるとともに、ヨーロッパ世界に起源をもつ民族学や言語学の影響も受けつつ、しだいに明瞭な輪郭をもちはじめたと評価できよう。例えば、

水戸学の集大成ともいえる栗田寛にあっては、明治十七年、一八八四年頃に『氏族考』を著し、[3]また、ほぼ同時期に校刻された『大日本史』氏族志の増補にも深く関与しているが、[4]これらにおいては、日本書紀の垂仁紀や允恭紀からはじまり、天武朝の八色の姓をへて嵯峨朝の新撰姓氏録の編纂、そして後小松天皇の時の皇胤紹運録や尊卑分脈にいたる氏姓に関する史料が典拠を示して簡潔に配列されるようになってくる。さらに、竹越与三郎の『二千五百年史』[5]が刊行されたのは日清戦争の終結した翌年の明治二十九年、一八九六年であったが、そこではヤマト政権を構成する大伴族や物部族を血族と理解し、「朝官はその人を官にするにあらずして、官をもつてその族の有とし、族長、その官に当たるものなり。一国をもつて一家の事となす族長時代の風、ここに見るべく、以下数百年、政治の組織はすべてこの族制に従う。」としている。したがって、ウヂやカバネにしても、

その族長の最大なるものを『おみ』という。おみは、『大いなる身の上』の義にして、後世『臣』字をもってこれに充て、これと等しきものを『むらじ』という。『群の主』というの義にして、後世『連』字をもってこれに宛つ。大臣・大連は後世に至り、発達して左右大臣のごときものとなり、……（中略）……皇室はすなわち政府、各種族の総長はすなわち天皇、政府はすなわち族長の衆議所、社会はすなわち国家、この間いささかの区別なく、天下の事は、これを大にしては皇室一家の事、これを小にしては族長一家のことなりしを、後年天皇の宝を貯えんとして大蔵を起し、大蔵一変して大蔵省となりしがごときもまたその例なり。

などといった解釈をしている。これらは江戸期以来の民間語源説のような発想をひきずりつつも、近代的な政治学の概念を用いて古代の政治体制を社会一般の人々に向けて解説するようになってくる。

そして、それにやや遅れた明治三十三年（一九〇〇）に刊行された『古事類苑』姓名部においては、「我邦氏族、古来三別アリ、天神地祇ノ冑、之ヲ神別ト云ヒ、天皇皇子ノ派、之ヲ皇別ト云ヒ、漢三韓ノ族之ヲ諸蕃トイフ、各々加

婆禰ヲ賜ヒテ尊卑ノ階級ヲ叙シ、之ニ由リテ貴賤ノ別ヲ定ム」という姓氏録の区分を採用し、

其氏族ハ大小氏ニ別タレ、各氏ノ氏上、其氏人ヲ統領シ、其職ヲ世々ニシテ、朝廷ニ奉仕シタリ。

また、

大化以前ノ制ヲ考フルニ、神別諸氏ニハ連姓ヲ賜ヒ、皇別諸氏ニハ臣姓ヲ賜フコト、通例タリシガ如シ、而シテ其臣連ハ、各々其氏族及ビ部曲ノ民ヲ統領シ、其上ニ大臣大連アリテ、大臣ハ臣姓諸氏ヲ率ヰ、大連ハ連姓諸氏ヲ率ヰ、以テ大政ニ參與セシナリ(6)

とし、さらに氏上については天智朝に定められたものとしつつ「氏中ノ宗長ニシテ、常ニ其同族ヲ率ヰテ朝家ニ奉仕シ、専ラ祖神ノ祭祀、氏人ノ叙爵等ヲ掌ル(7)」というかなり明瞭な理解が示されるようになる。この段階においても、氏はやはり血統で結ばれた同族集団と考えられている。

二十世紀に入った明治三十八年（一九〇五）から同三十九年（一九〇六）にかけて発表された中田薫の「可婆根（姓）考(8)」および同四十年（一九〇七）発表の「我古代の法制関係語(9)」などになると、ウヂやカバネといった法制に関する言葉を比較言語学的方法によって、音韻の立場からその語源を理解しようとする傾向が読み取れるようになる。ここにおいては、朝鮮語や満州語、モンゴル語などとの音韻の対応関係からウヂやカバネの実体に迫ろうとするようになるが、こうした言語学的なアプローチは、夙にW・G・アストンなどによって開始され(10)、白鳥庫吉らによって歴史的研究へも深められていったものであるが(11)、同時に当時の社会において発生していた急速なアジア大陸への視野の拡大ということも複雑に影響しあっていると考えられる。

やがて三浦周行が「古代社会の経済生活(12)」を世に出したのは、大正デモクラシー期の大正十年（一九二一）五月であるが、この頃になると宮崎道三郎や中田薫らの学説を踏襲して、日本のウヂやカバネが朝鮮半島とのつながりが強

いことを指摘しつつ、

古代には宇遅、加婆禰というものがあって、氏族を形成して居た。後には両者相混同するに至ったが、元来宇遅は各人が区別せん為めに、居住の土地、職業等に依ってこれを命名したものであり、加婆禰は主として其尊卑を別つ為めに血統、官職等に依って命名したもの、やうである。臣、連、国造、伴造の如きは即ちそれであった。加婆禰の中に於て、臣は皇別に限られ、連は神別に限られ、各其官職、職業を世々にし、大臣、大連があって、各臣連の氏族を分轄し、氏族の家長たると共に、政治上の執権となって居た。臣連以外の加婆禰のものも、血統の別に依ってそれ〴〵大臣大連に統轄されていたのである。

と記している。このように、ウヂというものはそれを構成するすべての人々が血縁でむすばれているわけではないにしろ、やはり血統を中心とした集団であり、カバネはそのウヂの性格を示す呼称として使われ、そういった社会制度は日本列島のみならず、朝鮮半島やモンゴル高原など広くアジア大陸の親族組織とも類似性をもっているという認識は、第一次世界大戦前後くらいにはほぼ確立されたものとなっていたと判断される。

確かに、古事記、日本書紀をみれば、そこには多くのウヂの始祖が明示され、続日本紀などの史書のなかにも、しばしば改賜姓についての記事が散見される。また、都が平安京に遷って以降になっても、古語拾遺や新撰姓氏録といった典籍はウヂのあり方を主題として著述されており、日本列島中央部に成立した政治権力を造り上げていた貴族層にとって、ウヂやカバネの問題といったものが非常に重要な関心事であったということは間違いないところである。そうしたことを考えるならば、日本における近世・近代以降の歴史的研究、とりわけ第二次大戦以後の日本古代社会の研究において、ウヂやカバネ、とくにウヂの実態が一つの大きなテーマとなっていったということは、きわめて当然のなりゆきであったといえよう。そして、日本にマルクス主義的な史的唯物論が入ってきてからは、日本の典籍に見出されるこのウヂが、ギリシアやローマの古代社会にみられる氏族と比較してどういった性格上の違いがあるのかといった角度からの研究も多く手がけられるようになった(13)。その一方で、特定の既成理論からではなく、日本の古代社会をより考証的な観点から理解していこうとする立場からは、ウヂという単位をさらに精密に個別的に分析していくことによって、その集合体としてのヤマト政権の構造や大王の支持基盤を明らかにしていこうとする研究の傾向も台頭してきた(14)。そして、とくにこれらの大化前代の研究の延長線上に、七世紀後半以降の律令制度が整備されてくる段階においても、ウヂとカバネが一定の機能をもっていたらしいことに着目して、いわゆる律令国家を律令制と氏族制との二元的支配による国家体制とみる見解(15)や、律令体制のもとでの律令的身分秩序とカバネ的身分秩序との並存を問題とする見解(16)なども提出されるようになっていった。いま、われわれが描くところのウヂやカバネに対するイメージというものは、このような議論の経過をへて、たどり着いた一つの到達点であるともいえるだろう。

しかし、こうした研究の積み重ねがなされてきたにもかかわらず、なおウヂやカバネとは具体的にどのように発生し、どういった機能をになっていたのか。また、それはいかなる変化を遂げながら中世社会の家制度へとつながっていくのかという最も根本的なところでは、いまだ確定的な認識にはいたっていないように思われるのである。そして、そもそもウヂとはどういった実体をもっていたのかということになると、確かに多くの学説があるのであるが、いまだに具体的なその姿を掴むことができたという実感がもてないというのが実態であろう。

では、こうした状況において、われわれはどのように対処すべきなのであろうか。それは、いま、注目されている学説を詳細に検討して、そこで示された根拠と論理について更なる検証を加えること以外には方法がないのではなかろうか。そして、それらの学説のなかに潜む疑問点を明確化し、いままでとは違った新しい角度からの史料の解釈を試みていくことこそが必要とされているのではなかろうか。

二　基本的概念の確立

われわれがウヂについて考える時、今日の把握方法にとっての出発点であるとともに、いまなおその大枠を規定しているともいえるものは、津田左右吉氏が昭和のはじめに「古語拾遺の研究」[17]や「上代の部の研究」[18]などにおいて提示した学説であるといえよう。津田学説は具体的なウヂを把握するための基礎として、大同二年（八〇七）に斎部宿禰広成によって記された古語拾遺に着目した。その理由は、この書については著者も執筆年代も、そしてその作成意図もはっきりしており、しかも比較的まとまった形で存在しているというところにある。そして、古語拾遺のなかに記されている紀伊、阿波、讃岐、筑紫、伊勢などの地域に分布している伴造系の代表的なウヂの忌部氏を分析することによって、次のような重要な認識に到達した。すなわち、

（古語）《筆者注》拾遺の記載によれば、地方の忌部にはそれ〴〵の祖先があって、それらは何れも忌部氏の祖先フトダマの命の部下とせられてゐるが、其の子孫とも同族ともせられず、血統関係のあるものとはせられてゐない。これは、勿論、造作せられた系譜ではあるが、こういふ系譜の作られたのは、事実に於いて、朝廷の忌部氏も地方の忌部も彼等を互に同族として考えてゐなかったからであるに違いない。[19]

そして

（地方の忌部が）忌部と称する以上、朝廷の忌部と何等かの関係がなくてはならぬが、上に述べた如く同族でないことは明らかであるから、それは忌部氏の部下であったとする外はないのである。[20]

というものである。これは、それまで通説とされてきた、ウヂを血縁団体と考え、文化人類学的概念のクランに比定

することへの批判であり、ウヂを大化改新以前の政治機構として把握する見方の確立であった。また、それと同時に、津田氏は

職掌として神事祭祀に関与するものがイミ部と称せられたのであるが、民間信仰に於ける一般の巫祝がかういはれたのではなく、朝廷の制度として置かれた神職に限った名称である。かういふ神職の由来は、いふまでもなく、民間信仰に於ける巫祝にあるのであるが、彼等をイミ部と呼んだ例は曾て文献の上に見あたらず、記紀を見ても、みな祝とか巫とか巫覡とか書いてあるので、それはハフリとかカミコ又はカミナギとかいふ語にあてられたのであろう。……イミ部といふ名は一般的には決して使はれてゐない。(21)

と判断した。これも、それまでの有力な仮説であった、ウヂは職業を同じくする者の集団であるとする学説の否定であり、ウヂは階層性をその内部にふくむ存在であって、とくに下層の忌部は上層の忌部に奉仕や貢納の義務を負う一般的な農山漁民であるとする学説のはじまりであった。こうして忌部氏において確認された認識を、津田氏は、さらに大伴氏、髙橋氏、土師氏、語部、遊部、日祀部、そして渡来人の部などにも適用し、自説を補強していったのである。そうした一連の検討の結果は、

大化改新前の政治組織が氏族を基礎としたものであったこと、詳言すれば朝廷の官職地位が世襲であり、土地民衆が世襲の領主、即ち所謂臣連伴造国造、によって分有せられてゐたことは、疑が無からうが、それは社会組織が氏族を単位とし血縁関係を骨幹として形成せられてゐた、といふことではない。氏族制度といふ語も、それが改新以後の官僚制度に対する呼称であるならば、それはこういふ政治上の制度をいふのであって、社会組織に関するものではないはずである。(22)

とか、

われゝの知り得るかぎりに於いては、日本の上代には、家はあったが部族と称されるごときものは無かった。家の名はあっても部族の名らしいものは無く、家の祖先はあっても部族の祖先といふやうなものは無かった、また、村落の首長はあったが部族の首長は無かった。要するに、家の生活、村落の生活、はあったが、部族の生活は無かったのである。(23)

という地点に結論を導いた。すなわち、これによって、

ア　ウヂとは大化以前の政治組織である。
イ　ウヂは血縁によって結合した組織ではない。
ウ　ウヂは内部に階層性をもつ。
エ　ウヂを構成している者の生業は多様である。
オ　ウヂの中心は、朝廷の職掌の世襲化によってできた家である。
カ　ウヂ系譜は、ウヂの中心となる家の系譜である。
キ　ウヂ系譜は、ウヂ制度が崩れだした時代に造られたものであり、自家を誇示する目的から附会と潤色が盛んになされた。
ク　古代日本では家以上の血縁組織はなかった。
ケ　古代日本の村落は、地縁的結合をしていた。

などという、その後の研究に大きな影響を及ぼすことになる命題が提示されたことになる。

確かに、これらの見解は日本古代の社会の特質を鋭く突くものであった。しかし、その反面、津田氏のいう「家」とはどういった内実をもつものなのか、村落はいかなる意味において地縁的なのかという点になると、何ら具体的な

説明はなく、多分に曖昧さを残すことになり、それは結果としてウヂ概念を不明確なものとすることとなった。また、津田氏がこういった認識にたどり着きえたのは、忌部氏というものを研究対象としたという、その設定の的確さに大きく依存していると考えられるが、朝廷の伴造とその部民を一括して一つのウヂとして考えるという理解方法にも問題性が存在していた。

そうしたことから、その後のウヂ研究は、原則として津田学説を踏襲しながらも、津田学説にみられる問題点の克服という形で展開されていったといえるであろう。したがって、その研究過程においては、当然のことながら、ウヂの実体を明瞭にとらえるということが強く指向されていったことはいうまでもない。そして、その際に、ウヂのイメージを描く上で大きな影響力を発揮しえたのは、やはりフリードリッヒ・エンゲルスの『家族・私有財産・国家の起源』であったと思われる[24]。このことは、ある意味では、揺り戻しということでもあり、史的考証から史的唯物論的発展段階説への回帰という性格ももつものである。もっとも、エンゲルスはこの著書のなかで、

すべての従来の古典古代史家たちも、氏族の問題でつまずいている。彼らは、氏族の特徴の多くをいかに正しくえがきだしたにもせよ、いつも氏族を家族の集団であるとみなし、そのために氏族の本性と起源をみずから理解できなくしていた。氏族制度のもとでは、家族はけっして組織単位ではなかったし、またそうなることもできなかった。というのは、夫と妻は必然的に二つのあい異なる氏族に属していたからである[25]。

と記しているように、その「氏族」とは母権制と外婚制とを有し、国家成立以前に存在していたとされる家族形態を意味していた。したがって、津田学説を経過したこの研究段階において、古代の日本列島に実在したウヂを、この意味の「氏族」に比定する学説はほとんど存在しなかったが、こうした用語の類似性は、意識的たると無意識的たるとを問わず、その後のウヂ研究に微妙な影響を与え続けていったものと思われる。そして、エンゲルスのこの発展段階

論、すなわち、母権氏族→家父長制家族→近代個別家族という図式に準拠して考える場合には、古代の日本列島のウヂとは、この家父長制家族の段階に相当するものとされた。それらによれば、ウヂは支配的地位にある父系有力家族を中心とした同族、親族組織に、政治的立場からの人為的操作、選択性が働いて成立したものであり、やがてそのなかには非血縁者もふくみこまれ、主従関係のごとき階層性をもつにいたったとされた[26]。ただ、ここで重要なことは、ウヂの実体を追究しようとすると、先に津田氏が確立したウヂは政治組織であるという認識が、著しく後退してゆき、どうしても社会集団としてのウヂという認識が前面に出てくるということである。その後の研究でも、基本的には、この二律背反的性格に悩んだといってもよかろう。そして、エンゲルスの理論を踏まえたこうしたウヂを家父長制家族論の一環として理解していこうとする立場は、一方では実証的側面から、奈良時代の戸籍にみえる郷戸は法的擬制であり、現実の家族をそのまま反映しておらず、現実の家族は単婚小家族に近いとする学説[27]や七・八世紀段階においては未だ家父長制家族は未成立であるとする学説[28]の出現により批判を受けることとなった。また、その一方で、ウヂを律令国家の時代にできた新しい社会集団であると理解するにしても、確かに奈良時代においてウヂの改賜姓が盛んに行われながらも、ウヂが社会集団として政治的あるいは経済的に共同行動をとっているような徴候がほとんど見出しえないのはなぜなのか、ウヂの改賜姓にこれほどまでにこだわる理由は何なのかといった疑問に、直面することとなるのである。

こうした議論がしばらく展開されたのちに、ウヂに関する研究は、それぞれの氏の個別的研究へと進み、ウヂを全体として議論するといったことは、しだいに低調となっていった。しかし、こうした議論のなかで提出された理論的構造は、そののちにも基本的には受け継がれ、微妙に形は変えながらも、影響を及ぼしていったということができよう。そして、一九八〇年代以降、ふたたび、ウヂそのものを問題化する風潮のなかで自覚的に取り上げられるようになった。そこでは、ウヂについてのこれらの未解決の問題点に関して、ウヂそのもののあり方を対象として、どのように考え、どのように解決しようとしていったのか、次にそういった立場の研究をみてゆく必要がある。

三　双系的社会という見地からするウヂ把握

ウヂの問題を、日本古代の史料にみえる「家」や村落の再検討をとおして、追究しようとしたものに、吉田孝氏の一連の研究がある。それらの研究は、おおよそ一九七〇年代から開始されるが、それらを時系列にそって示すならば次のようになろうか。

ア「律令制と村落」(『岩波講座　日本歴史』三、岩波書店、一九七六年)
イ「ヤケについての基礎的考察」(『古代史論叢』中巻、吉川弘文館、一九七八年)
ウ「日本古代の嫡子制と『家』」(『山梨大学教育学部研究報告』三二号、一九八一年)
エ「ウヂとイヘ」(『新編日本史研究入門』東京大学出版会、一九八二年)
オ「イヘとヤケ」(『律令国家と古代の社会』岩波書店、一九八三年)
カ「律令時代の氏族・家族・集落」(『律令国家と古代の社会』岩波書店、一九八三年)
キ「祖名について」(『奈良平安時代史論集』上巻、吉川弘文館、一九八四年)
ク「トコロ覚書」(『日本古代の政治と文化』吉川弘文館、一九八七年)
ケ「古代社会における『ウヂ』」(『日本の社会史』六、岩波書店、一九八八年)

もちろん、こうした一連の研究の進展に伴って、論文相互の間に考え方の違いが表れてくることは、当然のこととしなければいけない。しかし、この基本的な構想については強い一貫性のもとに発展がなされてきたといえよう。

そうした吉田氏のウヂ理論は、まず、実証的な籍帳研究などの成果を前提としてはじめられている。すなわち、吉田氏が自らの理論構築を開始するにあたってみえていた地平とは、日本古代の社会的基本単位は一対の男女とその間に生まれた子らによって構成された小家族であり、そこでは、まだ家父長権と呼べるようなものは存在しておらず、近世的な代々継承されるべき家といった観念も成立していなかった、ただ、支配層においてのみ、ウヂと称される政治的組織単位があり、これが大きな存在意義をもっているというものであったろう。したがって、吉田氏のウヂ研究も、まずこの日本古代の「家」とは何かを解明するところから開始され、その結論の上に古代社会論にいたる理論が組み立てられていくという構造をもっている。

こうしたことから、吉田氏はまず古代の史料上にみられる「家」の古訓に、イヘとヤケという別系統の言葉が存在していることに着目した。そして、以下のように考えていったものと推定される。

ヤケという言葉が屋《や》と倉《くら》とを備えた一区画を意味するのに対して、イヘは家族のような人間の集団あるいは家庭を意味するとする。また、奈良時代の人名には、大伴宿禰家持《やかもち》や石上朝臣宅嗣《やかつぐ》、布勢朝臣宅主《やかぬし》といった人名が確認されるのに対して、やがて平安後期になると源朝臣義家《よしいえ》のようなイへという読み方をする人名が多くなる。一方、奴《やっこ》、家《や》部《かべ》という存在は、その語源からしてヤケに付属するものと考えられ、こうした現象は、それ以前の社会的習慣を反映していると思われる大宝戸令応分条のなかの「宅及び家人、奴婢はみな嫡子に入れよ」とあったと想定されること(29)と考え合わせると、ヤケは分割できない、また、分割すべきでもなく、継承されるべき存在であった。さらに、このことは、大化以前の生産力水準の低さを考慮に入れ、また、オホヤケ（公）とかミヤケ（屯倉）などといった言葉からすると、とうてい一般庶民のものとはいえず、ヤケは地域社会で大きな力をもった首長層にしか存在しないものであったと考えられる。

これに対して、イヘは階層を問わずに存在する小家族であるが、日本古代には、

ア　同母の兄弟姉妹間以外には明確なインセスト・タブーがないこと。

イ　親族名称について、直系親と傍系親とを区別しても、男系と女系とを区別していないこと。

ウ　婚姻に際して、夫方居住、妻方居住、独立居住といった明確な居住規制もないこと。

などから、双系的社会であったと判断され、イヘは父方・母方の両方に結びつく、ゆるやかな結合の親族組織を形成していたとした。

したがって、大化以前の地域社会では、いまだ独立した経営体や所有体となっていない小家族のイヘが、一方では双系的血縁関係で、また一方では、居住の共通性による地縁的関係で結びついて村落を作っていた。そして、そのなかから出現した有力な家族がヤケをもち、周囲の地域を隷属させて経営体・所有体となるとともに、その家族長であり、国造などの地位につく在地首長は、自分と神話的始祖との系譜関係を形成しはじめた。その結果、在地首長は神話的始祖から血縁によってマナ（魂《たま》）を継承する者とされ、その原理により、双系でたどれる親族をまとめてウヂとした。したがって、ウヂは在地首長を中心として、明確な範囲をもたない集団であった。もっとも、この在地首長の権力基盤といえども、経営体・所有体として十分に強力ではなく、中央政権に結集することにより、はじめて安定することができた。ヤマトに中心をもつ政権は、こうした結集をいちはやく達成したがために、他の地域の勢力よりも優位に立つことができたと考えられる。

しかし、律令国家の形成段階になると、従来のウヂは支配者集団の単位としては、あまりに流動的であったため、父子継承による明確な集団の創設が企図されるとともにウヂ・カバネの再編成が行われた。これにより、ウヂは氏上

とその近親の数家族から構成されるものとなり、また、本来、ヤマト政権での政治的地位を継承する者にのみ与えられていたウヂ名、カバネ名が子孫に一律に賜与されることとなり、殊にカバネ名を有する者の急速な拡大を招き、ウヂ・カバネの制度を形骸化させていった。

以上が、吉田氏のウヂ論の概略である。この考え方は、津田左右吉氏やその後の研究者が具体化を試みながらも、なかなか果たしえなかったウヂとイヘとの関係を鮮明に、しかも、史料的実証性を伴って叙述したものといえよう。これにより、ウヂとイヘに関する理論的水準は一気に飛躍向上したものと考えられる。また、それのみならず、ウヂがあれほど古代社会で問題とされながら、その実体がとらえきれない理由を、双系制社会であった点にもとめ、明確な集団の範囲が確定しなかったからであるとしたこと、大和盆地を中心とした地域に、他の地域に先んじて巨大な政治機構が出現したのも、この地域が双系制社会であったがため、柔軟な結集が可能であったからだと解釈したこと、双系制社会という基礎構造の上に、ウヂという政治的な上部構造を位置づけ、その律令制導入による変質過程をたどろうとしたことなど、従来の学説にはみられなかった斬新な視点を打ち出したことも高く評価されなければならない。

しかし、こうした吉田氏のウヂ理解も、いまだ実証されざる部分が多くふくまれ、やはり検討を加えてゆかなければならない点があろうかと思われる。その一つは、ヤケを在地首長層以上のものがもつ所有物とし、ウヂの原型をここにもとめる点である。日本列島中央部の古代社会において、ヤケとイヘとは別の概念であるという判断は、文献資料上から帰納されてきたものであるが、このヤケが分割されず、継承されるべき存在であったというのは、古代の人名と大宝令および養老令の戸令応分条の比較から推定されたものであり、それ以上の積極的な証拠となる史料があるわけではない。また、そのヤケがどの程度の社会階層から保持されていたのかという点になると、まったく不明というほかはない。そして、このヤケの継承ということと、在地首長の問題とを結合させた点は、まさに吉田氏の学説の特質であるとともに、また、問題点でもあると思われる。在地首長という用語ももともと明確な定義がなされていたわけではなく、時として国造、郡司レベルを指す場合もあれば、村落のムラ長などを意味することもある。その上、石母田正氏などにおいては、[30]在地首長というものは単なる地方豪族といった概念とは異なり、総体的奴隷制という生産様式論および発展段階説と不可分に結びついた概念である。したがって、ヤケの継承主体を在地首長に想定することは、そのまま、ヤケのある村落や社会をそうしたものとみる立場に立つことであり、在地首長制論という有力ではあるが一つの学説であるものが、逆にヤケとイへに対する見方を規定する関係が出来上がってくるのではないだろうか。その意味において、文献的徴証から得られた結論と在地首長制論の採用との間には、まだ大きな溝が存在するように思われるのである。ましてや、その首長を中心に系譜が作られ、ウヂの原型が成立してくるという点になると、もう一つ越えなければならない大きな溝があることとなろう。

第二に、吉田氏がウヂの原理として重視しているものは、マナ（魂）の継承という始祖からの出自の原理である。確かに、日本列島中央部における古代の社会が父方と母方との双方へともにたどることができ、どちらへも帰属可能な双系的社会であるとするなら、その原理のみで輪郭の明確な社会集団を形成することは不可能であろう。また、それぞれのウヂにおいて始祖とされる神話や伝説上の神々が、なぜかきわめて強く意識されているということも特徴的なことである。その意味では、吉田氏の学説は魅力あるものであり、重要な指摘を行っていると評価しうるであろう。しかし、ポリネシア社会の首長制にみられるマナの継承ということが、日本列島のウヂにおいてもあてはまるかどうかは、さらに問われなければならない。その理由の一つは、ポリネシア社会の場合においては、祖神から系譜上で最も近い者が、最も強力なマナを受け継ぐのに対して、[31]日本列島の場合は、族長権と思われるものは、直系であるか傍系であるかを問わず、血縁者のなかの広い範囲を移動しているという現象が認められる。[32]いかなる手続きをへて大化以前の社会において族長が選出されていたのかについては明確ではないが、もし血縁であるということのみでウヂを継承する資格があるのであれば、ウヂに関する内紛や分裂といった事態が頻発すると思われるが、史料上にはそういった証拠はほとんど見出しがたい。加えて、奈良時代前後には氏族のなかで位階第一位の者が氏上となり、天皇の勅により正式に任命されることをとおしてウヂが成立するため、ウヂはヤマト王権に依存してはじめて成立する「他律的」な存在であったという認識と十分に整合するであろうか。吉田氏が事例として挙げている出雲国造の神賀詞も、はたしてウヂの一般的な問題としてよいかは断定できない上に、政治組織としてのウヂを有する中心的存在である畿内豪族ではない。さらに、ウヂという言葉はユーラシア大陸系の男系血縁を示すものとされ(33)、吉田氏もそれを認められているようであるが(34)、そうした存在であるウヂの基本原理が、南方系太平洋民族の組織原理によって説明される点も、なお考える余地を残しているように思われる。

第三に、吉田氏の立論の基礎には、大化の前後を問わず、日本列島中央部の古代社会の基本的な性格は双系的であり、単系出自集団はなかったという見方が存在しているが、この理解は本当に妥当なものなのかが問題とされなければならない。確かに、吉田氏も日本列島の古代に複数の親族原理が並存し、地域的な特性があった可能性に注意を向けている(35)。しかし、問題を畿内地域に限定した場合にも、一つの社会内には自ずから実際の親族組織や家族形態、地位や財産の継承方法においては多様性があるはずである。もともと分量的に少ない古代史料のなかで、母系的現象を男系的社会におけるバリエーションの一つとしてみるのか、それとも社会構造上の特徴であるとみるのかでは、その結論にかなりの相違が表れてくるであろう。この点に関して、すでに江守五夫氏(36)や清水昭俊氏(37)から、前者の立場に立っての反論が試みられている。このことは、今後、単なる事実関係の収集のみならず、社会理論のレベルにおいても検討の必要がある問題であるといえよう。

四　氏族系譜の見地からするウヂの把握

従来から、日本のウヂの研究には、氏族制と氏姓制という、類似していながら観点の異なる二つの用語の存在が示すように、二つの異なるアプローチの方法が存在している。すなわち、氏族制という場合には、主に組織の実態面から考えようとするものであり、氏姓制という場合には、主に氏族系譜やウヂ、カバネの名称などから考えていこうとする傾向が強い。そうした差異は、結果として、社会組織としての側面を重視する傾向と、政治制度としての性格を重視する傾向という、異質な潮流を生み出す原因にもなっている。こうした分類において、吉田孝氏の研究は社会組織としてのウヂをみる傾向のものであるといえよう。一方、ウヂを政治制度とみる立場は、津田左右吉以来、個別のウヂの研究においては大きな成果をあげながらも、全体としてはウヂの輪郭を把握する上では十分な展開を示しているとはいえなかった。しかし、一九八〇年代あたりから活発となった古代系図や系譜についての研究は、そうした長年の停滞状況を打破するような注目すべき内容をもっている。そのなかで、たいへん独創的な氏族系譜論を提出している一人に、溝口睦子氏が挙げられるであろう。溝口氏の研究は、主に『日本古代氏族系譜の成立』(38)と『古代氏族の系譜』(39)という二つの著書にまとめられている。これらの研究は、表題が示すとおり、直接にウヂの実態について論述したものではないが、ウヂの把握にとってきわめて重要な指摘がみられる。そして、そこに示されているウヂの認識とは、おおよそ次のようになるであろう。

まず、溝口氏は古事記や日本書紀、氏族系譜などにおいて、かつて津田左右吉氏が後世の造作としてその史料性を否定した、神名や伝説的な人名に注目するところから出発する。そこにみられる、のちの言葉の感覚では直ちに語義を理解できず、また、後世にさほど使用されることもないような名前の存在に注目し、それらを日本古代の神話や系譜の全体の構造のなかに位置づけようとする。そうした作業をとおして、津田史学を越えてとくに大化以前の歴史を考えようとしたのである。その際に研究の有力な対象となったのが氏族系譜であった。

そして、古代日本における氏族系譜の集大成とでもいうべきものが、新撰姓氏録である。これは、各ウヂから提出された本系帳をまとめたものであるが、現在では姓氏録原本の逸文から、わずかにその片鱗がうかがわれるのみである。しかし、抄本がまとまった形で残っており、また、姓氏録の編纂目的はその抄本に記された序文[40]から明らかである。その序文には次のように記されている。

本二其元生一、則有二三體一。跡二其群分一、則有二三例一。天神地祇之冑、謂二之神別一、天皇々子派、謂二之皇別一、大漢三韓之族、謂二之諸蕃一。所下以別二同異一序中前後上。是爲二三體一也。枝別之宗、特立之祖、書曰二出自一、或古記本系並錄而載、或載二古記一而漏二本系一、或載二本系一而漏二古記一、書曰同祖之後、宗氏古記雖レ云二遺漏一、而立レ祖不レ謬、但事渉二狐疑一、書曰二之後一。所下以辨二遠近一示中親疎上。是爲二三例一也。

(其の元生を本づくれば、則ち三体有り。其の群分を跡づくれば、則ち三例有り。天神地祇の冑、之を神別と謂ひ、天皇皇子の派は、之を皇別と謂ひ、大漢三韓の族は、之を諸蕃と謂う。同異を別ち、前後を序づる所以なり。是を三体と為す。枝別の宗、特立の祖をば、書して出自と曰ひ、或は古記と本系と並に録して載せ、或は古記に載せて本系に漏し、或は本系に載せて古記に漏せるをば、書して同祖之後と曰ひ、宗氏は古記に遺漏を云ふと雖も、而も祖を立てて謬らず、但事の孤疑に渉るをば、書して之後と曰ふ。遠近を弁へ、親疎を示す所以なり。是れ三例と為す。[41])

この場合においては、姓氏録編纂の目的はその氏の出自を明示することに置かれており、明確にその出自が日本列

島の外にある諸蕃を除外すると、この新撰姓氏録の出自の系譜の特徴は、

ア　神別と皇別との拮抗。すなわち、旧来からのウヂがほぼ均衡をとっていること。

イ　神別と皇別の始祖は、すべてヤマト政権の神話、伝説のなかにあること。

ウ　それらの系譜が最終的には、すべて天皇の系譜に結びついてゆくこと。

ということになる。そして、こうした点は姓氏録と同時期の他の本系帳にも認められることである。さらに、これらの特徴は少なくとも記紀の編纂段階まではさかのぼることができると考えられる。確かにこうした分類は神話的なものではあるが、大化以前の代表的なカバネである臣と連が、皇別と神別という区分とみごとに対応しているという事実が存在する。そうした点から、姓氏録の出自分類、すなわち、記紀や本系帳の出自分類というものは、原則として大化前代の大和朝廷の政治勢力地図としてみることができる。つまり、「血縁的同祖関係＝大化前代における政治的関係[42]」という具合に読み替えることが可能である。したがって、大化前代の大和朝廷のウヂを考える場合には、従来のウヂ名、カバネ名、職掌、地域といった要素のほかに、出自分類にみられる政治派閥というものも考えなくてはいけない。また、政治的関係を血縁的関係に置き換えるという発想は、大和朝廷内のあらゆるレベルに存在しており、当時の豪族たちはそれを天与の自然秩序と考え、半ば史実と思っていた。そうした感覚は、基本的には大化以後にももち越され、奈良時代から平安時代初期にかけての活発な改賜姓をひきおこすこととなった。

このような見地に立って、古代氏族系譜をみる時、そこにはいくつかの共通する特徴が見出される。すなわち、

（ア）系譜の重要性。系譜のうちの最も古い部分は、多数のウヂとの共同系譜であり、次に古い部分は小さいウヂグループの共同系譜であり、だいたい応神天皇あたりより以後はウヂ単独の系譜に変わる。そして、応神天皇以前の人名は、首長の称号や通り名であるのに対して、それ以後は現実的な個人名となる。このことは、応神天皇以

後を当代とする時代区分観の反映であるとみることができる。

（イ）ウヂの始祖。大和朝廷の建国神話のなかの人物が始祖となり、その存在が子孫の大和朝廷における地位を規定している。

（ウ）氏姓、職掌の起源。ウヂの名称、カバネ名、職掌の由来は、そのウヂの開祖の人物に付して記されている。

（エ）文章が「奉仕」形式であること。これは古代氏族系譜が私的な関心からではなく、大和朝廷への参加と大王への服従を表明するために作成されたことを示しているといえる。

ここから、氏族系譜は応神、仁徳朝を下らない、そう遠くない時期、ほぼ允恭朝から雄略朝にかけて主要なウヂを中心に作成されはじめ、当時においてはすでに伝説的時代となっていた応神天皇以前の神や人物に、当時、それぞれのウヂが大和朝廷内において保持していた地位の根拠をおく説話を形成していったと考えられる。したがって、このことは、允恭、雄略朝以後の部分については、系譜の記述に史実がふくまれるということであり、そこから、ある程度の史実の再構成も可能であるということを意味している。

このように理解される五世紀後半以降の大和朝廷の政治制度とは、出自（すなわちカバネ）にもとづく組織制度であり、数あるカバネのなかでも、とくに臣と連との二元体制ともいうべきものである。このうち、連姓のグループに属するウヂは、大王家の身内的存在であり、臣姓のグループに属するウヂは、もともとは大王家と並列的な関係にあったが、やがて大王家の下に服属するようになったものと考えられる。そして、そのそれぞれのグループを代表して大和朝廷の執政にあたるのが大臣と大連である。大臣と大連による政治運営体制というものは、遅くとも推古朝、あるいは早ければ雄略朝にはじまっており、乙巳の変の時まで継続していた仕組みであった。一方、これまで大和朝廷に属さなかったが、大和朝廷の強大化に伴い、新たに服属していった地方社会の大豪族は君姓のグループを形成した。

こうした体制には、やがて大化改新から甲子の宣、そして八色の姓の制定などの改革により、中央集権化に適合するように、改変が加えられていった。しかし、原則的には大化以前からのウヂの形態は残存していった。八、九世紀という時期は、まさに大和朝廷のウヂ、カバネの制度が残存していたとはいえ、現実の社会のなかで機能をもっていた最後の時期であった。

こういったところが、溝口氏の系譜論から導き出される古代日本のウヂのあり方であろうと思われる。ウヂの研究にとって、溝口氏の採用した方法は、これまでのものとはかなり異質である上に、その目的とするところも、自ら「氏族系譜（本系）という一つのジャンルが、大化前代大和朝廷時代の日本に存在したことを論証しようとしたもの[43]」とされるごとく、その点に主眼が置かれているため、すぐさま統一したウヂ像を描きにくいという性質をもっている。しかし、ウヂにとっての本系の役割、その成立時期、特色、また、大化前代の政治機構といったことなど、ウヂの属性を知る上できわめて重要な指摘に満ちていることもまた事実である。こうした性格を有する溝口氏の研究の個別的妥当性を検証していく作業は、もとより必要なことではあるが、まずここでは、系譜論から考えうるウヂの実態についての認識の問題点について考えておかなければいけない。

そして、まずその一つ目は、系譜の本質というものがウヂの実態そのものというよりも人々の観念形態であるということである。なるほど、確かに全体として鳥瞰した時に、系譜における同祖関係は政治的関係として読み替えることも可能であろう。しかし、ウヂの実体をみきわめる上で重要なことは、その政治的関係といわれるものの性格である。その関係がはたしてどういったことを契機として成立しており、どの程度の強度をもったものであるのかという点である。この政治的関係というなかには、おそらくさまざまな類型のものが混在していると考えるのが適切であろうが、その判定をする基準というものを、われわれはまだもちあわせていない。このことが厳密に分析されないと、系譜は究極的にはすべて天皇に収斂してしまうわけであるから、どこまでが現実的な根拠をもち、どこからがそうでないのかという区分が不明確になってしまい、結局は大化前代の具体的な政治過程や社会制度上の歴史的事実としては認められないということになってしまうであろう。したがって、観念形態の産物としての系譜から導かれる認識には、その点に大きな限界があるということに注意しなければならない。

また、問題点の二つ目として、溝口氏が用いている言葉自体の規定性にも問題があるのではないだろうか。例えば、大王家とか地域グループといった言葉が使われる時、それはどういった実体をもつものとして把握されているのかが十分に鮮明ではない傾向がある。また、ウヂとは「家筋」であるという説明もされるが、これなどもやはりその実体がわかりづらいという点では、同じ事例に属するだろう。これは、結局、かつて津田左右吉のウヂに対する認識に内在していたものと同様に、具体的な社会状態、あるいは社会を構成する単位についての定義やイメージ化の不十分さに起因しているものであると考えられる。このことが、せっかく具体的なウヂの問題に踏み込みながら、それを明確に把握できないものにしている最大の障壁なのではないだろうか。

さらに、三つ目の問題としては、研究方法の問題があるであろう。溝口氏が採用した研究方法とは、溝口氏本人もいっているように、いわば枝葉の部分を大胆に捨象し、根幹部分だけに照準を合わせて考えていくという、統計的方法とでも呼称すべきものである。(44) 溝口氏が驚くべき結論にたどりつくことができた背景には、こうした研究方法の有効性が非常に貢献していることは間違いないところである。しかし、この研究方法は、そうした大きな成功をもたらしている反面で、その認識を著しく政治構造論的な性格をもつものにしており、具象的な社会の力学的な関係の変化とか変質の過程といったものを、視界から遠ざけてしまったことは否定しえないところである。確かに、混沌として政治史上の事実の基本的問題すら判然としない大化前代において、臣と連による二元体制が存在しており、しかも、その段階においてそれ以前からの伝説的な首長の名前などが伝承されていたとする理解は、いわばこの分野における認識の基準線を設定したという意味においても、今後の基礎となることは確かである。ただ、今度は逆に、首や直、宿禰などといったそれ以外のカバネをもつウヂはどういった存在であり、大和朝廷のなかでどのように位置づけられていたのかとか、朝鮮半島などから渡来した人々の流入により百済をはじめとする朝鮮諸国の政治文化がもちこまれ、それが日本列島の国家組織が整備されてゆくというこれまでの考え方とどのように整合するのか、大化以降も非常に根強くウヂやカバネの観念への執着が存在し、位階や勲等などの導入が簡単には実行しえなかった理由をどのように考えるかなど、多くの未解決の問題も残されることとなった。そして、より根本的には、統計的な方法で処理されたものとは、カバネがもつ秩序の側面であり、その実体たるウヂの内部構造にまではその射程が及んでいないということである。カバネが溝口氏の主張のように集団の出自であるとしても、それがなぜ機能し続けることができたのかという点を解明するためには、実体としてのウヂの政治的および経済的な基盤、さらには特定のウヂ集団に属する人々の意識のあり方にまで検討対象を拡大しないと解答は見出せないのではないだろうか。

五　系譜の形態的変化が示すもの

こうした吉田孝氏の提起したウヂを双系的な親族組織とみる把握方法と、氏族系譜の総体的な特徴からウヂとカバネの性格を論じた溝口睦子氏の研究の影響を受けつつ、それらを止揚する形で次々に研究成果を世に問いはじめていったのが義江明子氏であろう。そして、そのウヂの理解方法は、その後、多くの議論を巻き起こしつつ、これまで余り注目されてこなかったさまざまな日本古代社会に関する問題を俎上に載せることになったといえよう。この二十年以上にわたって世に送り出されてきた主な論文は、『日本古代の氏の構造』（一九八六年）[45]、『日本古代系譜様式論』（二〇〇〇年）[46]、『日本古代女性史論』（二〇〇七年）[47]といった著書のなかに収録されており、この過程で獲得されていった日本古代のウヂとカバネについての認識を基礎として、義江氏は家族や祭祀、さらには王権におけるジェンダーの問題へとその適用範囲を拡大していったとみることができる。

義江氏が、こうしたウヂの研究を開始した一九七〇年代から八〇年代は、律令国家のあり方をめぐって、関晃氏[48]や早川庄八氏[49]、長山泰孝氏[50]といった人々によって提起された、太政官制における天皇権力と貴族勢力との対抗関係がさかんに論じられていた時期でもあった。しかし、そこでの問題点の一つは、貴族勢力と呼ばれる実態にしても、また、それに対抗するはずの天皇権力の基盤というものも、なかなかその実際の姿がみえてこないというもどかしさにあった。その一方、ウヂに関する研究では、佐伯有清氏の新撰姓氏録の本文研究[51]や竹内理三氏らの古代人名史料の総合化の試み[52]という基礎の上に、氏族の実態についてモノグラフィックな研究[53]の成果がさかんに発表されるようになり、個々のウヂについての理解が非常に精緻化していった時期にも相当している。そして、さらにこの時期にもう一つ特徴的なことは、女性史という研究領域が急速に拡大してきたことであろう。これは日本の高度経済成長という現象のなかで、家族の形態や人々の働き方、性的役割についての意識が大きく変貌していったこととも密接に影響しあっており、それは日本社会における女性の地位向上という現実的な要求とも強いつながりをもちながら展開していったものであった。高群逸枝氏の業績についての再評価と再検討がはじまり[54]、また、関西の研究者を中心として女性史総合研究会が発足し、同会の編集によって「日本女性史」全五巻が刊行された[55]。また、これまでの研究成果を総合的に展望できるものとして『日本女性史研究文献目録』『日本女性史研究文献目録Ⅱ』も世に出されるようになっていった[56]。義江氏の研究というものは、まさにこうした社会状況との緊張関係のなかで展開していったものと評価できよう。

そして、義江氏がウヂ研究に取り組みはじめた最初は、戸令応分条の分析であった。この条文は日本令と唐令との相違のみならず、大宝令と養老令との間でも用語が異なるという複雑な性格をもっている上、それぞれの社会の慣行とも密接なつながりがあるために、多くの議論が集中してきた部分である。義江氏はこの条文で「奴婢」「嫡子」「妻家所得」などといった用語に注目した。そして、ここでいう「嫡子」とは一般的な承嫡者として選定された者や嫡妻の長子といった存在を意味するものではなく、実際には後の氏上（氏宗）ともされるようなウヂの代表者を指すものと考えた[57]。また、「奴婢」とは「宅」とともにウヂを構成する人々によって分有されるものの、その所有者の子孫がいなければ、ウヂに戻される性質のものとした[58]。さらに、養老令にみえる「妻家所得、不ㇾ在㆓分限㆒」は、大宝令においては「妻家所得奴婢不ㇾ在㆓分限㆒〈還㆓於本宗㆒〉」と復元されていることから[59]、妻の所有する奴婢は、妻の出身である本宗、すなわち氏に返還されなければならないものであり、このことは妻が夫のウヂと自分の出身のウヂとの二つに所属しているという両属性をもち、こうしたヤケと奴婢によって結合しているのが七世紀までのウヂの実態であろうと推定したのである[60]。

そして、次に八世紀以降の、いわゆる律令制社会においてウヂが再編されていく様子を、梅宮社、平野社、春日社といった氏神の成立に見出していった。確かに、古事記や日本書紀には、それぞれの氏の始祖となる神々が登場してくる。しかし、こうした神々が必ずしも「氏神」と称されていたわけではなく、それどころか、史料上に明確にこの語が頻出するようになるのは、奈良時代末の宝亀年間を待たねばならない。義江氏はここにウヂと氏神の関係を把握しようとした。例えば、梅宮社は橘氏の氏神とされる社であり、もとは県犬養三千代にはじまり、藤原光明子、橘嘉智子と継承されて祭られてきたものであるが、それが仁明朝から宇多朝にかけて、朝廷の祭るところとなったり、中止されたりという複雑な動きを示す。これは、橘氏が男系の天皇の外戚として強く意識されることによって発生する現象であり、ここに氏の結集核として氏神が成立してくると考えた(61)。また、桓武天皇の母方である和氏が祭る平野社も、貴族層における両属性の原理が残存していた奈良時代末に成立するが、承和年間にいたって皇室の外戚として新たな氏の神として意識されるようになってきたと理解する(62)。さらに、春日社も、いちはやく律令制度の官僚制原理に適応した藤原氏が、奈良時代から皇室と藤原氏とを両属性の原理にもとづき繁栄させるものとして、氏の神として成立させたとみたのである(63)。義江氏は、こうした一連の氏神の研究から、九世紀段階における両属性的なウヂのあり方から父系的なウヂへと転換が起きていたことを推測したといえよう。

そして、おそらく、こういった氏神研究のなかで数多く遭遇した譜牒や本系などと呼ばれた系譜は、義江氏のウヂの見方にさらに新しい要素を加えることになっていったものと考えられる。もっとも、稲荷山古墳出土の鉄剣に銘文があることが発見され、その事実が一般に広く知られることとなったのは一九七九年であり、このあたりから、銘文のなかに記された「意富比垝」の系譜についても、さまざまな議論が展開されるようになっていった。また、佐伯有清氏や溝口睦子氏らが、これまでその史料的価値に疑念をもたれてきた系譜に、学問的研究の対象として正当に評価を与えようと取り組みはじめていた時期にも相当している。こういった知的状況もまた、義江氏の研究にさまざまな形で影響を与えていたとみることができよう。

こうした段階をへて展開されるようになった系譜によるウヂの把握方法の特徴は、まず系譜の形式自体を重視した点にある。このような系譜の形式そのものに意味を探るべきであるとする主張には、すでに宮地直一氏のものがあり(64)、また、こうした形式を「系譜に関する談話～上宮記風系譜～竪系図～横系図」という時間的な序列に整理したのは太田亮氏に先例をみることができるが(65)、太田氏がこうした変化を技術的なものとみていたのに対して、義江氏はそこにウヂのあり方そのものの変化を読み取ろうとした。そして、系譜の原本にさかのぼってその形式を追究するとともに、溝口睦子氏の系譜研究が系譜の構造的な特徴についての分析を行っていった結果、系譜のある部分は五世紀にまでさかのぼる史実がほぼ残存していると考えていたのに対して、それはあまりに系譜というものを固定的にとらえすぎており、系譜の変化する側面を軽視してしまったとした。そして、「系譜は形式にこそ意味がある」[66]という立場から、「作成時そのままの原本ないしは作成時の原型を色濃く残す良質の個別古系譜に考察対象を限定し」[67]て、そこにウヂのあり方を探ろうとした。そこで択ばれてきたものが、稲荷山古墳出土鉄剣の銘文、釈日本紀巻十三に引かれた上宮記の系譜、上野三碑の一つである「山の上碑」、園城寺に伝わる円珍俗姓系図、籠神社に伝わる海部氏勘注系図などである。これらの系譜の分析から、系譜には始祖から末流へとつながってくる「一系系譜」と、個人からその父母へと広がっていく「両属系譜」という二つの類型が存在するとした。

ここでいう「一系系譜」とは稲荷山出土鉄剣の銘文にみられるような系譜を指し、族長の政治的地位の継承を記すところに特徴があり、地位の「継承系譜」、あるいは「何々の児」という文言でつなげていくところから「児（子）系譜」とも理解すべきものである。この場合、族長の地位はかなり広い範囲で移動することも可能であり、父系に依らないのみか、血縁的につながらないこともふくまれるものである。したがって、族長の地位は前の族長との血縁的な距離ではなく、共同体をどれほどうまく統合することができるかという「霊力」の大小によって決定するとする[68]。そして、この系譜には大王への奉仕の由来を語る文言が伴い、大王への求心性によって族長がその集団を形成していくこととなった。

一方、「両属系譜」とは「娶生」という文言によって母方をも示し、特定の個人を基点にして父方と母方へと広がる系譜であり、自己の出自を示すことに意味があるとする。そして、これは個人の集団への帰属を問題とすることから「個人系譜」であり、また、母方を明示するところに意味があることから「娶生系譜」と呼ぶべきものである。その際、

「娶生」の文字は「メトリテウム」と訓じるのは父系社会が成立した後のものであり、本来は「ミアヒテウム」と訓じるべきであるとした。そして、こうした二つのウヂにまたがって帰属する意識によりウヂ集団が相互に結びついていたが、八世紀以降にしだいに父系原理が強くなってくると、その出自を明示する性格が強くなり、その神話的な始祖をいただくことにより、族長系譜がもっていた、大王への奉仕文言のもつ求心性をもそのなかに回収していったと考えた。

　こうして義江氏は、系譜のなかにこうした二つの類型を読み取ったが、それをさらにウヂ自体の時代的変遷として理解しようとした。それが、

a　「娶生」なく、兄弟記載なく、代々の奉仕文言をもち、始祖と自己とを「児（子）」で一本筋でつなぐ系譜。

b　「娶生」で父母双方を記載し、兄弟記載をもち、奉仕文言を欠く、逆三角系の構成で自己に収斂する系譜。

c　「娶生」なく、兄弟記載をもち、一部に奉仕文言を註記し、一人の始祖から裾広がりに父系をたどって自己の世代にいたる系譜。

というものである(69)。そして、これらの三類型が「〝祖《おや》の子〟（血縁関係にはない擬制としての子―筆者注）の系譜化である類型aの地位継承次第と、〝生《うみ》の子〟（血縁関係にある子―筆者注）系譜化である類型bの『娶生』系譜が、両者を組み合わせた変型古系譜をへて、類型cの父系出自系譜にみられる血縁の『親子』へとなしくずしに変容を遂げていった」と整理した(70)。こうした理解によって、五世紀後半からウヂが形成されはじめ、やがて律令制度の導入をへて九世紀に父系の社会へと展開するアウトラインを描くと共に、そこから「家」が形成されてくる道筋をみきわめようとしたのである。

　こうした一連の研究によって、古事記に記されているいわゆる「欠史八代」のような系譜記事についても新たな解

釈があたえられる可能性を開き、ウヂの実態が文献史料上でなかなかみきわめられない原因の所在についても一つの根拠を提示したと考えられよう。さらに、八世紀の後半以降、氏族志や本系帳、古語拾遺や新撰姓氏録の編纂がなされたり、盛んに改賜姓がなされることとなった理由についても、説明しやすくなったと評価できるであろう。

しかし、こうした義江氏の描くウヂの把握方法についても、やはりさらに考えていかなければならない点があるようにも思われる。その一つは、両属性などのような、特定の社会を規定する場合の規範意識のとらえ方についてである。それは、その社会が父系であるか、母系であるか、それとも双系とみるかということを論じる際に顕在化してくるものである。鷲見等曜氏[71]や熊谷公男氏[72]、明石一紀氏[73]、吉川敏子氏[74]らは日本列島の古代社会を基本的に父系、男系の原理によって構成されているとみる。また、関口裕子氏[75]などは高群逸枝氏と同様にそれを元々は母系、女系であったと理解する。さらに吉田孝氏[76]は少なくとも社会の基層においては双系的な親族関係があり、その上に支配層の父系集団が存在していると考えている。こうした社会の性格に対する見方の差異が発生する原因はどこにあるのであろうか。この問題については、すでに「三　双系的社会という見地からするウヂ把握」のところでも触れたことであるが、もともと日本列島の古代社会に関する限定された文献を、総体としてどのように把握するかという問題に帰着せざるをえず、規範と例外的事例の関係をどうみるかということにならざるをえない。したがって、ここには研究者個々人の古代社会に対してもっているイメージといったものが、多分に入り込む余地が大きいといわねばならない。両属性という概念もこうした問題と当然のことながら関係しており、実際の社会生活や政治行動において、二つの集団に所属するということがどのように機能するのかという見地からもさらに検証することが必要とされるのではないだろうか。

その次に取り上げるべきことは、系譜の時系列的な変化についての評価に関してのことである。系譜の形式上の変化については、かつて太田亮氏が提起したものであるが、これをさらに一歩進めて、そこからウヂの形態変化を読み取ろうとしたことは義江氏に独自なものである。確かに、著作物が作られるということはそこに何らかの動機が作用していなければならず、また、著作物に形態上の変化が認められる際には、それを可能ならしめた状況の変化を想定するということはまったく妥当な判断である。しかし、ここで問題とすべきことの一つは、すでに大平聡氏(77)や鈴木正信氏(78)なども指摘しているように、こうした系譜の形式上の変化を、どの程度までウヂの形態的な変化の時間的序列として理解してよいのかということであろう。また、北康宏氏(79)が指摘しているように、族長の地位をどのような順序で誰が継承してきたかという問題と、父方母方が誰でその個人がどういう血縁関係のなかに位置するのかという問題とは、やや性質を異にするものであり、これらを「児（子）系譜」（一系系譜）と「娶生系譜」（両属系譜）という同一の次元に置き、系譜の時系列的な変化とすることができるのかということは、やはり検討の余地を残しているとみるべきであろう。系譜という史料自体が後に追記や改竄を受けやすいものであるからこそ、義江氏はなるべく原本に近いものを尊重しようとしたわけであるが、系譜を作成する意味合い自体が違ったものであるとすると、そうした系譜がウヂの構造的な変化と明確で完全な対応関係にあるか否かは、それほど自明ではないこととなろう。さらに、義江氏においては、系譜の形式上の変化から、ウヂの出自集団としての完成期を八世紀末から九世紀半ばにもってきており(80)、とくに九世紀において系譜意識の転換点を見出している。確かに、いわゆる甲子の宣や八色の姓の詔が出される七世紀後半と、渡来人への大量氏姓がなされるとともに、盛んに改賜姓の申請が出される桓武朝前後の平安初期に氏姓制度の画期を認める見解は、これまでにも提起されてきたが(81)、それらはいずれも氏姓制度を大化前代の制度であると理解し、その後の展開を氏姓制度の崩壊過程ないしは形骸化といった角度からとらえている。吉田孝氏なども出自集団としてのウヂは律令制の導入以降にすすんだ、畿内豪族層において確立してくるものとみているが(82)、義江氏の場合はそれをさらに前進させたともいえる。もっとも、吉田氏においては、双系的な基層社会と父系的な支配層というように、社会を二段階の構造として理解するが、義江説においては、大化前代の支配層もふくめて両属的であり、明確な出自集団を形成していないという把握をしているものといえよう。[83]このように考えた場合に、おおよそ大化以前の時代を氏姓制度の時代とする従来の呼称方法に代わって、どのようなものとしてイメージしたらよいのかも、問題となるのではないだろうか。

さらに、三番目に考えるべきことは、族長権と霊力についての見解である。例えば、「族長位継承次第における『コ』の観念は、首長のもつ共同体統治に関わる何らかの霊力の継承が直接には血縁原理によってではなくなされたということ」[84]、また、「地位継承次第の『コ』とは、王から首長層まで共通する、血縁によらない霊力（共同体を率いる力）の更新・継承＝〝アレツグ〟の系譜上の表現である」[85]といった書き方がなされている。確かに、賀茂県主の事例が示すように族長の地位がかなり広い範囲で移動することはあった[86]ことは承認されるべきことであろう。また、近世以降の日本社会において、「親方と子方」あるいは「親分と子分」といった、必ずしも血縁を基礎としない擬制的な親子関係が広く認められる[87]ことも間違いないところである。しかし、それらのことと、万葉集などに見られる「いざ子ども」という際の「子」とが、どの程度に連続しており、どの程度に異なっているのかということについては、なお検討すべき余地があるように思われる。そして、たとえそれらに連続性が色濃く認められるとしても、それを共同体を構成する人々を統率する「霊力」というものによって説明する必要がどこまであるのかは、具体的な証拠があってのことでないこともあり、かなり異論をはさむ余地を残しているといえよう。

六　求心点としての王権

ウヂやカバネが、日本列島における古代の政治や社会を理解する上で非常に重要なものであるとの認識は、夙に江戸時代には成立していたが、今日につながる概念として確立してきたのは、やはり津田左右吉氏によるところが大きいといえよう。しかし、そこには同時にウヂとイヘとの関係の不明確さ、また、ウヂというものを政治制度と断定したことによる社会組織としての性格の捨象という問題点を内包していた。そして、ウヂに対する理解のこうした問題について、ある程度の道筋がみえるようになってきたのは、ここ二、三十年ほどのことであろう。その際、その新たな概念化をすすめるにあたって、大きな貢献をしたのが、吉田、溝口、義江氏らであったことは間違いない。では、こうした地点にたって改めてウヂとカバネの研究を振り返った時にみえてくる地平線とはどういったものであるだろうか。

まず、天智天皇三年二月に甲子の宣が出され、天武天皇の十三年十月に八色の姓を定める詔が発令されたということは、それ以前においてすでにウヂとカバネは政治制度として存在はしていたが、それほど秩序だったものではなく、特定の有力豪族の族長に与えられるものであったことを示している。そして、ウヂ名には地名を冠するものと職業名を冠するものがあり、それぞれが全体として臣のカバネ名をもつものと連のカバネ名をもつものとに対応しており、「臣連伴造国造」というある種の定型表現に示されるように、これがヤマト政権の政治的基本構造となっていた(88)。また、大王の后は連のカバネの集団からは出されず、臣のカバネをもつ集団から出されることを考えると、地名を冠し臣のカバネで称された豪族は、職業名を冠した連のカバネをもつ豪族よりも、より古い時代からヤマト政権を形成していたと判断できるだろう。宋書などに記された倭の五王の地位が兄弟間で移動していることから、五世紀中葉段階以降は大王の地位は、ある程度、一定の範囲で継承されるようになっていたと考えられるが[89]、それより古い段階においては後に臣のカバネ名をつけられたような豪族のなかから、大王が選出されるという選挙王制のような段階があったかもしれない。稲荷山古墳出土鉄剣の銘文は、族長の地位の継承を示しているが、そこでは「多加利足尼」「弖已加利獲居」「多加披次獲居」「多沙鬼獲居」「乎獲居臣」などというように、まだウヂ名にあたるものがみられず、カバネ名にあたるものも安定していないことから、カバネ名は敬称のごとくに用いられていた。したがって、いわゆる氏姓制度といったものが、形成されるのはこれ以降とみなければならず、早ければ五世紀後半、あるいは六世紀に下る可能性もある[90]。そして、この段階において、大王に近侍し、補佐する豪族の族長が大臣、大連といった称号で呼ばれるようになっていった。こうした称号は、後世までも大王がウヂもカバネももたないことからすると、大王より賜与されるものであり、そのことによってしだいに政治制度として安定していったものとみることができる。すなわち、それはどこまでも大王と族長との間の個別的な関係を基礎としており[91]、政治制度としてのウヂとカバネとが畿内の豪族層に限定されたものであるということは[92]、そういった適用範囲の狭さを意味している。

一方、そうした族長は自らの居館でくらし、そこには親や子どもなど血縁でつながった者を核として、非血縁の働き手や奴婢などの人々とともに集住していた。したがって、ウヂという集団の核には血縁でむすばれた者と婚姻をとおして同居するようになった者、それにそうした有力家族に取り込まれる形で生活をともにするようになった者がおり、そこには階層差も存在していたものと思われる。そして、その族長の地位は男性によって継承されることが多いが、場合によっては女性でもよく、男系という規範意識はそれほど強い社会ではなかった。こうしたことから、集団としてのつながりは血縁というよりも、田畑や山林、河海などの用益権をもち領域によって特徴付けられる性格が強かった[93]。こうした用益権の及ぶ範囲に居住するものたちは、そうした豪族の勢力範囲である、いわゆる田荘などで生業をもち、豪族の族長に服属する形で生活の資をえていた。ウヂというものが集団の単位としては、史料上にもあまり明確に出てこないのは、専らこうした理由によると考えられる。

ところが、推古朝あたりより冠位十二階の制のような律令制度につながる要素が導入されはじめる。これはやがて八世紀の大宝律令、養老律令となってほぼ安定した形となるが、その目的は対外的にはヤマト政権が唐や新羅との戦いに備えるための軍事体制の構築であるとともに、対内的にはこれまでヤマト政権を構成してきた豪族層の勢力変動の固定化という性格をもっていた。そのため、律令制度は原理的には個人を単位とした行政機構の整備をするものではあったが、そうした行政をになう地位の官人とは、すべての人民のなかから能力に従って選抜されるものではなく、これまでの畿内と畿外の豪族層のなかから選抜されるという集団的性格を強くもつこととなった。七世紀後半に実施される施策はこうした見地より理解する必要があり、甲子の宣によりウヂの範囲と大きさ、それにウヂの族長の地位が氏上や氏宗、氏長として公定された。また、八色の姓により、そうしたウヂの集団の序列化が企図された。さらに、庚午の年の造籍以降、繰り返される造籍作業のなかでこれまでウヂ名もカバネ名ももたなかった大半の人民にもそれらが与えられるようになり、天皇につらなる皇族と、社会の下層部と位置づけられた賤民のほかは、俗人であればすべてウヂとカバネの秩序の下に置かれるという仕組みが整えられていった。いわゆる律令国家を律令制度的な要素と氏姓制的な要素との二元的体制とみる見解[94]とか、公民的秩序と氏姓的秩序との二重の秩序であるとする見解[95]は、このようにして作られていった。また、養老選叙令が郡司の任用にあたって「大領、少領、才用同じくは、先づ国造を取れ[96]」という、いわゆる「郡司の非律令的性格[97]」も、下総国海上郡の国造であった他田日奉部直神護が自らの海上郡の郡の大領への任用を申請するにあたって、自分の実績だけでなく祖父や父、兄のことまで根拠としていることも[98]、こうしたウヂ、カバネと律令制の官職、位階秩序との関係から理解されるべきものである。なお、造籍の際には日本令の母法たる唐令を模範に行われ父系主義が採用されたが、それまでの日本列島の社会が規制の緩やかな男系社会の性質をもっていたため、比較的円滑に作業が進められたものと思われる。

しかし、朝鮮半島の政治的変動に伴って七世紀に新たにヤマト政権へ加わってきた多くの外来系の人々[99]や、造籍に伴って新たにウヂやカバネを獲得した人々によって、推古朝以前の時代よりヤマト政権を構成していた人々の特権的な地位はしだいに揺らいでいったものと考えられる。これまでのような、神話と伝説の時代にさかのぼるような遠い過去に活躍してきたという、ヤマト政権への奉仕の来歴だけでは、もはや律令制度の行政機構のなかでは、自らの正統性を主張しづらくなっていったものと考えられる。また、都城制度が整備されてくるに従って、豪族はこれまでのような一定地域の用益権を独占的にもつことによってその勢力を保つことはできなくなり、とくに平城京への遷都以降、ヤマト政権の豪族は都市貴族化してゆく[100]。そのことが、これまでの地縁的にまとまるウヂ集団から、血縁関係を重視するウヂ集団へとウヂの性格の変質を促すとともに、中央の官人社会のなかで位階および官職の秩序のもつ比重がより高まっていったことを意味している[101]。そして、それは官人化した貴族たちと天皇との親疎関係がこれまで以上に重要な要因として影響を与えやすくなっていったといえよう。聖武朝にはすでに一代ごとに諸氏の本系帳を提出させることが行われており[102]、また、藤原仲麻呂政権下の天平宝字五年には撰氏族志所の宣が出され本系帳の勘造がなされる[103]。さらに、桓武朝の延暦十八年に提出が命じられる本系帳[104]は、この十六年後の弘仁六年七月二十日に新撰姓氏録の撰進となっている[105]。これらのことは、新たにウヂが血縁を重視する形で都市生活者となっていった貴族層の動向として理解されるべきものであり、新撰姓氏録逸文や新撰姓氏録抄において[106]、その記述の中心がウヂの出自と賜姓の由来に置かれているのも、やはりその結果とみるべきであろう。また、史料上では、桓武朝、平城朝あたりより氏の「長者」という言葉が認められるが[107]、これも宝亀年間から史料上に確認される私的な氏神の祭[108]などを契機として、出自集団としてのウヂの形が明確になっていったことと関係しているもの[109]と思われる。

こうしたウヂとカバネに関する動きは、貞元二年（九七七）に錦宿禰時佐らが三善朝臣を申請して認められる[110]など十世紀後半にも及んでいるが、しだいにその活動は低調となっていった。その理由の一つには平安京の朝廷のなかでは藤原氏や源氏といった名門貴族により上級の官職や位階が寡占化される傾向が強まり、もはやそれ以外のウヂ集団が活動できる余地が小さくなっていったことがあろう。また、そういった貴族社会の上層部を形成する貴族以外では、小槻宿禰が官務家と称されるようになるなど、ウヂ集団が特定の官職と結びついてゆくこともはじまった[111]ことも影響しているだろう。さらに、平朝臣高望が上総介として平安京より下総国に下向し、その後、一族が東国社会に勢力を拡大していった事例が示すように、しだいに都市から離れ、新たな地縁的つながりで集団形成をする動きが発生したことも関係している。こうしたなかで、これまで家令職員令にみられるように、公的機関として存在していた「家」は、奈良時代においても藤原朝臣武智麻呂の居宅が宮城の南にあったことから南卿[112]、また弟の房前の居宅が北にあったことから北卿[113]と呼ばれ、さらに藤原仲麻呂は藤原恵美朝臣押勝を称して他の藤原氏との差別化を図る[114]など、八世紀の段階でもすでに家の成立にむかう萌芽を示しているともいえる。しかし、これらはまだ永続的な経営体とはなっておらず、それが成立するのは平安後期以降のこととなる[115]。先祖祭祀などから継続的な家が成立してくるのは、天皇家や摂関家といった社会の上層貴族社会からであるが[116]、地方社会にまで及んでいくのは苗字が発生して、それが一代限りで終わらずに、継承されていくようになる十二世紀頃[117]とみるのが適切であろう。そして、ウヂにかわって完全に苗字が先祖代々の永続性に特徴をもつ日本独特の家制度を示すようになる[118]のが室町時代であろう。

このようにしてもともとは社会的あり方の一つであったウヂとカバネが、ヤマト政権の展開のなかでしだいに政治的制度としての性格を帯びてゆき、律令制度の導入のなかではより明確な制度としての機能を付与されていったが、やがて九世紀以降その政治性自体のためにしだいに実質的な意義を失なっていったものと考えられる。しかし、ここでもう一つ考えなければならないのは、苗字というものが社会のなかから自然発生的に出てきたものであるのに対して、政治制度としてのウヂとカバネはどこまでも大王または天皇から賜与されてはじめて成立するという決定的な差異なのである。このことをウヂとカバネの公的性格ととらえることもできるし、[119]また、ウヂとカバネの他律性と不安定とみることもできる。[120]さらに天皇の側からいうならばこれを天皇大権ということもできるだろう。[121]確かにウヂとカバネという制度については、こうした著しい求心性というものをみるのであるが、ではこうした構造はどのようにしていかにして可能となるのか。これは日本列島の社会における権威と支配の根源は何かという非常に根本的な問題になるわけであるが、これについては今後、天皇しかもちえず、摂政や関白などそれ以外の者では代替できない機能とは何かという方向からの分析と、後に征夷大将軍と御家人との間柄という武家社会においてみられる関係、あるいは親方と子方という町人社会において認められる関係といった、社会のより広範囲な一般性から分析していく方向とが、どちらも必要となってくるものと思われる。

注

（1）　本居宣長「古事記伝」三十九之巻のうちの允恭朝の天下の八十友緒の氏姓を定める件の注。（『本居宣長全集』第十二巻、筑摩書房、一九七四年）。

（2）　伊達千広「大勢三転考」（『日本思想大系　近世史論集』（岩波書店、一九七四年。この底本は一八七三年の刊本によっている）。

（3）栗田寛『氏族考』（『続史籍集覧』第四冊収録、すみや書房、一九七〇年、初出は一八八四年か）。

（4）『大日本史』巻之二百六十七（大日本雄弁会、一九二九年）の志二十四に「氏族志」があり、この冒頭に氏姓制度の沿革がまとめられている。

（5）竹越与三郎『二千五百年史』（講談社、一九七七年。初出は一八九六年）。

（6）『古事類苑』（吉川弘文館、一九八五年、初出は神宮司庁、一九〇〇年）姓名部の一。

（7）前掲注（6）の姓名部六。

（8）中田薫「可婆根（姓）考」（『法制史論集』第三巻下、岩波書店、一九四三年、初出は一九〇五年および一九〇六年）。

（9）中田薫「我古代の法制関係語」（『法制史論集』第三巻下、岩波書店、一九四三年、初出は一九〇七年の「国家学会雑誌」第二十一巻第九号）。

（10）W・G・アストン「日本語と朝鮮語の比較研究」（『論集日本文化の起源』第五巻、平凡社、一九七三年。初出は A Comparative Study of Japanese and Korean Languages, *the Journal of the Royal Asiatic Society of Great Britain and Ireland*, New Series, Vol. 11, 1879）。

（11）白鳥庫吉「日本書紀に見えたる韓語の解釈」（『白鳥庫吉全集』第三巻、岩波書店、一九七〇年、初出は『史学雑誌』第八編第四、第六、第七号、一八九七年）など。

（12）三浦周行「古代社会の経済生活」（『日本史の研究』第二輯上、岩波書店、一九三〇年）。

（13）藤間生大『日本古代国家』（伊藤書店、一九五六年）の第二章「氏族」などに、その一つの到達点を見出せる。

（14）阿部武彦「古代族長継承の問題について」（『日本古代の氏族と祭祀』吉川弘文館、一九八四年、初出は『北大史学』第二号、一九五四年）。岸俊男「ワニ氏に関する基礎的考察」（『日本古代政治史研究』塙書房、一九六六年、初出は大阪歴史学会編『律令国家の基礎構造』一九六〇年）。直木孝次郎『日本古代の氏族と天皇』（塙書房、一九六四年）などがこうしたものに分類できるであろう。

（15）井上光貞「日本の律令体制」（『井上光貞著作集』第五巻、岩波書店、一九八五年、初出は一九七一年）。

(16) 石母田正『日本の古代国家』(岩波書店、一九七一年〔『石母田正著作集』第三巻、岩波書店、二〇〇〇年に再録〕)。
(17) 津田左右吉「古語拾遺の研究」(『日本古典の研究』下巻、岩波書店、一九七二年改版、初出は一九三〇年)。
(18) 津田左右吉「上代の部の研究」(『日本上代史の研究』岩波書店、一九七二年改版、初出は一九二九年)。
(19) 津田前掲注(17)。
(20) 津田前掲注(17)。
(21) 津田前掲注(17)。
(22) 津田前掲注(18)。
(23) 津田前掲注(18)。
(24) フリードリヒ・エンゲルス著、戸原四郎訳『家族・私有財産・国家の起源』(岩波書店、一九六五年、初出は一八八四年)。
(25) エンゲルス前掲注(24)一三二〜一三三頁。
(26) 石母田正「古代家族の形成過程―正倉院文書所収戸籍の研究」(『石母田正著作集』第二巻、岩波書店、一九八八年、初出は一九四二年。および藤間生大「氏族」(藤間前掲注(13)書)など。もっとも、藤間氏においては、ウヂを奈良時代に新たにできてくる集団と理解し、律令制度下での積極的な意味を考えた点で、それまでの学説とはかなり異質な面も有している。
(27) 岸俊男「律令制の社会機構」(『日本古代籍帳の研究』塙書房、一九七三年、初出は「古代後期の社会機構」の題名で一九五二年)など。
(28) 関口裕子「家父長制家族の未成立と日本古代社会の特質について」(『日本史研究』二四七号、一九八三年)など。
(29) 中田薫「養老戸令応分条の研究」(『法制史論集』第一巻、岩波書店、一九二六年)。
(30) 石母田前掲注(16)書。
(31) 石川栄吉『南太平洋―民族学的研究』(角川書店、一九七一年)。
(32) 阿部武彦「古代族長継承の問題について」(『日本古代の氏族と祭祀』吉川弘文館、一九八四年、初出は一九五四年)。
(33) 大野晋『日本語の起源』(岩波書店、一九五七年)、鷲見等曜『前近代日本家族の構造』(弘文堂、一九八三年)、江守五夫

『日本の婚姻』（弘文堂、一九八六年）など。
(34) 吉田孝「古代社会における『ウヂ』」（『日本の社会史』第六巻、岩波書店、一九八八年）五三頁。
(35) 吉田孝「律令時代の氏族・家族・集落」（『律令国家と古代の社会』岩波書店、一九八三年）一三二頁。
(36) 江守五夫「日本の家族と共同体―人類学からのコメント―」（『歴史評論』四四一号、一九八七年）。
(37) 清水昭俊「ウヂの親族構造」（『日本の古代』第十一巻、中央公論社、一九八七年）。
(38) 溝口睦子『日本古代氏族系譜の研究』（学習院、一九八二年）。
(39) 溝口睦子『古代氏族の系譜』（吉川弘文館、一九八七年）。
(40) 新撰姓氏録序（佐伯有清『新撰姓氏録　本文篇』（吉川弘文館、一九六二年）。
(41) この訓読は佐伯有清『新撰姓氏録の研究　考證篇第二』（吉川弘文館、一九八一年）による。
(42) 溝口前掲注（38）書。
(43) 溝口前掲注（38）書の「はしがき」。
(44) 溝口前掲注（38）書。
(45) 義江明子『日本古代の氏の構造』（吉川弘文館、一九八六年）。
(46) 義江明子『日本古代系譜様式論』（吉川弘文館、二〇〇〇年）。
(47) 義江明子『日本古代女性史論』（吉川弘文館、二〇〇七年）。
(48) 関晃「律令貴族論」（『関晃著作集』第四巻、吉川弘文館、一九九七年、初出は『岩波講座日本歴史』第三巻、岩波書店、一九七六年）。しかし、関氏によるこの種の問題提起は、すでに一九六七年の「推古朝政治の性格」一九五九年の「大化改新と天皇権力」「大化前後の天皇権力について」（『関晃著作集』第二巻、吉川弘文館、一九九六年）などにおいて開始されている。
(49) 早川庄八「律令太政官制と天皇」（『日本古代官僚制の研究』岩波書店、一九八六年、初出は一九七六年）など。
(50) 長山泰孝「古代貴族の終焉」および「律令国家と王権」（『古代国家と王権』吉川弘文館、一九九二年）など。

(51)　佐伯有清『新撰姓氏録の研究　本文篇』（吉川弘文館）が出版されたのは一九六二年であるが、同『新撰姓氏録の研究　考證篇』全六冊（吉川弘文館）は一九八一年から一九八三年にかけて出版されている。
(52)　竹内理三・平野邦雄・山田英雄『日本古代人名辞典』全七巻（吉川弘文館、一九七七年）。
(53)　佐伯有清『日本古代氏族の研究』（吉川弘文館、一九八五年）など。
(54)　「高群逸枝全集」全十巻が理論社から刊行されたのは一九六六年からであり、その頃から日本古代における母系制や招婿婚などが再び注目されるようになる。高群説を肯定的な立場からとらえる関口裕子の「日本古代の婚姻形態について―その研究史の検討―」（『歴史評論』第三一一号）は一九七六年であり、批判的な立場からとらえる鷲見等曜の「平安時代の婚姻」（『岐阜経済大学論集』第八巻第四号）は一九七四年に発表されている。
(55)　脇田晴子を代表として共同研究組織が開始されるのが、一九七七年からである。
(56)　『日本女性史研究文献目録』（東京大学出版会）は一九八三年、『日本女性史研究文献目録Ⅱ』（東京大学出版会）は一九八八年の刊行である。
(57)　義江前掲注（45）書の「日本令の嫡子について」。
(58)　義江前掲注（45）書の「日本古代奴婢所有の特質」。
(59)　中田薫「養老戸令応分条の研究」（『法制史論集』第一巻、岩波書店、一九二六年、初出は『法学論叢』第十三巻第一号、一九二六年）および池田温編『唐令拾遺補―附唐日両令対照一覧』（岩波書店、一九七七年、本条は坂上康俊の執筆）。
(60)　義江前掲注（45）書の「『妻家所得奴婢』の性格」。
(61)　義江前掲注（45）書の「橘氏の成立と氏神の形成」。
(62)　義江前掲注（45）書の「平野社の成立と変質」。
(63)　義江前掲注（45）書の「春日祭祝詞と藤原氏」。
(64)　宮地直一「系譜学の建設」（朝山皓『家系系譜の調べ方と作り方』京文社、一九四四年）。
(65)　太田亮「系図と系譜」（『講座日本歴史』一二、岩波書店、一九三九年）。

(66) 義江前掲注(46)書の「まえがき」。
(67) 義江前掲注(46)書の「まえがき」。
(68) 義江前掲注(46)書の「系譜類型と『祖の子』『生の子』―非血縁原理の底流―」。
(69) 義江前掲注(46)書の「出自系譜の形成と王統譜」。
(70) 義江前掲注(68)論文。
(71) 鷲見等曜『前近代日本家族の構造』(弘文堂、一九八三年)。
(72) 熊谷公男「令制下のカバネと氏族系譜」(『東北学院大学論集　歴史学・地理学』第十三号所収、一九八四年)。
(73) 明石一紀『日本古代の親族構造』(吉川弘文館、一九九〇年)。
(74) 吉川敏子『氏と家の古代史』(塙書房、二〇一三年)。
(75) 関口裕子「古代家族と婚姻形態」(『講座日本歴史2　古代2』東京大学出版会、一九八四年)など。
(76) 吉田孝『律令国家と古代の社会』(岩波書店、一九八三年)。
(77) 大平聡「『系譜様式論』と王権論」(『日本史研究』第四七四号、二〇〇二年)。
(78) 鈴木正信『日本古代氏族系譜の基礎的研究』(東京堂出版、二〇一二年)のうち、とくに「終章　氏族系譜研究の展望」に詳しい。
(79) 北康宏「大王とウヂ」(『岩波講座　日本歴史』第二巻、岩波書店、二〇一四年)。
(80) 義江前掲注(46)書の「氏名の成立と展開」。
(81) 村尾次郎「氏姓崩壊に現れたる帰化人同化の一形相」(『史学雑誌』第五十五編第二号、一九四一年)などは、その早い時期のものであり、中村友一『日本古代の氏姓制』(八木書店、二〇〇九年)などは近年のものである。
(82) 吉田孝「律令時代の氏族・家族・集落」(『律令国家と古代の社会』岩波書店、一九八三年)。
(83) 義江前掲注(46)書の「『児(子)』系譜にみる地位継承」。
(84) 義江前掲注(83)論文。

(85)　義江前掲注(46)書の「出自系譜の形式と王統譜」。
(86)　井上光貞「カモ県主の研究」(『日本古代国家の研究』岩波書店、一九六五年、初出は一九六二年)。
(87)　柳田國男「親方子方」(『定本柳田國男集』第十六巻、筑摩書房、一九七一年、初出は一九三七年。)
(88)　溝口前掲注(38)書。
(89)　井上光貞「帝紀からみた葛城」(『井上光貞著作集』第一巻、岩波書店、一九八五年。初出は一九五六年)。
(90)　義江前掲注(46)書の「氏名の成立と展開」。
(91)　吉田前掲注(35)論文。
(92)　直木孝次郎「『氏』の構造について」(『日本古代の氏族と天皇』塙書房、一九六四年、初出は一九六二年)。
(93)　岸俊男「ワニ氏に関する基礎的考察」(『日本古代政治史研究』塙書房、一九六六年、初出は一九六〇年)では、「大和における豪族分布図」として、奈良盆地における諸豪族の分布が概念的に示されているが、厳密さが欠けるとしてもこうした理解の方法は実際的な妥当性をもつものといえる。
(94)　井上前掲注(15)論文。
(95)　石母田前掲注(16)書。
(96)　選叙令13郡司条。
(97)　坂本太郎「郡司の非律令的性格」(『坂本太郎著作集』第七巻、吉川弘文館、一九八九年、初出は一九二九年)。
(98)　大日本古文書、巻三、一五〇頁。
(99)　村尾前掲注(81)論文。
(100)　石母田正「万葉時代の貴族生活の一側面」(『石母田正著作集』第十巻、岩波書店、一九八九年、初出は一九五六年)では、万葉集巻八の大伴坂上郎女と大伴坂上大娘、大伴宿禰家持の歌から、天平期の貴族がまだ田園生活と密接なつながりをもっていたことを推定している。
(101)　虎尾達哉「律令官人社会における二つの秩序」(『日本政治社会史研究』中、塙書房、一九八四年)では、五位以上においては位階秩序が相対的に優先し、六位以下では相対的に官職の秩序が優先されたことを論じている。

(102)　弘仁四年私記の序には「凡厥天平勝宝之前〈感神天皇年号也。世号二法師天皇一〉、毎二一代一使下二天下諸氏一各献中本系上〈謂譜講為二本系一也〉、永蔵二秘府一、不レ得二輙出一。令《ママ》存二図書寮一者是也〈雄朝妻稚子宿禰天皇御宇之時、姓氏紛謬、尊卑難レ決。因坐二月《ママ》櫓丘一、令下探二熱湯一定中真偽上。今、大和国高市郡有釜是也。後世、帝王見二彼覆車一、毎世令レ献二本系一、蔵二図書寮一也〉」とみえる。

(103)　中臣氏系図（群書類従巻第六十二、系譜部所収）のなかの中臣糠手子大連を注釈した部分に「案依二去天平宝字五年撰氏族志所之宣一勘二造所レ進本系帳一云」とみえる。

(104)　日本後紀延暦十八年十二月戊戌条。

(105)　上新撰姓氏録表（佐伯有清著『新撰姓氏録の研究　本文篇』吉川弘文館、一九六二年）。

(106)　佐伯有清著『新撰姓氏録の研究　本文篇』（吉川弘文館、一九六二年）。

(107)　日本後紀延暦十八年十二月戊戌条には「宗中長者」、また類聚国史巻四十の後宮部采女には大同元年十月壬申条として「氏之長者」がみえる。

(108)　宝亀三年十月二十八日付けの請暇解（大日本古文書、巻六、四〇七頁）には、美努石成が私氏神を奉ることがみえるが、このあたりから「私祭礼」（大日本古文書、巻十七、六〇六頁）、「私神祭祀」（大日本古文書、巻六、一七一頁）、「私神祀奉」（大日本古文書、巻六、一七〇頁）といった言葉がみえる。

(109)　義江前掲注（45）の「古代における『私』の成立―『私氏神』をめぐって―」。

(110)　類聚符宣抄巻七、貞元二年五月十日太政官符。

(111)　曽我良成「官務家成立の歴史的背景」（『史学雑誌』第九十二篇第三号、一九八三年）など。

(112)　続日本紀巻二十三、天平宝字四年八月甲子条および藤氏家伝下。

(113)　続日本紀巻二十三、天平宝字四年八月甲子条。

(114)　続日本紀巻二十一、天平宝字二年八月甲子条。

(115) 義江前掲注（45）の「日本古代の氏と『家』」。
(116) 服藤早苗『家成立の研究』（校倉書房、一九九一年）。
(117) 豊田武『苗字の歴史』（中央公論社、一九七一年）。
(118) 坂田聡『苗字と名前の歴史』（吉川弘文館、二〇〇六年）。
(119) 加藤晃「日本の姓氏」（『東アジア世界における日本古代史講座』第十巻、学生社、一九八四年）。
(120) 石母田前掲注（16）書。
(121) 中村友一『日本古代の氏姓制』（八木書店、二〇〇九年）。

第Ⅱ部　神事の実像

第三章　御贖物という呪具

一　贖いの両義性

十世紀に成立をみた延喜式には、「御贖」という表記がいくつか見出される。『日本国語大辞典』は「あがもの」という項を立て、「古くは『あかもの』と清音らしい。」と解説しており、『字訓』でも同様の指摘をしている。また、『古語大鑑』では、「あかう（贖）」の項において、万葉集巻十七、四〇三一番の大伴家持の歌「奈加等美乃《なかとみの》　敷刀能里等《ふとのりと》其事《ごと》　伊比波良倍《いひはらへ》　安賀布伊能知毛《あかふいのちも》　多我多米尓奈礼《たがためになれ》」の第四句の「安賀布」が、西本願寺本では「安加布」とあることなどから、「『あかふ』の『か』は、上代以来清音であったが、後に濁音化した。『あがなふ』は中世末以後の語か。」としている。こうしたことをふまえるならば、この「御贖」という表記は、「ミアカ」もしくは「ミアカモノ」と訓まれていたであろうと推定される。それは、享保版本延喜四時祭式上の傍訓(1)や臨時祭式に「御贖物。」という表記がみられること(2)、また、平安時代末の成立にかかる東宮年中行事に「御あがもの」という表記があること(3)から推定されるところである。一方、神祇官年中行事など、鎌倉時代以降の儀式書(4)では、「御贖物」という表記が一般的になってくるように思われる。よって、ここでは、原文を提示する場合を除いて、便宜上、より訓に近いと思われる「御贖物」という表記に統一することとする。

ところで、この贖物の意味については、『日本国語大辞典』のほか『国史大辞典』（吉川弘文館、一九八四年）の「あがもの」の項、『神道大辞典』（平凡社、一九三七年）の「アガモノ」の項などでは、専ら二つの側面から規定してゆくことが行われている。すなわち、一つには、罪科の償いとして提出されたものというものであり、養老名例律1笞罪条などに記された「贖銅」や延喜太政官式四度使条にみられる「贖物」などがこれにあたる。もう一つは、身の穢れや身に降りかかる災難などを代わりに負わせて、川などに流してしまう祓いの具としてのものであり、延喜神祇式にみられる用例は、こちらの方に属する。そして、これらについて、『国史大辞典』や『神道大辞典』などは、もともとは一体であったものが、しだいに分化していった結果、発生した現象であると説明している。

しかし、ここで重要なことは、そうした意味の分化が生じたとしても、それにもかかわらず、依然として二つの異なった意味を、一つの言葉で表現し続けるという事実そのものである。ここでは、こうした関心にもとづき、まずその手はじめとして、延喜式にみられる祓いの具としての贖物を中心に、その実態はいかなるものであり、どういった使われ方をしていたのかという点を考えてみたい。

二　延喜神祇式にみえる御贖物

祓いの具としての御贖物について、包括的に記してある最も古い史料は、現存するものでは延喜神祇式をおいて他にはなかろう。しかし、ここにおいても、御贖物は必ずしも体系的に記されているわけではなく、寧ろ断片的な記載として散在していると表現したほうが適切である。そこで、まずここではこれらの史料を整理するところから出発しなければならない。

延喜神祇式において、御贖物が記されている箇所は次のとおりである。

（一）御贖祭〈中宮准レ此〉

五色帛各四丈、絁四丈、絲八絇、綿八屯、布八端、銭一百文、鍬八口、紙一百張、木綿、麻各大八斤、米、酒糟各八斗、鮭八隻、相盛八籠〈雑海菜、雑腊、鰒、堅魚等之類〉、鹽八顆、席、薦、食薦各八枚、黄蘗卌枚、稲八束、明櫃八合、槲二俵、杓八柄、盆卅二口、葦籠四脚、

右、始レ従二六月一日一至二八日一、日別御巫行事、其東宮日限并物數並減レ半、

（巻一　四時祭上　新訂増補国史大系本二三頁）

（二）御贖

鐵人像二枚、金装横刀二口、五色薄絁各一丈一尺、絲三両、安藝木綿二斤、凡木綿一斤、麻二斤、庸布二段、御衣二領、袴二腰、被二條〈自餘見二縫殿式一〉、鍬四口、米、酒各二斗、鰒二斤、堅魚二斤、腊四升、海藻二斤、鹽四升、水盆、坩、坏各二口、匏二柄、柏廿把、小竹廿株〈径各二分、長八尺〉、宮主一人、卜部五人明衣料調布三端三丈六尺、

（巻一　四時祭上　新訂増補国史大系本二七頁）

（三）中宮御贖〈東宮准レ此〉

鐵人像二枚、五色薄絁各一丈一尺、絲三両、安藝木綿二斤、凡木綿一斤、麻二斤、庸布二段、御衣二領、裙二腰〈東宮袴〉、被二條、鍬四口、米、酒各二斗、鰒二斤、堅魚、海藻各二斤、腊四升、鯖、水盆、坩各二口、坏二口、匏二柄、柏廿把、小竹廿株、宮主一人、卜部五人明衣料調布三端三丈六尺〈但東宮凡木綿、麻、米、酒、鰒、腊、

鹽、柏等八種半減、自餘同二中宮一〉

（巻一　四時祭上　新訂増補国史大系本二七頁）

（四）供二奉大祓一御贖人等禄

中宮官一人絹四疋、中臣女絹四疋〈中宮准レ此〉、東西文部二人各絹二疋、東宮中臣並女各一人並給二坊物一

（巻一　四時祭上　新訂増補国史大系本二八頁）

（五）供二新嘗一料

紵一丈二尺、絹二丈二尺、絲四両、調布三端一丈、曝布一丈二尺、細布三丈二尺、木綿三斤十両、刻柄御刀子二枚、長刀子、短刀子各十枚、筥十四合、麁筥二合、明櫃三合、

御飯并粥米各二斗、粟二斗、陶廼五口、平居瓶六口、都婆波、酒垂各四口、匜八口、水垸八口、洗盤六口、筥坏廿口、多志良加四口、鉢八口、叩瓮四口、臼二口、土片垸二口、盞十口、小坏十口、高盤廿口、土手湯瓮二口、手洗二口、瓮四口、堝十口、火爐二口、陶坏八口、案十二脚、切机二脚、槌二枚、砧二枚、槲四俵、匏十八柄、小匏二柄、日蔭二荷、鮒鮨槽二隻、油三升、内膳司供雑味物、

右、依二前件一、其御贖、大殿、忌火、庭火等祭料、並准二神今食一

（巻二　四時祭下　新訂増補国史大系本四五頁）

（六）毎月晦日御贖〈中宮、東宮准レ此、六月十二月不レ在二此例一〉

金人像、銀人像各卅二枚〈東宮各八枚〉、紫帛四尺、五色帛各五尺、絲一絇、調布一端、木綿、麻、黄蘗各一斤、米一斗、酒六升五合、鮭二隻、雑盛一籠、鹽二升、坏二口、瓮八口〈東宮四口〉、匏一柄、槲十把、食薦一枚、御輿形四具、挿レ幣木各廿枚

右、御巫行事

（巻二　四時祭下　新訂増補国史大系本四七頁）

（七）羅城御贖〈毎世一行、中宮准レ此〉
奴婢八人、馬八疋、鞍八具、綵帛卅疋、倭文八尺、常布八十常、木綿、麻各八十斤、服八具、被八領、帷八條、幞頭八條、巾子八口、帯八條、履、襪各八両、鹿皮八張、鍬八十口、白米八石、酒八缶〈別受二三斗一〉、稲八百束、鰒、堅魚各八籠〈別受二六斤一〉、雑腊八籠〈別受二四斤六両一〉、海藻、滑海藻各八籠〈別受二六斤一〉、海松八籠、鹽八石、匏八柄、盞八十口、坩八口、槲八表、薦八枚、食薦八枚、短帖一枚、簀一枚、

（巻三　臨時祭　新訂増補国史大系本五二頁）

（八）凡御贖物者、毎月十五日以前、移二於所司一、廿七日受備二供之一、

（巻三　臨時祭　新訂増補国史大系本六八頁）

（九）凡六月、十二月晦日御贖料小竹者、月廿五日以前申二辨官一、令三山城国採二進之一、

（巻三　臨時祭　新訂増補国史大系本六八頁）

（十）御贖料
五色薄絁各二尺、絲三両、倭文二尺、安藝木綿一斤、凡木綿八両、麻六両、鍬四口、鐵人像二枚、庸布二段、布御服二領料布一段、裳二腰料布一段、被二帖料布二段〈著レ綿各四屯、自餘物、見二縫殿式一〉、帷二條、袜二両料布一段二尺、帯二條料絹七尺、履二両、筥六合〈二合方二尺、四合方一尺五寸〉、米、酒各四斗、鰒、堅魚、海藻各一斤、腊二斗、塩二升、水瓮、坩、坏各二口、褁葉薦一枚、小川竹廿株、調布四段〈卜部六人明衣料、人別二丈八尺〉、中臣〈男一人、女一人〉、禄料各絹二疋、

（巻五　斎宮　新訂増補国史大系本一〇四〜一〇五頁）

これらの史料のうち、（一）は文面からも明らかなとおり、六月一日より八日までの毎日行われるものであり、同じく一日より十日までに行われる卜御體とともに、十一日の月次祭、それに続けて行われる神今食に先行する儀式と考えられる。

また、（二）、（三）、（四）は六月晦日大祓条に続けて記されている上、（三）と（四）との間には、「右晦日卜部著二明衣一」以下の儀式次第を記した部分がある。したがって、これらはいずれも六月晦日の大祓と密接に関わる儀式と思われる。（九）も、これが臨時祭式に記載された理由は別として、恒例の大祓に関係したものであることは明らかである。

次に、（五）は四時祭式新嘗祭条、忌火炊殿祭条に続けて記されており、それらとの関連性をもつものである。そして、延喜内蔵式には、

凡毎年六、十一、十二、三箇月、起レ自二一日一、迄二于八日一、并八箇日御贖御輿形覆料、紫糵汁染絹四尺、毎度行二神祇官一〈中宮准レ此〉、

とあり、また延喜木工式にも、

木偶人三百八十四枚〈日別卌八枚〉、御輿形六十四具〈日別八具〉、挿二幣帛一木三百八十四枚〈日別卌八枚〉、

右、十一月新嘗祭、従二一日一迄二八日一御贖料、六月、十二月神今食前八箇日料亦同

という記載がみえる。[5] したがって、これらからすると、やはり、この御贖物は十一月中卯の日に行われる新嘗祭に先立って、十一月一日より八日まで毎日行われたことは、間違いなかろう。

また、（六）によって、御贖物は毎月晦日にも存在していたことが明らかである。（八）は、なぜ臨時祭式にしるさ

れているのか不明であるが、「毎月」とあるところからみて、毎月晦日の御贖物について言及しているとみて間違いないであろう。また、延喜内蔵式に、

凡毎月晦日御贖御輿形覆料、紫葉汁染絹四尺、行㆓神祇官㆒中宮、東宮並同、晦日御贖〈中宮、東宮並同〉、金人、銀人十六枚、輿形四具、挿㆑幣木十六枚〈以上木工寮〉、紫葉汁染絹四尺〈輿幄料、寮物〉、瓫四口〈官物〉、

右、毎月晦日御贖、依㆑件擬備進㆓闈司㆒、

とあり、宮内式にも、

凡神祇官年中所㆑須、月別晦日御贖料、金人、銀人各二百卌枚、鐵人廿八枚、缶蓋廿枚、各仰㆓所司㆒、色別造備、随㆑請充㆑之〈中宮、東宮竝在㆑此内、具見㆓木工式㆒〉、

とみえるのは、品目の数量に食い違いがあるものの、いずれも（六）の史料に対応したものということができる。

（七）の御贖物は、臨時祭式にあるごとく、天皇一代に一度行われるものである。これについては、貞信公記（『大日本古記録』）に、

承平二年十一月二日、羅城祭、可㆑行㆓去月廿三日㆒、而所司称㆓用途不㆑足㆒、不㆑行、仍今日行、

とあり、この年の十一月十三日には、朱雀天皇の大嘗祭が行われていることから、この「羅城祭」こそ、（七）の御贖物に相当すると考えられる。そして、ここから、この御贖物は、特定の日に固定していたわけではなかろうが、少なくともこの時には、大嘗祭に先行する十月二十三日に行われるのが、正常な姿であったと思われるのである。

最後の（十）の史料は、これまでのものが、いずれも宮域で行われる御贖物についてであったのに対して、伊勢の斎宮に関わるものである。[6] この御贖物が、月次祭、神今食に関わるのか、それとも大祓に関係するのかは、斎宮式か

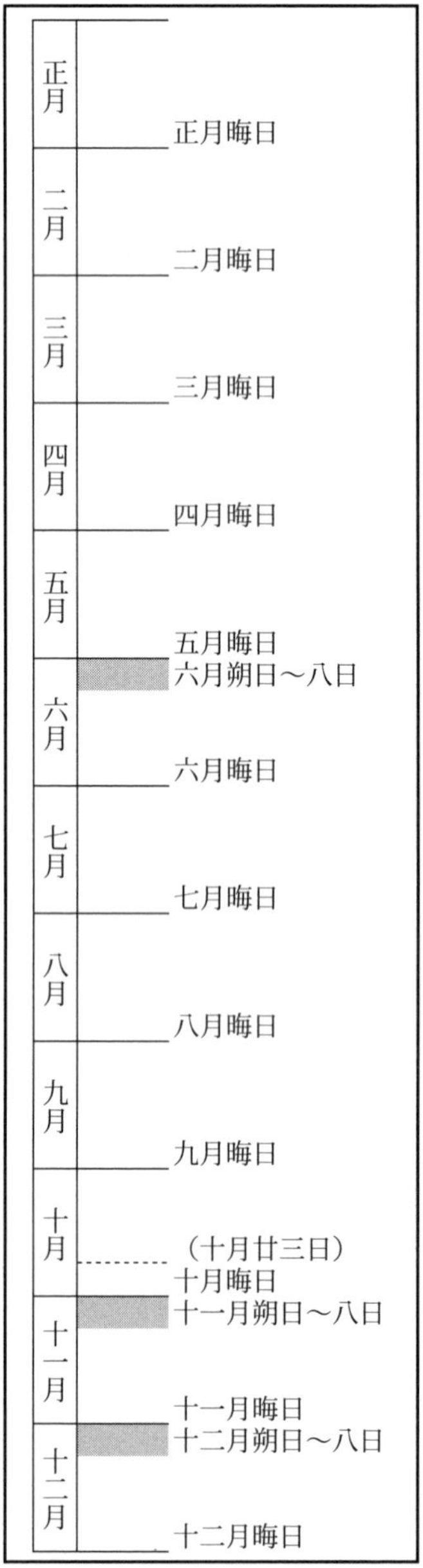

図3　年間の宮域での御贖物

らは俄かに判断しがたい。ただ、その品目の種類からみるならば、六月、十二月の大祓の時の中宮御贖物に、より類似しているということはできるであろう。いずれにしろ、この御贖物は、宮域のものでないという点で、その性格をやや異にしており、この際ひとまず除外して考えてゆくのが適切であろう。

そこで、以上のことから一年間の宮域における御贖物の確認される時期をまとめれば、おおよそ図3のようになろう。

ところで、本朝月令所引の弘仁神祇式逸文では、上記の（一）に相当する箇所を、

御贖祭〈中宮准レ此〉云々、右従二六月一日一始、至二于八日一、日別御巫行事、其東宮日限并物数並減レ半、

としており、また、同様に（六）については、弘仁内蔵式逸文に、

晦日御贖〈中宮、東宮並同〉云々、右毎月晦日御贖、依レ件擬備進二闈司一、

とある。さらに、貞観神祇式逸文にも、

晦日御贖、金人、銀人云々、紫帛云々、

と記されており、いずれも、延喜式とほぼ同一の記述であったと推定される(7)。

したがって、延喜式にみられる御贖物の儀式は、その大部分が弘仁式、貞観式の段階までさかのぼって存在していたと考えてよいのではなかろうか。そして、延喜式の性格からみて(8)、図3のごとき御贖物のあり方(9)は、延喜式が成立した十世紀前半というよりも、むしろ九世紀における朝廷での実態を伝えるもの(10)と判断したほうが、より適切であろうと考えられる。

三　御贖物の多様性

宮域の年間儀礼のなかで、御贖物が確認されるのは、延喜神祇式からは以上のごとくである。そこで次に問題となるのは、それらの御贖物において、延喜式に記された祭料に、それぞれかなりの相違が認められるという点である。よって、それらを一覧表にしてみたものが、次の表2である。

この一覧表において、まず第一に注目すべき点は、その祭料の品目を中心にしてみた時に、御贖物は大きく三つのグループにわけられるのではないかということである。すなわち、一つ目は六月、十一月、十二月の、いずれも月はじめに行われる御贖物である。二つ目は、六月、十二月をふくむ毎月晦日に行われる御贖物のグループである。そして、三番目は、天皇一代に一度だけ行われる十月二十三日の羅城御贖物である。祭料の品目に差異があるということは、当然のことながら、祭儀の方式においても相違があるということを予測させる。したがって、御贖物について考えるには、ひとまず、この三種類に分類した上で、それぞれ個別的に分析していくのが適切な方法ではないかと思わ

表2　御贖物の祭料一覧

	六月・十二月初め	十一月初め	六月・十二月晦日	毎月晦日	（十月二十三日）
帛(註1)	（五色）各四丈	同上(註6)		（紫帛）四尺 （五色帛）各五尺	（綵帛）三十疋
絁	四丈	同上	（五色薄絁）各一丈二尺		
糸	八絇	同上	三両	一絇	
綿	八屯	同上			
布	八端	同上	（庸布）二段	（調布）一端	（倭文）八尺 （常布）八十常
銭	一百文	同上			
鍬	八口	同上	四口		八十口
紙	一百張	同上			
木綿	大八斤	同上	（安藝木綿）二斤 （凡木綿）一斤	一斤	八十斤
麻	大八斤	同上	二斤	一斤	八十斤
米	八斗	同上	二斗	一斗	（白米）八石
酒（糟）	（酒糟）八斗	同上	（酒）二斗	（酒）六升五合	（酒）八缶　別受三斗
鮭	八隻	同上		二隻	
海藻			（海藻）二斤		（海藻・滑海藻）各八籠　別受六斤 （海松）八籠
腊			四升		（雑）八籠　別受六斤

れる。

（ア）月はじめの御贖物

そこで、まず、最初の月はじめに行われるタイプからみていくこととする。このタイプの御贖物で顕著なことの一つは、表2より明白なように、恒例の御贖物としては、その数量が大きいということである。例えば、確実に比較のできる「鍬」「麻《を》」「米《よね》」で六月、十二月の晦日の御贖物、その両月以外の毎月晦日の御贖物と比べてみると、それはより明瞭となろう。

鰒	相盛八籠（註5）	同上	二斤	雑盛一籠？	八籠 別受六斤
堅魚			二斤		八籠 別受六斤
塩	八顆	同上	四升	二升	八石
莚類	（席・薦・食薦）各八枚	同上		（食薦）一枚	（薦・食薦）各八枚
黄檗	四十枚	同上		一斤	
稲	八束	同上			八百束
明櫃	八合	同上			
槲	二俵	同上	（柏）二十把	十把	八俵
杓（註2）	八柄	同上	（匏）二柄	（匏）一柄	（匏）八柄
盆（註3）	三十二口	同上	（水盆）二口	（瓫）八口	
輂籠	四脚	同上			
人像			（鉄）二枚	（金）三十二枚 （銀）三十二枚	
金装横刀			二口		
御衣			二領		（服）八具
袴			二腰		
被			二條		八領
坩			二口		八口
坏			二口	二口	
小竹			二十株		
御輿形				四具	

また、ムシロの類などは、一代一度の臨時祭儀である羅城御贖物と同量である。もっとも、これには別の見方も可能で、厳密には比較できない項目も多い上に、晦日の御贖物のみにあって、月はじめの御贖物にない「人像」や「坏《つき》」といったものもある。したがって、全体としてみるならば、必ずしもそうとばかりはいえないとする解釈も、当然成立するであろう。しかし、それにもかかわらず、晦日の御贖物には「人像」や「横刀《たち》」「坏」「小竹《ささ》」

挿幣木				二十枚	
明衣料（註4）			調布三端三丈六尺		
奴婢					八人
馬					八匹
鞍					八具
帷					八條
幞頭					八條
巾子					八口
帯					八條
履					八両
襪					八両
鹿皮					八張
盞					八十口
短帖					一枚
簀					一枚

といった特異な品目があるものの、祭儀に用いられる物の量ということでは、月はじめの御贖物の方が、豊富であるとの印象は拭えないのではないかと思われる。そして、これはやはり、根本的には祭儀が八日にも及ぶことによって生じる現象と考えるべきなのではないだろうか。

註

（註1）　延喜式の本文では、「五色帛」（六月御贖祭・毎月晦日御贖）、「紫帛」（毎月晦日御贖）、「綵帛」（羅城御贖）などとあり、必ずしも同一物ではないが、一つの類型に入れられると思われる。以下のカッコも同様である。

（註2）　『神典』（躬行会、一九三六年）では、「杓」を「ひさご」、「匏」を「なりひさご」と読み分けているが、単位はどちらも「柄」であることから同一の部類とした。

（註3）　註（3）の『神典』では「盆」も「瓫」も「ひらか」と訓じ、また、「水盆」は「みずひらか」としている。これは和名抄瓦器類条の「盆」の注釈にもとづいた見解であろう。一方、関根真隆『奈良朝食生活の研究』（吉川弘文館、一九六九年）では、「瓫」を「へ」、「べ」または「ほとぎ」と訓じて土師器とし、須恵器と思われる「盆」の「ひらか」とは同一のものではなかろうと推定している。しかし、日本書紀神武天皇即位前紀戊

午年九月条では、「平瓮」を「ひらか」と読んおり、一概に須恵器であるとも断定できない。よって、ここでは、これらを類似したものとして同一の分類に入れる。

（註4）これは本文に「宮主一人、卜部五人明衣料」とあるように、他の項目とは性格を異にするが、一応、ここに入れておく。

（註5）「相盛」には、何がどのくらい入っていたのか具体的には分からない。これは同じ項目の「雑盛」も同様である。

（註6）十一月初めの御贖物の祭料は不明であるが、延喜四時祭式下の供新嘗料条末尾に「其御贖、大殿、忌火、庭火等祭料、並准二神今食一」とあり、この大殿以下の祭は、延喜式では四時祭式上の供神今食条に続けて記されている。したがって、「其御贖」というのも、月次祭条、供神今食料条の前に記されている、六月初めの御贖祭条を指しているものと考えられる。

また、月はじめの御贖物で気付く第二の点は、その祭料のなかで「銭」「紙」「黄蘗《きはだ》」「瓫《ほとぎ》」が他の御贖物に比較して突出しているということである。このうち、「銭」については、平城京内や飛鳥の川原寺などの発掘成果から、土地神を鎮めるために用いた事例が指摘されている。(11) ただ、六月、十二月の御体御卜のはじめと終りの日に行われる卜庭神祭は、確かに地鎮祭であると考えられるものの、ほぼ時期が重なる御贖祭の方では、それらしき行為は今のところ確認できない。したがって、あるいは銭をまくなどの行為は、土地神を鎮めるため以外にもあった可能性もあるかと考えられる。また、「黄蘗」については、黄蘗の材で作られた人形が中世の六字河臨法にも用いられており、呪具に共通した材料であったとされるが、この御贖祭で具体的にどういった使われ方をしていたのかということはわからない。

一方、「紙」と「瓫」については、後の儀式書である建武年中行事において、

今日より八日、御贖物まゐる。あかちごまゐりて謦蹕す。蔵人みちびく。内侍とりてまゐる。典侍、朝餉にてまゐらす。四のかはらけを、御指して上にはりたる紙に穴をあけて、御息をいるるなり。御たのごひ、ちいさき四足にすゑてまゐらす。御手水はうちうちまゐる。あがなへ小つぼなど、台盤所にとどむ。

と記されている。また、東宮年中行事では、皇太子についてではあるが、「六月一日じむぎくわむふ、御あがものをた

てまつる事」として、

　けふよりよふかのひにいたり、かんづかさくわんにん、まゐりて、これをたてまつる。くら人、しそくをさして、御かむあひそひて、これをみちびく。御かん御あが物をささげて大ばむ所のしやうじのもとにまゐる。女房これをとりて、上らう女房につけてぐす。まうけのきみ、かはらけのうえに、はりたるかみを、御ゆびして、つきやらせ給て、御いきをしかけさせたまふ。そののち御かむにかへし給。御かむ給はりて、まかりいづ。くら人、はじめのごとく、しそくをさして、あひしたがふ。

という具合に、建武年中行事とほぼ同一の文を掲げている。これらに従えば、この月はじめの御贖物では、紙を張った土器が重要な道具として用いられていることになる。したがって、延喜式に記された「紙」と「盆」とは、まさにこれに相当すると考えられるであろう。一日につき四つの盆を使うとして、八日間で三二口となり、数の上でも一致する。盆というもの自体、一つの呪術的用具であることは、形態の類似した瓮《ひらか》について神武即位前紀戊午年九月戊辰条で困難に直面していた天皇の夢中に天神が現れ、「宜取㆓天香山社中土㆒、以造㆓天平瓮八十枚㆒、并造㆓厳瓮㆒、而敬㆓祭天神地祇㆒、亦為㆓厳呪詛㆒、如㆑此、則虜自平伏」と教えているところからも推定さるところである。少なくとも、月はじめの御贖物というのは、この盆に息を吹き込むということを中心にして構成された祭儀ということができよう。

　ただ、ここで注意すべきことは、延喜木工式にみられる、

　　木偶人三百八十四枚〈日別卌八枚〉、御輿形六十四具〈日別八具〉、挿㆓幣帛㆒木三百八十四枚〈日別卌八枚〉、

　　右、十一月新嘗祭、従㆓一日㆒迄㆓八日㆒御贖料、六月、十二月神今食前八箇日料亦同

という記載である。これによれば、膨大な数の木製人像や幣帛を挿む木が、月はじめの御贖物として用いられていたこととなる。この木工式の記載が、延喜四時祭式上六月御贖祭条の記載と一致しないことはいうまでもない。仮に四

時祭式上にみえる「黄櫱」が、人像であったとしても、その数量が著しく違う上に、四時祭式上六月晦日御贖条や同式下の毎月晦日御贖条では、「鐵人像」とか「金人像」、「銀人像」などと人像の存在を明示しており、やはり不審といわざるをえない。また、先の建武年中行事と比較した時には、より四時祭式の記載の方に整合的であるといえよう。さらに、西宮記、北山抄、江家次第などにおいても、月はじめの御贖物で人像が用いられたという形跡は認められない。とくに、江家次第では、三月三日の御燈の事や三月中の午の日の石清水臨時祭御禊の事において、御贖物として「人形《ひとがた》」が使われていたことまで記しているにもかかわらず、六月、十一月、十二月の月はじめの御贖物の祭儀についてはまったく触れられていない。もちろん、そこに記されていないことが直ちに存在しないことを意味するわけではないが、もし延喜木工式に記載されているような状況が、大江匡房の時代に存在していたならば、その片鱗ぐらいは残されていてもよいのではないだろうか。したがって、木工式のこの条文に示された事態は、延喜式編纂段階以前のある時点において確かに存在していたにしても、それが十分に定着する前に停廃されたか、あるいは存続していたとしても、きわめて軽微なものとなってしまったと推定しても差し支えないのではなかろうか(12)。

さて、この御贖物において他と異なるもう一つの点は、この時にのみ、「御贖祭」というように、一つの独立した祭祀として延喜式に記されていることである。しかし、少なくとも、この「御贖祭」と他の御贖物との間には、延喜式の条文上からは明瞭な違いがあるとは思われない。津田左右吉氏は、罪や災害を解除する祓いというものは、神を祭ることとは異なるとする(13)。もし、こうした考え方を妥当とするならば、盆に息を吹き込むことを中心としたこうした御贖物の祭儀は、果たして本来の意味で祭祀といえるかどうか疑問ということになろう。また、神今食について、平安時代に入ると「神今食祭」という用例が現れてくることから、「祭」をつけた祭祀名は、律令制度下ではじめて成立してくるものであって、律令以前の祭祀には、本来そうした名称はなかったとする見解もある(14)。この御贖物の起源に

ついては、年中行事秘抄のなかに、

一日、神祇官始奉㆓御贖物㆒事〈迄㆓八日㆒御巫者持参〉

舊記云、弘仁五年六月、依㆓聖躰不豫㆒、同月七日己丑、行㆓御贖祭㆒、其後毎年六月十二月、従㆓一日㆒至㆓八箇日㆒、

御巫行事、毎日供奉、

とみえる。[15] また、『平安遺文』所収の天歴（ママ）三年五月廿三日付神祇官勘文（四九〇五文書）にも、ほぼ同文が記されている。これらには、十一月初めの御贖物のことが記されておらず、その開始時期は不明であるが、六月と十二月はじめの御贖物が嵯峨朝時代に成立したことはほぼ間違いなく、十一月はじめの御贖物の方も、これと相前後する時期に成立したものとみて大過ないであろう。[16] いずれにしても、これらの祭儀が、律令制下に出現した比較的新しいものであることは間違いなく、そのために、他の御贖物とは異なり、とくに区別して「御贖祭」と称されたという解釈もできるであろう。しかし、また一方、この月はじめの御贖物は八日間にわたり、合計三二回も同じ所作を繰り返すという点でも特異である。そのため、本来は他のものと同様に、「御贖」と表現されていたものが、しだいに独立した一つの祭祀として考えられるようになり、それが「御贖祭」という名称を生じさせたという可能性も否定できないように思われる。祭儀の名称の由来はともかくとして、以上のような特性をもっているのが、六月、十一月、十二月という三つの月はじめの八日間に行われる御贖物であろう。

ところで、類聚三代格巻一所収の寛平五年三月二日太政官符には、

應㆘殊加㆓検察㆒敬㆗祀四箇祭㆖事

右、検㆓案内㆒、二月祈年、六月十二月々次、十一月新嘗祭等者、国家之大事也、欲㆑令㆘歳災不㆑起、時令順㆖度、

預㆓此祭㆒神、京畿外國大小通計五百五十八社、回㆑茲特致㆓潔齋㆒慎令㆓祭祀㆒、

とあり、少なくとも九世紀末のこの時点において、神祇令祭祀のなかでこの四つの祭が最も重視されていたことは明らかである。そして、このうちの三つまで、月はじめの御贖物が行われる月と一致することは、単なる偶然とは考えられない。にもかかわらず、神祇令の諸祭祀中、最も重視され、かつ、その指向するところが最も律令的な祭祀形態とされる祈年祭においては、御贖物が除外されている。(17) この理由は、やはり祈年祭に天皇が直接関与していない点に求められよう。(18) 御贖物などの接頭辞「み」は、『岩波古語辞典』の「み（霊）、（御）」の説明を借りるとすれば、本来、原始的な霊格の一つを表すもので、やがて、転用されて神や天皇などに関する物事に冠せられるようになったとされる。そして、延喜式での「御贖」という用法には、これを天皇もしくはそれに準ずる中宮、東宮、斎王にのみ限定しようとする意識が強く作用しているものと思われる。

　また、政事要略巻二十六、十一月新嘗祭所引の寛平御遺誡逸文には、

　新嘗会、神今食、并九月伊勢御幣使日、必可下幸二八省中院一、以行中其儀上、

という記載がみえる。神今食が月次祭とこの時点において一続きのものと考えられていたことは、穢れなどによって神今食が中止されると、月次祭も同時に中止されるところからみて間違いない。(19) そして、新嘗会と神今食とが、いずれも神今食院とも称される中院、すなわち中和院神嘉殿において、天皇が親しく執り行う祭祀であることは儀式巻一や巻五より詳らかである。一方、伊勢御幣使日とは九月十一日、伊勢神宮の神嘗祭に奉幣使を発向させる日のことである。この時、天皇が内裏を出て朝堂院に赴き、大極後殿すなわち八省院小安殿において幣帛を奉幣使に授ける儀礼を行うことは、延喜式巻二の四時祭式下および儀式の巻五に明らかである。こうしたことから考えると、月のはじめに執り行われる御贖物とは、天皇が中和院神嘉殿において親祭する祭祀に先だって、天皇およびそれに準ずる人々の穢れを祓うための道具、もしくはその儀礼そのものと定義することができるであろう。

（イ）晦日の御贖物

次に第二のタイプ、すなわち六月、十二月をふくむ毎月晦日に行なわれる御贖物について検討してみよう。

このタイプでまず注目されることは、月のはじめの御贖物と比較すると、その数量において相当に少なくなっているということである。例えば、比較の可能なものについてみると、月はじめの「糸」八絇に対して毎月晦日は一絇、同様に「五色帛」は各五丈に対して各五尺、「布」は八端に対して一端、「木綿」大八斤に対して一斤といった具合であり、これは月はじめの御贖物が八日間にわたって行われるのに対して、晦日の場合は一日限りというところから来る、当然の帰結であるともいえよう。そして、「糸」「布」「木綿」「麻」「米」などからすると、六月と十二月を除く毎月晦日の御贖物は、月はじめの御贖物の八分の一、つまり一日分の祭料とされる傾向が認められる。一方でまた、「麻」「米」「塩」「柏」「匏」などからすると、六月と十二月の晦日の御贖物は、それ以外の月の晦日の二倍規模と考えられていたのではないだろうか。

晦日の御贖物について第二に注目される点は、その祭料のなかに「人像」「金装横刀」「御衣」「小竹」「挿幣木」といったものが存在することである。そして、これらについては、まず、六月、十二月の二度の晦日の御贖物と、それ以外の月の晦日の御贖物とにわけてみてゆくことが必要であろう。

六月、十二月の晦日の御贖物については、儀式第五に「二季晦日御贖儀」と表現されており、これを用いてこれ以後、二季晦日の御贖物と称することとするが、その儀式では祭料について、

鐵偶人卅六枚〈金、銀粧各十六枚、無レ飾四枚〉、木偶人廿四枚、御輿形四具、挟二幣帛一木廿四枚、金粧横刀二口、五色薄絁一丈一尺、絲三両、安藝木綿二斤、凡木綿一斤、麻二斤、庸布二段、御衣二領、袴二腰、被二條、鍬四口、米、酒各二斗、鰒二斤、堅魚二斤、腊四斤、海藻二斤、鹽四升、水瓮、坩、坏各二口、匏二柄、柏二十把、

小竹二十株〈径各二分、長八尺〉、宮主一人、卜部五人明衣料布三端三丈六尺、

と記している。これを延喜式と比較すると、人像の形質、数量に大きな差異があること、六月、十二月以外の月の晦日の御贖物の御贖物にあった御輿形、挿二幣帛一木が存在することの二点に違いが認められる。この違いが何に由来するものかは判然としないが、あるいは儀式と延喜式とが編纂の基礎とした素材の違い、延いてはその素材自体の成立の時間的差異を示している可能性もあるであろう。

一方、この二季晦日の御贖物については、延喜四時祭式上の六月晦日中宮御贖条および延喜宮内式御麻条のなかに儀礼の概略が記されているが、それが本朝月令に引用された弘仁式の該当条にほぼ一致することから、すでに弘仁式の完成した弘仁十一年（八二〇）四月以前には、一つのまとまった儀礼として確立していたことは明らかである[20]。そして、貞観年間に成立したと考えられる儀式にも、それをより詳細にした形で記述がなされている。したがって、これらを総合して推定することのできる延長五年の延喜式成立段階での二季晦日の御贖物の儀礼の構造は、おおよそ次のごとくになるであろう。

（A）宮主、史生、神部などが左右二列に並んで先頭に立ち、中臣の官人、御麻をもった卜部一人、それぞれ横刀をもった東西文部、荒世の竹と坩とをもった卜部二人、和世の竹と坩とをもった卜部二人の順で内裏の東側の延政門に向かう。

（B）そこで、宮内輔が門外にいた大舎人に用件を伝え、大舎人は門内の闈司にそれを伝え、闈司が伝奏して宮内輔の入門が許される。

（C）宮内輔は門内に入り、紫宸殿の前に行き、神祇官が御麻を進上するために来ていることを奏上して退出し、中臣を呼び入れる。

（D）中臣の官人は返事をして、宮主、文部、卜部を率いて門内に入り、宜陽殿の南側（おそらく日華門の東側）まで行き、そこで待機する。

（E）この時、すでに内裏のなかに入っていた縫殿寮の官人が、荒世の御服と和世の御服をもち、女嬬を率いて紫宸殿の前に来て、予め掃部寮が階段の下に敷いた席の上にそれらの御服を置く。それを内侍、縫司の女官が伝え受け取り、それを蔵人をとおして天皇に奉る。そして、御服は今までの逆順に伝えられ、女官の手で席の上に戻される。それをみて縫殿寮の官人は退出する。(21)

（F）待機していた中臣の官人は、卜部より御麻を受け取り、それを捧げて紫宸殿の正面に行く。そして、階段の下から殿上にいる中臣の女官に渡し、女官はそれを天皇に渡す。その後、御麻は今までの逆順で中臣に授けられ、中臣はそれを卜部の一人に授けて祓い所に行かせ、自らは退出する。

（G）宮内輔がふたたび紫宸殿の前に歩み出て、神祇官が御贖物を進上するために待機していることを奏上して退出し、中臣を呼び入れる。

（H）中臣の官人は返事をし、横刀を捧げた東文部をなかに入れさせる。東文部は紫宸殿の正面に行き、階段の下から殿上の中臣の女官に横刀を渡す。女官はそれを天皇に渡す。その後、横刀は今までの逆順で東文部に授けられ、それをもって東文部は退出する。

（I）西文部も東文部と同一のことを行う。

（J）中臣の官人は、荒世の竹と坩とをもった卜部二人と宮主一人とを率いて、紫宸殿の前に行き、すでに階段の下で荒世の御服が置かれている席の上に、荒世の竹と坩とを置かせる。(22)

（K）宮主は、束ねられた竹を解き、その竹を中臣の官人に渡す。官人はそれを中臣の女官に渡す。女官はその竹で天皇の身体を五度量る。竹は今までの逆順で宮主に授けられ、さらに宮主から卜部へ授けられる。

（L）宮主は、荒世の坩を中臣の官人に渡し、官人はそれを中臣の女官に渡す。女官はそれを天皇に渡す。坩は今までの逆順で宮主に授けられ、さらに宮主から卜部へ授けられる。

（M）二人の卜部は荒世の御服、竹、坩の三種類をもち、中臣の官人はその二人の卜部と一人の宮主を率いて退出する。

（N）和世について、（J）、（K）、（L）、（M）と同一のことが行われる。

（O）荒世の御服は卜部に、また、和世の御服は宮主にそれぞれ与えられ、宮内輔以下史生以上の参加者は、河に行って祓いを行い、すべての儀礼は終了する。そして、二季晦日の御贖物に供奉した中臣の官人と女官および東西文部には、禄が支給される。さらに、宮内省は参加した刀祢の人数を記録した文書二通を作成して、一通は中務省に、もう一通は式部省に送る。

この御贖物はいうまでもなく、内裏内で天皇に対して行われるものであるが、ほぼ同じ形式のことが僅かに規模を変えつつ、中宮、東宮に対しても行われている。また、西宮記や江家次第には、いずれも「當日晩景所司供奉」といった記載がみえ、東宮年中行事と建武年中行事とには、ともに、灯火一つを残してすべてかき消すことが記されている。ただ延喜宮内式御麻条には、

凡六月、十二月晦日、神祇官供㆓奉御麻御贖㆒、其日申時、陳㆓列御麻等物㆒、省輔若丞進候㆓延政門㆒、

とみえ、申の時すなわち現在の午後三時から午後五時頃よりはじまるとされている。後世になると、少し遅くなり、夕方から夜にかけて行われる儀礼となったらしい(23)。

また一方、延喜式の段階で、「御服」や「御麻」「横刀」「竹」「坩」といったものが、どのように使われていたのか、

これを明示する史料は存在しない[24]。しかし、西宮記や江家次第には、「御服」と「横刀」には天皇が息をはきかけ、「御麻」は天皇の身体を撫でるために、「竹」は荒世と和世との二回、それぞれ五度、九本を使って天皇の身体を量るために用いられ、「坩」には三度にわたって、天皇が息を吹き込むと記されているが[25]、これを延喜式段階にさかのぼらせても、大きな間違いはないであろう。

ところで、儀式、延喜式において二季晦日の御贖物として一括されて記されたこの儀礼をみると、それが実は二つの部分により構成されていることに気がつく。すなわち、神祇官が御麻を奉るために来たことを宮内輔が奏上するところからはじまる（D）より（F）までの部分と、ふたたび、神祇官が御贖物を奉上するために待機していることを宮内輔が奏上して開始される（H）より（O）に至る部分とである。後の儀式書である九条年中行事や小野宮年中行事、江家次第などが、いずれも六月晦日のところで、また、東宮年中行事は十二月晦日のところで、「縫殿寮、奉二荒世和世御服一事」と「神祇官、奉二荒世和世御贖一事」とを並列して記しているのはそれを承知してのことだろう。このうち、儀礼の前半部分と「神祇官が御麻を奉る事」とせず、「縫殿寮が御服を奉る事」としているのは、後半部分との対比から、徐々に関心が神祇官の所作から縫殿寮の所作へと移行した結果にすぎないとみるべきであろう。そのほか、儀礼の場が平安中期に紫宸殿から清涼殿に移動したり、参加する官人に若干の変化がみられはするものの、この二季晦日の御贖物の儀礼は、原則的には弘仁式の段階ですでに確立していた構造が、延喜式をへて東宮年中行事の時代まで、つまりは、ほぼ平安時代の全期間を通じて維持されていたと理解してよいだろう。

ただ、以上のように考える場合に、いまだいくつかの解明できない点も残る。その一つは、人像の所在である。儀式に記された「鐵偶人卅六枚」「木偶人二十四枚」、また、延喜式にみえる「鐵人像二枚」などは、一体どこへ行ってしまったのだろうか。祭料の最初にみえながら、後世の実際の儀礼の次第に少しも現れてこないということは、やはり不審というほかはない(26)。また、もう一つ挙げるならば、ここでの御贖物の範囲であろう。儀式もそうであろうが、延喜式は二季晦日の御贖物の式次第のなかで、縫殿寮の御服から御麻、横刀、竹、坩まで、すべてを御贖物のなかに包摂させている。しかし、式次第の詳細を記した儀式の記載によれば、神祇官の御麻に対して神祇官の御贖物という位置付けをしている。この場合には、御贖物のなかに御服や御麻は当然のことながらふくまれず、同様の用いられ方をする横刀、坩などとの区分の仕方が不明瞭となる。さらに、このことは、同じ日に行われる大祓との関係も微妙なものとなる。それというのも、延喜四時祭式上の六月晦日大祓条には、

五色薄絁各二尺、緋帛一丈五尺、絹二疋、金装横刀二口、金銀塗人像各二枚〈已上、東西文部所レ預〉、庸布三段、木綿五斤二両、麻廿斤十両、枲十二兩、烏装横刀六口、弓六張、箆二百株、鍬六口、鹿角三頭、鹿皮六張、米二斗、酒六斗、稲四束、鰒二斤、堅魚七斤、腊一石五斗、海藻卅斤、鹽六斗、水盆六口、匏六柄、槲廿把、馬六疋、祝詞料庸布五段、短帖一枚、

右、晦日申時以前、親王以下百官會二集朱雀門一、卜部讀二祝詞一〈事見二儀式一〉、

と記されており、ここでいう「横刀」や「人像」などは、いかなる使われ方をしたのかはわからないが、いずれも卜部が関与するものである。従来、養老神祇令大祓条に、

凡六月十二月晦日大祓者、中臣上二御祓麻一、東西文部上二祓刀一、讀二祓詞一、百官男女、集二祓所一、中臣宣二祓詞一、卜部為二解除一、

とあるうちの、東西の文部が刀を奉り、祓詞を読むまでのところが独立したものが、延喜式などにいう二季晦日の御贖物であるとされている(27)。これは、原則的には首肯すべきものと思われるが、前記の六月晦日大祓条にいう「人像」と同日の御贖条にいう「人像」とは明らかに異なるものであり、また、両条に記された「金装横刀二口」はどういう

関係になっているのか、あるいは、大祓条の横刀は御贖物と考えられていたのかなど、後考にまつべき所である。

さて、次に六月、十二月を除く毎月の晦日の御贖物についてみることとしたい。この儀礼については、延喜宮内式御麻条の分注に「餘月晦日、奏下進二御麻一儀上、亦同」とあることから、ここでは以後、便宜的に「余月晦日の御贖物」と称することとする。そして、この御贖物の式次第が、二季晦日の御贖物のそれとほぼ同じであることは、宮内式御麻条が、まさに二季晦日の御贖物の儀の次第そのものであるところから明白である。ただ、重要な違いの一つは、延喜四時祭式下晦御贖条に「御巫行事」とあるように、この儀礼が御巫を中心にして執り行われていることである。もちろん、宮内式御贖条には、

凡神祇官、年中所レ須、月別晦日御贖料、金人、銀人各二百卌枚、鐵人廿八枚、缶蓋廿枚、各仰二所司一色別造備、随レ請充レ之〈中宮、東宮竝在二此内一、具見二木工式一〉

とあり、二季晦日と同じく神祇官が密接に関与しているわけであるが、御巫がわざわざ行事するということは、余月晦日の御贖物の方が、二季晦日の御贖物に比較して、より内廷的な性格をもっているということであろうか。また、もう一つの重要な違いは、やはり祭料のなかにみられる人像と挿二幣帛一木、とりわけ人像の材質と数量の点であろう。この場合にも、その用途はわからないが、二季晦日に比較して、その数が非常に多くなっている。その上、これに関連する条文が宮内式御贖条のほかに、四時祭式下晦御贖条、内蔵式毎月御贖条、木工式御贖料条などにあるが、いずれもその数量が一致しない。これを一括して示すと表3のようになる。

こうした数量の違いがどうして生じるのか、今のところ明確な説明はつきかねる。また、二季晦日の御贖物に比べて、数量的に大きくなる上に、その人像も鉄に金や銀で細工をしたものになっている。この御贖物がどこで執り行われたのか明らかでないが、こうした数量からすると、効果を上げるために、月はじめの御贖物における盆のように、

表3　余月晦日の御贖物の比較

	金人	銀人	鉄人	木人	御輿形	挿二幣帛一木
四時祭式下晦御贖条（註1）	（天皇）32（中宮）32（東宮）8 計72	（天皇）32（中宮）32（東宮）8 計72	—	—	（天皇）4（中宮）4（東宮）4 計12	（天皇）20（中宮）20（東宮）20 計60（註2）
内蔵式毎月御贖条（註3）	（天皇）16（中宮）16（東宮）16 計48（註4）	（天皇）16（中宮）16（東宮）16 計48	—	—	（天皇）4（中宮）4（東宮）4 計12	（天皇）16（中宮）16（東宮）16 計48
宮内式御贖条	240	240	28	—	—	—
木工式御贖条（註5）	（天皇）16（中宮）16（東宮）8 計40	（天皇）16（中宮）16（東宮）8 計40	（天皇）4（中宮）4（東宮）8 計16	（天皇）24（中宮）24（東宮）? 計48?	（天皇）4（中宮）4（東宮）4 計12	（天皇）24（中宮）24（東宮）24 計72

（註1）「毎月晦日御贖〈中宮、東宮准レ此。六月、十二月不レ在二此例一。〉金人像、銀人像各三十二枚〈東宮各八枚〉……（中略）……御輿形四具、挿レ幣木各廿枚。右、御巫行事。」とある。

（註2）ここは原文には「挿レ幣木各廿枚」とあるが、この「各」の字は不審である。衍字であろう。

（註3）「晦日御贖〈中宮、東宮並同。〉、金人、銀人十六枚、輿形四具、挿レ幣木十六枚〈以上木工寮〉。……（後略）」とある。

（註4）ここは、おそらく本来は「金人、銀人各十六枚」とあったと思われる。

（註5）「鉄偶人三十六枚〈押二金銀一薄各十六枚。無レ餝四枚。〉、木偶人廿四枚、御輿形四具、挿二幣帛一木廿四枚。右毎月晦日御贖料。中宮亦同。東宮、押二金銀一薄、鉄偶人各八枚。」とある。

何回にもわたって行われ、しかも、場所も必ずしも一箇所にのみ限定されるものではなかった可能性もあろう。[28]

このようなことに加え、余月晦日の御贖物のことが、延喜以後の記録にみえないところから、延喜以後はこれが七瀬祓と呼ばれることになったのであろうという解釈も現れる。[29] しかし、七瀬祓の起源は明瞭ではなく、その原型は平城京の時代までさかのぼりうるという見方（金子裕之「平城京と祭場」一九八五年）や、九世紀後半に成立の可能性を考える見方（三宅和朗「諸国大祓考」一九九〇年）もあり、また、七瀬祓では人像を用いるとはいえ、神祇官ではなく陰陽師がそれを行うなど、なお判断を保留すべき事柄も多いと思われる。一方、人像の材質については、金や銀は東宮以上の者のみが使うことができ、金、銀、鉄、木というものは、それぞれ使用者の階層の差を表すとされる。それを前提とするならば、二季晦日の際の人像は鉄であるのに、余月晦日の際は金銀の人像が用いられるというのは、二季晦日には金装横刀があったのに対して、余月晦日にはそれがないためであると解釈すべきであろうか。宮内式御麻条には、二季晦日の御贖物の儀礼と同じとしながら、小竹も省かれ、祭料も小さいことを考え合わせると、やはり、これもより内廷的な性格の強い儀礼になっていると判断すべきであろう。

（八）羅城御贖物

これまでの御贖物がすべて年中恒例の儀礼であったのに対して、この御贖物だけは延喜臨時祭式の羅城御贖条分注に「毎レ世一行」とあるごとく、天皇一代に一度限りの臨時儀礼である。そして、この羅城とはいうまでもなく、平安京の正門である羅城門である。[30] ここは延喜左右京式大嘗大祓条にみられるように、践祚大嘗祭および斎内親王が伊勢神宮に発向する際に、臨時の大祓が執行されるところである。ここにおいて践祚大嘗祭に先立つ大祓が実施された例は、日本三代実録貞観元年十月十五日丁酉条に

是日夜、神祇官於二羅城門前一、修二祭事一、有二大嘗会祭一故也、

とみえる。こうした際の大祓が、十月十五日に行われているのは、たまたま吉日を選んだ結果と考えた方がよいだろうが、貞信公記には、

承平二年十一月二日、羅城祭、可レ行二去月廿三日一、而所司称二用途不レ足一不レ行、仍今日行、

という記載があり、本来は十月に行われるべきものと考えられていたらしい。そうなると、ちょうど、二季晦日の御贖物と大祓との関係のように、これらも本来は一体のものと認識されていた可能性もあるが、この点については何分それ以上の史料的な裏付けがえられぬ現状では、その指摘のみに留まらざるを得ない。

ところで、延喜式に記された羅城御贖物の祭料についてみた時に、まず第一に特徴的なことは、その数量が非常に大きく、しかも「八」の数を基調にして構成されているということである。このうち、数量の大きさというものは、この御贖物が一代一度の臨時儀礼であるというところから、ある意味では当然のことともいえる。一方、「八」の数から直ぐに思い起こされるのは、践祚大嘗祭において用いられる高御座が、やはり八角形をしているということである。そして、この八角形が続日本紀の天平改元の宣命にみえる「この天つ高御座に坐して、天地八方を治め調へ賜ふ事」に関係して、万葉集にも数多く記された「八隅知之《やすみしし》吾大王《わがおおきみ》」という表現とも重なるものであって、天皇が大八洲を統治することを象徴したものであるとすると、践祚大嘗祭に先行して執行されるこの羅城門での御贖物の儀礼も、同様に大八洲全体に存在している穢れを祓うという象徴的な意味をになっていると理解すべきであろう[31]。

また、祭料について留意される第二の点は、この時には「奴婢」や「馬」があるということである。馬については、延喜四時祭式上にある六月晦日大祓の料物のなかにも「馬六疋」とみえ、また、延喜民部式下の大祓馬条には、

凡諸國大祓馬、若無二國造一國者、以二正税一買用、其価不レ得レ過二五十束一、但大宰府及肥前、肥後、日向三國、並以二牧馬一充レ之、

とも記されている。羅城門前の御贖物の儀礼で用いられる馬が、どういった方法で供給されていたのかについては明文をみないが、いずれにしても、日本書紀天武天皇五年八月辛亥条の詔に、

四方為二大解除一、用物則國別國造輸、祓柱馬一匹、布一常、

とあるごとく、祓えの柱として使われたとみて間違いなかろう。同様に、奴婢についても天武紀十年七月丁酉条に、

令二天下一、悉大解除、当二此時一、國造等各出二祓柱奴婢一口一、而解除焉、

とあることから、祓えの柱であったと考えられる。そして、この祓えに現れる奴婢というものは、人像が用いられる以前の形態であったとする見解（三橋健「大祓研究序説」〔『神道史論叢』国書刊行会、一九八四年〕）が存在するが、確かに奴婢が祓えの柱であったとするならば、その蓋然性は高いものと思われる。

さらに、平城京をはじめとする各地の遺跡から、数多くの馬形や人像が発掘されているが、その発掘状況から、馬形は穢れを背負った人像を運ぶために、人像の傍らにたっていたのであろうとする見解もある（金子裕之「都城と祭祀」前掲注（26）書）。もし、そうであるならば、羅城門前の御贖物における馬と奴婢も一体のものと観念されていたとするべきであろう。

しかし、こうした羅城門前の御贖物も、承平年間には祭料などの不足をきたしているわけであり、おそらく十世紀前半には途絶したと判断すべきであろう。この種の御贖物について記載が非常に少ないのは、専らそこに原因があると考えられる。

四　御贖物が意味するもの

こうして御贖物について考えてきたわけであるが、ここではその対象を延喜式、そのなかでもとくに平安京で執り行われる天皇に関連したものに限定せざるをえなかった。したがって、ここから導き出される見通しについても、そうした限界を認識しなければいけない。しかし、そういった前提の上で、あえて御贖物のもつ特徴を列挙するならば、おおよそ次のようになろう。

（a）御贖物をその儀礼が執行される時期を基準にして、類型化すると図4のとおりである。

（b）御贖物は穢れを祓い、それらを取り除くという点では共通性を見出しうるものの、その儀礼の行い方には多様性が存在している。それらがそれぞれ何らかの意味をもっていたはずであるが、その差異については未だ明らかにすることができない。

（c）月はじめの御贖物は、弘仁年間前後に成立したものと思われる。

（d）二季晦日の御贖物は、その源を養老神祇令大祓条にまでさかのぼることができる。よって、少なくとも大宝年間にはその一部は始められていたと思われる[32]。

（e）餘月晦日の御贖物は、その存在感が希薄であり、九世紀以降において他の儀礼に転化するか、縮小されていったので

- 御贖物
  - 恒例
    - 月初め
      - 神今食前（六月・十二月一日〜八日）
      - 新嘗祭前（十一月一日〜八日）
    - 晦日
      - 大祓同日（六月・十二月晦日）
      - 毎月晦日（その余の月の晦日）
  - 臨時
    - 十月
      - 践祚大嘗祭前（十月吉日？）

図4　御贖物の執行時期分類

はないか。

（f）羅城門前の御贖物は十世紀前半段階で縮小され、以後まもなく廃止されていったものと思われる。

（g）御贖物の儀礼は、ユーラシア大陸から伝来したと思われる要素によって構成されているが、それらを専ら司っているのは神祇官であって、九世紀段階では、間違いなく神祇信仰として官人には観念されていたと思われる。

（h）御贖物の一つには確かに人像を用いて行われる儀礼が存在したが、人像は延喜式に規定されている御贖物以外にもあった可能性があり、呪具の種類によって御贖物の範囲が決められていたわけではないだろう。

このようにみてくると、当然のことながら、御贖物にもその儀礼のあり方に相当な改変のあったことが推測される。神祇祭祀の研究においては、儀礼を執行する者の意識に旧慣墨守の観念が強く働いていたであろうという前提のもとに、ともすれば時代相の不明確な祭祀のイメージを作ってしまう傾向がないわけではないが、こうしたことには十分に注意しなければならないことを、この御贖物の事例は示しているものと思われる。

また、ここでは、御贖物と密接な関連性を有する大祓については、十分な踏み込んだ考察を行っていない。同様のことは、陰陽道および陰陽寮についてもいえる。さらに、人像との関連としては、伊勢神宮の祭祀との対比が重要な意味をもってくる。そして、より根本的には、古代日本における罪の観念と祓いの意味にまで行き着かねば、完結しえない性格のものである。本論はこうした意味において、非常に限定された性格をもつものである。そして、ここで対象としているのは、いずれも天皇および中宮・東宮といった、社会あるいは国家にとってきわめて特殊な位置にある存在に関するものである。しかし、このことは同時にこうした部分がなぜかくも穢れを回避し、浄化する行為を繰り返さなければならないのか。なぜいつも清浄な状態であり続ける必要があるのか。いずれの社会も、また、国家体制も、程度の差こそあれ聖なる部分と俗なる部分とを併せもつものであるが、日本列島中央部に存在した古代社会において、この聖なる部分というものが究極的には天皇に収斂していくという現象を、どのように考えるべきであろうか。日本の古代国家が機能していくメカニズムを把握していく上でも、このことは非常に重要な問題点を示しているように思われるのである。

注

（1）虎尾俊哉氏は、新訂増補国史大系本延喜式二七頁の「御贖」の傍訓「ミアカモノ」は、享保本から採ったと推定している。また、一条家本（戦災焼失、無窮会神習文庫所蔵の影写本による。）には、「ム」「モノ」の傍訓があり、「オンアカモノ」の訓もあった可能性を指摘している。

（2）延喜式巻三臨時祭38御贖物条には「凡御贖物者、毎月十五日以前、移二於所司一、二十七日受備供之。」とある。

（3）群書類従本東宮年中行事。

（4）群書類従本神祇官年中行事。

（5）虎尾俊哉氏は、この木工式文末の「同」字は新訂増補国史大系本延喜式には誤植により記されていないが、その底本となった九条家本のほか諸本には存在し、よって、補うべきものとしている。

（6）ここでいう「宮域」とは、具体的には平安京のなかで朝廷の官庁が集中する宮城部分を指す。これは、延喜式などでは「宮中」という言葉でも表現される部分であるが、現代語における宮中という言葉が、主に皇居のなか、あるいはもっと狭い皇居内の宮殿のなかを意味する語感が強く、日本古代において使われていた広大な空間の意味するところと相当な差異があるため、その混同を避けるため用いるものである。また、「宮城」という言葉も、古代と近代ではその意味するところが違うため、同じ理由からここで使用することは適切でない。なお、この空間は十二世紀以降、「大内裏」の名称で呼ばれるものであるが、平安時代前期にさかのぼらせるには、やや時代錯誤的な語感もあるために、ここでは使用しない。以下同じ。

（7）この点については、宮城栄昌「弘仁・貞観式逸」（『横浜国立大学人文紀要』一―七、一九六二年）に蒐集された神祇関係の式文をみても、全体としてそうした強い傾向を読み取ることができる。

(8) 延喜式の性格については、宮城栄昌『延喜式の研究　論述編』（大修館書店、一九五七年）、虎尾俊哉『日本歴史叢書8　延喜式』（吉川弘文館、一九六四年）、同「延喜式」（『古代の日本9　研究資料』角川書店、一九七一年）などを参照。

(9) 九世紀において、延喜式に記されたもの以外にも、御贖物の存在した可能性はある。例えば、年中行事秘抄に引かれた延喜御記には「延喜二年三月二日、内蔵寮請被レ定下可レ奉二御燈一寺上、依レ不レ慥二舊例一、召二右大将一問レ之、奏曰貞観以来於二靈巌寺一被レ奉、寛平初用二月林寺一、後用二圓城寺一、故因二舊例一、於二靈巌寺一可レ奉レ状了、」とあり、少なくとも貞観年間以後、宮域において三月三日の御燈の儀式が行われていたことは確実である。そして、この儀式に御贖物が存在していたことは、後に著された江家次第や年中行事絵巻などから明らかである。もっとも、その御贖物が、最初から御燈の儀式の一部として存在していたか否かはわからない。また、この御燈自体、延喜式には記されておらず、何ともいえないが、注意は必要である。

(10) 虎尾俊哉「延喜式雑観」（『延喜式研究』創刊号、一九八八年）。

(11) 金子裕之「都人の精神生活」（『日本の古代』第九巻、中央公論社、一九八七年）。

(12) 荷田在満の『大嘗会儀式具釈』は、桜町天皇の元文三年（一七三八）の大嘗会を中心に記述しているが、そこから元文度や東山天皇の貞享度大嘗会において、御贖物に木製人形、解縄、散米の三種類が用いられていたことが知られる。しかし、これは長い中断の後に再興された江戸期の大嘗会であり、御贖物も十月末に執り行われるなど、いくつかの点で古式とはかなり異なるようである。したがって、これをもって平安時代の御贖物を推定することは控えなければいけない。

(13) 「上代日本人の道徳生活」（『津田左右吉全集』第三巻所収、岩波書店、一九八六年、初出は一九三三年）。

(14) 岡田荘司「神今食と新嘗祭・大嘗祭」（『大嘗の祭り』学生社、一九九〇年）。

(15) この史料には若干疑うべき点もある。それは、弘仁五年六月七日の干支は「己丑」ではなく、「壬午」であるということである。しかし、日本紀略前篇十四には、その時のこととして、「己丑、行二神今食祭於神祇官一、縁二聖躰不適一也、」とあり、この干支自体は正確である。これにより、弘仁五年六月初旬に、嵯峨天皇の不豫のため、恒例の祭祀が延引して実施されたことだけは間違いなかろう。したがって、干支に誤りがあるとはいえ、年中行事秘抄に引用された「舊記」にあるように、御贖祭がこの時に開始されたという蓋然性は高いものと思われる。

(16) 中村英重氏は、御贖祭が六月と十二月の月次祭および十一月の新嘗祭にとって不可分のものとみて、六月、十一月、十二月の月初めの八日間に及ぶ御贖祭の形態が弘仁神祇式段階で定まったことは認めつつも、官員令別記に御巫の存在が確認できる大宝年間にまでさかのぼるとしている（『古代祭祀論』、吉川弘文館、一九九九年）。

(17) 井上光貞「古代の王権と即位儀礼」（『日本古代の王権と祭祀』東京大学出版会、一九八四年）。

(18) 早川庄八「律令制と天皇」（『日本古代官僚制の研究』岩波書店、一九八六年）。

(19) 早川前掲注（18）論文。

(20) 本朝法家文書目録（『続々群書類従』第十六所収）。

(21) 延喜四時祭式上の末尾にある御贖および中宮御贖の儀礼の次第を記した部分では、（E）に相当するものがなく、代わりに（J）にあたる「中臣率二卜部執荒世者一、就二階下一、置二於席上一〈掃部寮預敷二簀席於階下一、縫殿寮置二荒世和世御服於席上一〉」という文が来ている。この一文が本来この部分にあるべきでないことは、本朝月令所引の弘仁式逸文により明白である。しかし、実際には（E）のようなことは行われていた。貞観年間に成立した儀式に（E）が明記されているのは、そのためである。ところが、延喜式編纂の段階で、その素材とした弘仁式にこの部分がないため、編纂者は意図的に（J）の部分を（E）のところにもってきたと考えられる。したがって、これは不注意による筆写上の誤りではないかもしれない。よって、実際の儀礼の次第をみるには、本来の形に戻してからにしなければならないと判断される。

(22) 安江和宣「宮主の職掌に関する一考察」（『皇學館大學紀要』第十八輯、一九八〇年）に詳しい。

(23) 三宅和朗「古代大祓の基礎的考察」（『史学』第五十九巻一号、一九九〇年）には、大祓の開始時刻は夕方であり、時代が下るにつれて遅くなる傾向にあったとの指摘がなされている。

(24) 金子裕之「平城京と祭場」（『国立歴史民俗博物館研究報告』第七集、一九八五年）では、平城京跡平城京などから発掘された人面墨書土器や木製模造品や金属製祭祀具などが、基本的には大祓に関係したものであろうと推定している。

(25) 安江和宣「節折に於ける御衣と禊祓」(『皇學館大學紀要』第二十一輯、一九八三年)は、とくにこの時の御服の用いられ方について論じている。
(26) 金子裕之「都城と祭祀」(『古代を考える　沖ノ島と古代祭祀』吉川弘文館、一九八八年)では、祭祀の出土品と延喜式の記載の差異を延喜式の編纂過程にもとめているが、人像についてもこうした可能性はあろう。ただ、本文校訂上の問題があるものの、延喜祝詞式にもある東文忌寸部の横刀を献ずる時の呪には、「捧以二銀人一、請二除禍災一、捧以二金刀一、請二延帝祚一」という文言がみえる。
(27) 井上光貞執筆神祇令補注「大祓」(『日本思想大系律令』岩波書店、一九七六年)、並木和子「大祓の構造と変遷」(『神道学』一四六・一四七号、一九九〇年)、三宅和朗「古代大祓の基礎的考察」(前掲注(23)論文)などは、こうした理解をしている。
(28) 金子前掲注(24)論文。
(29) 瀧川政次郎「八十嶋祭と陰陽道」(『律令と大嘗祭』国書刊行会、一九八八年)。
(30) 瀧川政次郎「羅城・羅城門を中心とした我が国都城制の研究」(『京制並に都城制の研究』名著普及会、一九六七年)参照。
(31) 和田萃「タカミクラ―朝賀・即位式をめぐって―」(『日本政治社会史研究』上、塙書房、一九八四年)。
(32) 井上光貞「古代の王権と即位儀礼」(前掲注(17)書)および「日本律令の成立とその注釈書」(『日本思想大系律令』岩波書店、一九七六年)参照。

第四章　節折の起源

一　節折という儀式

現在、六月と十二月の三十一日には、皇居内において節折《よおり》と称される小竹を折る儀式が行われている。この儀式は、明治四年に古式祭祀の再興の一環として、大祓とともに復活したものであるが、その中世において廃絶する前の姿を史料的にたどってみると、意外にその輪郭が明瞭ではないことに気付かされる。

その理由の一つは、この儀式が夜の内裏のかすかな燈火の下で、少数の参加者によって執り行われる、神秘的ともいえる環境での儀式であるということが影響しているのであろう。建武年中行事はその様子を、

つごもりの夜、御あが物まゐる。あら世にご世の御装束、二間に御屏風たてて御座をしく。御禊の御座の如し。孫廂昆明池の障子の南一間に屏風をたつ。ともし火を高灯台にともす。出御の程にはけす。南の方はのこす。はしのまえの庭に、とのもんれうのまんをひきて、宮主御祓して、鏡に刀、櫛など、ふぜいの具足あり。

と描いている。また、史料のなかに記されて残存するためには、中世以前の貴族たちが、この儀式についてどのような観念をもっていたのかということも非常に関係しているはずである。

それにしても、この節折という特異な形態の儀式は、一体いつ頃、どういった意味合いのなかから成立してきたものなのであろうか。さらに、こうした儀式を行うということが、天皇の宗教的な性格や、呪術的なカリスマ性といった議論をする場合に、どのようなものとして関係してくるのであろうか。さらに、これらの儀式の執行によってもたらされる政治的集団の結集とは、そもそも何なのであろうか。天皇に関連した祭祀という場合には、とかく大嘗祭や鎮魂祭のような祭祀が注目されるわけであるが、むしろ毎年の恒例祭祀のなかでも、さして目立たない小規模な所作のなかにも、この問題を考える際の材料はあるように思われるのである。

そして、この節折という言葉をさかのぼっていくと、ほぼ平安時代にまではたどり着くことができる。たとえば、十二世紀の初頭に成立したとされる[1]江家次第の六月晦日条には、

　縫殿寮、奉二荒世和世御服一事、
　神祇官、奉二荒世和世御贖一事、

とあり、また、それよりやや遅れて祖本が成立した[2]と考えられている年中行事秘抄の六月条にも、

　節折事〈於二御殿二間一被レ行レ之〉
　日本紀云、気長足姫尊元年、令下諸國、集二船舶一、練中兵甲上、神有レ誨曰、和魂服二玉身一而守二寿命一、荒魂為二先鋒一而導二師船一、即得二神教一而拝二礼之一、仰二御修法壇所等一、暫止二御加持一、

といった記載がある。さらに、十世紀中葉の成立にかかる[3]西宮記の六月晦日の御贖物事条には、

　当日晩、所司供奉〈蔵人催二神祇官一、召二文氏人、主殿、掃部、縫殿等一〉、御二装束於御殿一、時剋出御、中臣、節折、縫司、宮主、文人等候〈見二蔵人式一、雨儀、於二庇南一間一、供レ之、官人候二廊下一〉、

とあり、ここでは官職の名称である縫司や宮主と並んで「節折」というものが記されている。これとほぼ同時期の[4]江

家次第六月晦日条所引の清涼御記にも、

晦日御贖物事〈内裏式文、雖レ載二南殿儀一、近代於二御在所一行レ之、十二月同レ之〉、当日晩景所司供奉〈蔵人催二神祇官一、召二文武人、主殿、掃部、縫殿等一〉、装二束於御殿一、時剋出御、先レ是、節折蔵人、縫殿司、斎主、宮主、東西文人等祇候〈雨儀、於二廂南一間一、供レ之、官人候二廊下一〉、

とあり、「節折蔵人」という存在がみえる。

しかし、その一方で、これも同時期に成立した(5)とされる九条年中行事の六月条には、

晦日、東西文部、奏二祓刀一事〈件事、可レ尋レ之〉、

同日、縫殿寮、奉二荒世和世御服一事、

同日、神祇官、奉二荒世和世御贖一事、

同日、大祓事、

という記載がみられ、十一世紀前半に成立した(6)小野宮年中行事にも、ほぼ同様の記述が認められる。そして、こうした記載は、果たして平安中期において節折の儀というものが、どの程度一つのまとまった儀式として認識されていたのかについて、疑問を投げかけるものである。

また、枕草子一五六段には、

えせものの所得るをり、正月のおほね、行幸のをりのひめまうち君、御即位の御門つかさ、六月、十二月のつごもりの節折の蔵人、季の御読経の威儀師、赤袈裟着て僧の名どもよみあげたる、いときらきらし。

といったことが記されている。これは節折そのものの印象を直接的に述べたものではないにしても、村上朝からさほど経過していない十世紀の末葉において、宮人のなかには節折の蔵人をきらきらとして、その外観に注目する感覚が

あったわけである。これは清少納言が節折の儀式を目近がみることができる立場にあった数少ない者の一人であったからこその観察であろう。

それにしても、こうした、形態的にも機能的にも甚だその輪郭の明瞭でない節折の儀とは、どういった手順で執り行われる儀式であったのだろうか。これを最もよく説明しているのは、西宮記の六月晦日の御贖物事条であり、その基礎資料となった江家次第に引用された清涼御記の当該条(7)である。したがって、この二つは類似しているわけであるが、より意味の把握しやすい清涼御記に従えば、おおよそ次のようになろう。

(ア) 当日の夕刻、神祇官、文人、主殿寮、掃部寮、縫殿寮などの関係する官人が、清涼殿に儀式の用意をする。
(イ) 用意ができたら、節折の蔵人、縫殿寮、斎主、宮主、東西文人たちが祇候する。(8)
(ウ) 定刻となり天皇が出御する。
(エ) 縫殿寮の官人が豆豆志呂比の御服をもち上げて宮人に手渡し、宮人は中臣女に手渡す。中臣女はそれを天皇に手渡す。天皇はその服に息を吐きかけた後に中臣女に返す。
(オ) 神祇官の中臣の官人が御麻をもって階の下まで進み、中臣女に手渡す。中臣女はそれを天皇に手渡し、天皇は自ら御麻で身体を撫でた後に、中臣女に返す。
(カ) 東西の文人がおのおの木工寮で造った剣をもって階の下まで進み、それを順番に中臣女に渡す。中臣女はそれを天皇に手渡し、天皇は剣に息を吐きかけた後に、中臣女に返す。
(キ) 中臣の官人と宮主が座に着く。
(ク) 神祇官の荒世の卜部が進み出て荒世を庭の席の上に置き、中臣の官人と卜部らがそれを解く。そして、それを中臣女に手渡し、中臣女は天皇に手渡す。天皇は立ち上がった状態で、中臣女とともに五度にわたって身体を量り、中臣女はその度ごとに竹九本を神祇官に示す。

（ケ）卜部は壷を捧げて中臣の官人に手渡す。官人はそれを中臣女に手渡し、中臣女はそれを天皇に手渡す。天皇は壷のなかに息を三度吹き込んだ後に中臣女に渡す。中臣女は神祇官にそれを手渡し、神祇官は宮主に手渡して、宮主が最後にそれを放ち捨てる。

そして、この儀式をもう一度繰り返して全体の儀式が完了するのである。

ここではそれぞれ荒世と和世と称して二度同じ形態の所作が行われるわけであるが、こうした類似の所作を繰り返すという形式は、践祚大嘗祭や毎年の新嘗祭、神今食にもみられる。古代日本の習俗のなかには紫式部日記にみられる産養のように、産後三日、五日、七日、九日と同じような儀礼を繰り返すものがあり、これについては生まれたばかりの子どもの命を守るために何度も同じことを徹底して行う必要があったとも解釈されている(9)。したがって、一般的には節折も同じことを二度繰り返すことによって穢れを浄化するという趣旨を徹底する意味をもつものと解釈されているが、一方では、大嘗祭などにおいては、この二度に及ぶ所作を夕御膳と朝御膳とする見解も存在する(10)。そして、節折の儀において、（イ）の「節折の蔵人」という表現は他の部分にはみえないが、「中臣女」を指していることは間違いないだろう。九暦の天慶九年十月二十八日条には、村上天皇の大嘗祭御禊を記したなかに、「中臣女、謂節折蔵人」とあることも、その傍証となるであろう。したがって、そのことからすると、節折とは後の公事根源に「節折をは、よをりといふ竹にて御たけの寸法をとりて其程に折あてがへは也」とあるように、とくにこの儀式の（ク）の部分を意味していると判断される。そしてさらに、これよりも成立年代の古い典籍には節折という表記がみられないことから、この竹を用いた特殊な儀礼は十世紀前半にはじめて確立したものと考えられている(11)。

しかし、竹を用いるこの儀式が、醍醐、朱雀、村上朝といった時期に成立したとすると、その前の形態はどういったものであったのであろうか。この時点で竹を用いる必要性とは、どこから来るのであろうか。また、「節折」という表記が確認されるもので、年代の明確な最古の事例は先の九暦であるが、それが六月、十二月の晦日の儀ではなく、大嘗祭の御禊の部分に記されているという点をどのように理解すべきであろうか。大嘗祭に関しては、竹を折ることによって祓いを行うという事例は確認されていない。それならば、むしろ、中臣女がそれ以前から六月、十二月晦日の節折の儀に関与しており、節折蔵人と呼ばれていた結果、大嘗祭においても中臣女がそのように称されることになったと理解した方が適切ではないのだろうか。

二　式と儀式にみる二季御贖物の儀

では、清涼御記などにおいて節折の儀とされたものは、それ以前の式や儀式などにおいて、どのように表現されていたのであろうか。その成立が最も清涼御記に近く、かつ、体系的に記載されているものは延喜式である。しかし、その最も詳細に記してある四時祭式上の中宮御贖条には史料上の問題がある。少なくとも、そのなかの「中臣率㆓卜部㆒執㆓荒世㆒者、就㆓階下㆒置㆓於席上㆒〈掃部寮預敷㆓簀席於階下㆒、縫殿寮置㆓荒世和世御服於席上㆒〉」の一文は本来の位置ではないことは、儀式の二季晦日御贖条および本朝月令の六月晦日神祇官奉荒世和世御贖物事条に引用された弘仁式の逸文から確実である上に、省略によって意味の把握しにくい箇所も存在する。そうしたことから、延喜式とほぼ同文で、記述もより具体的な貞観儀式の二季御贖儀条でみてゆくこととする。そして、段落ごとに区分すると以下のようになる。

（ア）神祇官預前受㆓備其料物㆒、鐵偶人三十六枚〈金銀粧各十六枚、無㆑飾四枚〉、木偶人二十四枚、御輿形四具、挟㆓

幣帛一木二十四枚、金粧横刀二口、五色薄絁各一丈一尺、絲三両、安藝木綿二斤、凡木綿一斤、麻二斤、庸布二段、御衣二領、袴二腰、被二条、鍬四口、米、酒各二斗、鰒二斤、堅魚二斤、腊四斤、海藻二斤、塩四升、水瓫、坩坏各二口、匏二柄、柏二十把、小竹二十株〈径各二分、長八尺〉、宮主一人、卜部五人明衣料布三端三丈六尺、

（イ）其日、卜部各著二明衣一、其一人執二御麻一、二人執二荒世一、二人執二和世一、二人執レ壺、宮主、史生、神部等左右分頭前行、中臣官人次レ之、御麻次レ之、東西文部次レ之〈各執二横刀一〉、荒世次レ之、和世次レ之〈並著二木綿鬘一〉、

（ウ）宮内輔〈若無レ輔、丞替レ之〉、陳二列御麻等物一、候二延政門外一、大舎人叫レ門、闈司問阿誰、大舎人答云、宮内省輔姓名御麻奏〈登〉御門候、闈司傳奏如レ常、輔入就レ版奏云、宮内省申〈久〉御麻進〈止〉神祇官姓名御門候〈止〉申、退出喚二中臣一、称唯、率二文部四國卜部一入〈宮主在二其中一〉、候二宜陽殿南頭一、縫殿寮先以二荒世和世御服一、率二女孺一參入、即内侍、縫司〈掌縫以上供レ之〉、傳取、令二蔵人供奉一、訖縫殿寮退出〈荒世賜二卜部一、和世賜二宮主一〉、次中臣捧二御麻一、進就レ版、勅曰参來、称唯就二階下一、中臣女〈簡二氏女堪レ事者一、奏定〉、於二殿上一轉取供奉、訖授二中臣一、還二本處一、即授二卜部一人一、令レ向二祓所一、

（エ）輔更入奏曰、宮内省申〈久〉御贖物進〈止〉神祇官姓名、大和、河内〈乃〉忌部、四國〈乃〉卜部等率〈天〉候〈止〉申、退出喚二中臣一、称唯、東文部捧二横刀一、入就レ版、勅曰参來、称唯就二階下一、轉授二中臣女一、取奉レ御、畢退出、次西文部進退如二前儀一、次中臣率下宮主、卜部執二荒世一者上、就二階下一置二於席上一〈掃部寮敷二席於階下一、縫殿寮置二荒世御服於席上一〉、宮主披二荒世一授二中臣一、中臣取授二中臣女一、即執量二御體一物五度、訖宮主取祝、訖授二後取卜部一、宮主取レ坩授二中臣一、中臣轉授二中臣女一、訖退授二中臣一、轉授二宮主一、宮主取祝、訖授二後取卜部一、荒世事畢退出、

（オ）次中臣引二和世一、進退如二荒世儀一、其荒世者、賜二卜部一、和世者、賜二宮主一、訖皆退出、解二除河上一、

（カ）但中宮、中臣祐以上〈東宮准レ此、若不レ足者、取二他司中臣氏一〉、捧二御麻一、入候、職司令下二内侍一啓上、中臣女奉二御麻御贖一、其奉二荒世和世一、亦准レ此、

（キ）東宮坊司入啓、訖出喚二中臣一、称唯捧レ麻、進就二庭中一、令云、參來、称唯升レ自二南階一奉、訖退出、令レ向二祓所一、亦中臣率二宮主卜部一、進置二荒世和世於席上一、中臣升レ階、轉授二中臣女一奉レ之、余如二供御儀一、其荒世和世者、縫殿寮預置二階下席上一、命婦率二女孺一取奉、訖却二安席上一、縫殿寮退出如レ初、荒世賜二卜部一、和世賜二宮主一、

この条文はその構成上から、

A　料物……（ア）
B　天皇の儀……（イ）～（オ）
C　中宮の儀……（カ）
D　東宮の儀……（キ）

という四つの部分から成り立っている。そして、儀式の展開過程を最もよくたどることができるのは、当然のことながらBの天皇の儀の部分である。Cの中宮の儀とDの東宮の儀については、それを簡略化したものであるといえよう。

そこで、Bの部分に注目するならば、儀式の次第がそれぞれ前半と後半との二つの構成要素から成り立っていることがわかる。すなわち、（ウ）と（エ）は、どちらも宮内省の輔が奏上するところから開始され、（ウ）では御麻を、（エ）では御贖物を奉り、それぞれが一応の完結性を以って終了している。さらに、前半の部分においては、（ウ）の記載から縫殿寮が先に荒世と和世の御服を奉る所作を行っており、この御服は（エ）の分注に「縫殿、置二荒世御服於席上一」とあり、また、（キ）は東宮についてのものであるが、「其荒世、和世者、縫殿寮預置二階下席上一、命婦率二女孺一取奉、訖却二安席上一」とあることから、ひとたび天皇に奉った後に、階下の席の上に置かれていたことが判明する。

これは清涼御記に、

縫殿寮官人、昇二豆豆志呂比御服一付二女官一女官傳授二中臣女一中臣女供レ之、天皇著二給気息一即以返給、

とあることとも一致する。つまり、この儀式の前半は縫殿寮が荒世と和世の御服を奉上する儀と神祇官が御麻を奉上する儀との二つの要素から成り立っているのである。一方、儀式の後半部分では、（エ）の記載からそれが東文部の太刀の奉上、西文部の太刀の奉上、宮主の荒世の奉上、宮主の壺の奉上という四つの要素から構成されていることは明確である。そして、（オ）においては、荒世の儀に続いて、和世の儀が同じ形式で行われているとされているが、この和世の儀とは、御麻には荒世と和世の区別が確認されないこと、また、御麻と御贖物が条文中では対の関係になっていることからすると、儀式の（エ）のみの繰り返しであると考えられる。

したがって、二季晦日御贖儀とは、整理するならば、

a　縫殿寮が荒世、和世の御服を奉る儀
b　神祇官が御麻を奉る儀
c　神祇官が荒世の御贖物を奉る儀（東文部の太刀、西文部の太刀、荒世、壺）
d　神祇官が和世の御贖物を奉る儀（東文部の太刀、西文部の太刀、和世、壺）

という四つの段階をもつといえる。

貞観儀式の二季晦日御贖儀に、御服、御麻、御贖物という構造が認められるということは、第三章で示した清涼御記や九条年中行事、小野宮年中行事、江家次第などとの構造的一貫性を強く感じさせるものである。そして、そういった見地に立って、清涼御記と貞観儀式の条文を比較してみると、

（清涼御記）次中臣官人、宮主等著レ座、次神祇官及荒世卜部、進置二竹夜於庭中席上一中臣官人、卜部等解、畢授二

中臣女一、女取供レ之、天皇起給、與レ女、量二御體一五度、
（貞観儀式）次中臣率下宮主、卜部執二荒世一者上、就二階下一、置二於席上一、宮主披レ之、授二中臣一、中臣取授二中臣女一、即
執量二御體一、惣五度、

という部分の類似性に注目せざるをえない。これまで、この点に関して、貞観儀式には「荒世」とのみあって「竹夜」とされていないこと、宮主が荒世を「披く」となっていることなどもあり、ここでは篠竹ではなく御服が用いられていたとされてきた。[12] しかし、御服で「量る」というのはどういうことなのであろうか。もし、貞観儀式の「荒世」と「和世」とが御服であるとすると、なぜ縫殿寮が奉上するものを「荒世、和世御服」と表現する必要があるのだろうか。また、御服は縫殿寮が奉上した後に、天皇が息を吐きかけ、階下の席の上に返されているが、それをふたたび使うのであろうか。さらに、荒世と和世とを執る卜部の四人は何ももたずに整列して入っていくのであろうか。儀式全体の構造的一貫性のことを考えるならば、やはり御体を「量る」のには、篠竹を使用しているとみるほかないのではなかろうか。宮主が荒世を「披く」というのも、清涼御記においては中臣の官人と卜部が「解く」としており、束にしてある篠竹をほぐしたものと理解すべきであろう。このようにみるならば、料物のなかに「小竹二十株〈径各二分、長八尺〉」とある意味も素直に解釈できよう。延喜四時祭式と臨時祭式には、それぞれの祭に使われる料物が記載されているが、竹について触れている箇所がさほどあるわけではなく、御贖条の「小竹二十株〈径各二分、長八尺〉」というものの他には、卜御体条に「竹二十株」が確認されるくらいである。そして、延喜臨時祭式の兆竹条には「凡年中御卜料兆竹者、植二於官中閑地一、臨レ事採用」とあることから、卜御体条の竹は亀卜に用いられたことが判明するが、同式の御贖小竹条に「凡六月、十二月晦日御贖料小竹者、月二十五日以前、申二弁官一、令三山城国採二進之一」とあることから、御贖条の「小竹二十株」、すなわち貞観儀式の二季晦日御贖儀条の「小竹二十株」も御贖物であったことは明ら

かである。もっとも、これらの儀式以外に篠竹が用いられていなかったという保証はないわけであるが、条文中に明記されているということは、それなりの根拠があったとみなければならない。つまり、清涼御記に記された節折の儀の形態は、すでに九世紀半ばの貞観年間頃には確立していたと考えることができよう。

さらに、本朝月令の六月晦日神祇官奉荒世和世御贖物事条に引用された弘仁神祇式の御贖条(13)を同様に段落ごとに区分するならば、次のようになる。

（弘仁A）右、晦日卜部各著㆓明衣㆒、其一人執㆓御麻㆒、二人執㆓荒世㆒、二人執㆑壷、宮主、史生、神部等、左右分頭前臨、次中臣官人、次御麻、次東西文部〈各執㆓横刀㆒〉、次荒世、次和世〈著㆓木綿蘰㆒〉、

（弘仁B）進候㆓延政門㆒、大舎人叫㆑門、宮内輔入奏〈其詞見㆓宮内式㆒〉、退出召㆓中臣㆒、称唯率㆓文部四国卜部㆒入〈宮主在㆓此中㆒也〉、候㆓宜陽殿南頭㆒、中臣捧㆓御麻㆒、進就㆓版位㆒、勅曰、参来、即称唯進就㆓階下㆒、中臣女〈簡㆓中臣氏女堪㆑事者㆒奏定〉於㆓殿上㆒、転取供奉、畢授㆓中臣㆒、即執授㆓卜部一人㆒、令㆑向㆓祓所㆒、

（弘仁C）又更宮内輔入奏〈其詞見㆓宮内式㆒〉、退出召㆓中臣㆒、即称唯、東文部捧㆓横刀㆒、入就㆓版位㆒、勅曰、参来、即称唯就㆓階下㆒、転授、中臣女取奉㆑御、訖退出、次西文部進退、亦如㆓前儀㆒、次中臣率㆘卜部執㆓荒世㆒者㆖、就㆓階下㆒、置㆓於席上㆒〈内掃部預敷㆓簀席於階下㆒、縫殿置㆓荒世和世御服於席上㆒也〉、卜部披㆓荒世㆒、授㆓中臣女㆒、即執置量㆓御躰㆒惣五度、訖次卜部捧㆑坩、中臣転執授㆓中臣女㆒、執奉㆑御、訖退授㆓中臣㆒、転授㆓卜部㆒、卜部取授㆓後取㆒、荒世事畢退出、

（弘仁D）亦中臣引㆓和世㆒、進退如㆓荒世儀㆒、其荒服者賜㆓卜部㆒、和服者賜㆓宮主㆒、訖皆退出、解除而去、

（弘仁E）但中宮、中臣祐已上一人〈東宮准㆑此、若不㆑在兼取㆓他司㆒〉、捧㆓御麻㆒、入候㆓職司㆒、令㆓内侍啓㆒、中臣女奉㆓御麻御贖㆒、其奉㆓荒世和世㆒、亦准㆓此儀㆒、

（弘仁Ｆ）東宮、坊司入啓、訖出喚二中臣一、称唯捧レ麻、進就二庭中一、命云、参来、称唯昇レ自二南階一奉、訖退出向二祓庭一、亦官人率二卜部一、進置二荒世和世於席上一、官人昇レ階転授二中臣女一、奉之、余如二供御職一、其荒服和服者、縫殿寮預置二階下簀上一、命婦率二女孺一取奉、訖却二安簀上一、賜二卜部宮主一、如レ前、

この条文のうち、弘仁Ｆのなかの「余如二供御職一」は『弘仁式貞観式逸文集成』でも「儀カ」と指摘されているように、「余如供御儀」とすべきであるが、これらの弘仁式の記載では、貞観儀式のものとその式次第においてすべて対応する関係となっている。ここには、貞観儀式において認められる構造がほとんど変わることなく確認できるのである。このことは、安江和宣氏の指摘(14)にもあるように、平安中期以後に節折の儀と称される儀式の形態が、平安初期の弘仁年間には存在していたことの証左であるといえよう。

三　節折の起源とその展開

ところが一方、延喜式の四時祭式下には、毎月晦日にも御麻と御贖物のあったことが記されている。その条文を示せば次のようになろう。

（1）毎月晦日御麻〈六月、十二月不レ在二此例一〉
鐵人像四枚、安藝木綿一斤、麻一斤、庸布一丈四尺、鍬二口、酒、米各二升、稲二束、鰒、堅魚、海藻各一斤、腊二升、塩一升、　（毎晦御麻条）

（2）中宮晦日御麻
鐵人像四枚、安藝木綿一斤〈東宮十兩〉、麻一斤、庸布一丈四尺、鍬二口、酒、米各二升、稲二束、鰒、堅魚、海

藻各一斤、腊二升、塩一升、
右其日、中臣率㆓卜部㆒、進㆓候延政門㆒〈並著㆓公服木綿蘰㆒〉、大舎人叫㆑門、宮内省入奏、退出召㆓中臣㆒、称唯捧㆓御麻㆒、入就㆓版位㆒、勅曰、参来、中臣称唯、昇就㆓簀子敷㆒、轉授㆓内侍㆒、降候㆓階下㆒、内侍進奉、訖授㆓中臣㆒、即執退出、其中宮、東宮奉儀、同六月晦日、
（中宮御麻条）

（3）毎月晦日御贖〈中宮、東宮准㆑之、六月十二月不㆑在㆓此例㆒〉、
金人像、銀人像各三十二枚〈東宮各八枚〉、紫帛四尺、五色帛各五尺、絲一絇、調布一端、木綿、麻、黄蘗各一斤、米一斗、酒六升五合、鮭二隻、雑盛一籠、鹽二升、坏二口、瓫八口〈東宮四口〉、匏一柄、槲十把、食薦一枚、御輿形四具、挿㆑幣木廿枚、
右、御巫行事、
（晦御贖条）

この御麻の儀と御贖物の儀が、二季晦日御贖儀と対応関係にあることは、（1）と（3）の分注に「六月十二月不㆑在㆓此例㆒」とあることや、（2）の式次第の末尾に「其中宮東宮奉儀、同六月晦」とあることから明白である。そして、儀式の行い方も（2）にみる限り非常に類似している。したがって、この六月と十二月以外の毎月晦日の御麻の儀と御贖物の儀も、実際には六月、十二月と同じく、連続した一続きのものとして執行されていたものと考えられる。もっとも、すべて同じというわけではなく、御麻は中臣が行い、御贖物は御巫が執り行っていたという重要な差異も見逃すわけにはいかない。しかし、少なくとも延喜式の編纂段階において、六月と十二月の晦日と、それ以外の毎月晦日に行われている祓いの儀式との間には、御麻と御贖物という二つの部分から成り立つという構造上の共通性が認められるのである。

六月と十二月の場合、延喜式にみられる形態が貞観段階、弘仁段階でも確認されることはすでにみたとおりである

が、それ以外の毎月晦日の儀式でも内裏儀式には毎晦日進二御麻一式があり、ほぼ延喜四時祭式と同様の儀式が行われていたことがわかる。また、仁和元年に藤原基経によって新調されたという年中行事御障子文[15]には、正月晦日のこととして「神祇官奉二御麻一事」と「御巫奉二御贖一事」とが記されている。さらに、小野宮年中行事の正月晦日のところには、

晦日神祇官奉二御麻一事

弘仁神祇式云、毎月中臣率二卜部一進レ之、中宮、東宮准レ此、六月、十二月不レ在二此例一、内裏式載二南殿儀一也、

同日御巫奉二御贖一事

弘仁神祇式云、毎月晦日進レ之、中宮、東宮准レ斯、六月、十二月不レ在二此例一、御巫參上、以二御贖一、付二女蔵人一、令レ奉レ供、事了返給、

とある。したがって、毎月晦日の儀式も平安初期の弘仁年間には執り行われていたことは間違いない。

では、こうした毎月の晦日の儀式に確認される御麻と御贖物という二段階の構造は、どこまで時代的にさかのぼっていくことができるのであろうか。そこで問題となるのが、養老神祇令18大祓条である。この条文は、

凡六月、十二月晦日大祓者、中臣上二御祓麻一、東西文部上二祓刀一、読二祓詞一、訖百官男女聚二集祓所一、中臣宣二祓詞一、卜部為二解除一、

というものであるが、これが「訖」の字を挿んで前半と後半に区分され、それぞれ二季晦日御贖物の儀と定例の大祓の儀となることは、すでに指摘されているとおりである[16]。

そして、これらは連続的に行われているとはいえ、本来は異質なものと考えられ、そのことは続日本紀の大宝二年十二月壬戌条に「廃二大祓一、但東西文部解除如レ常」などとあるように、持統上皇の崩御という非常時に際しての事例

から確認されるのである。

このうち恒例の大祓儀については、その起源を本居宣長が「大祓詞後釈」(17)で記しているように天武朝よりもかなり古い時代にあるとする考え方があるものの、確実な最古の事例が日本書紀天武天皇五年八月辛亥であるとみられることから、天武朝に開始されたとみるのが一般的であろう。そして、その条文には、

詔曰、四方為㆓大解除㆒、用物則國別國造輸、祓柱、馬一匹、布一常、以外郡司、各刀一口、鹿皮一張、钁一口、刀子一口、鎌一口、矢一具、稲一束、且毎㆑戸、麻一条、

とある。これがどれほどの地域的広がりで、どの程度の厳密さで実施されたのかはわからないが、このように料物が新たに規定され、しかも、これが八月であるということは、この時点まで六月、十二月に大祓儀が行われていたとしても、儀式の詳細は決まっていなかったとみたほうがよいだろう。さらに、当然のことながら、神祇令と神祇式との間には、その編目の並び方においてある程度の対応関係が認められる。例えば、養老神祇令において、その条文は、

四時祭（一条～九条）
斎の期間と禁忌（十条～十二条）
践祚大嘗祭（十三条・十四条）
祭祀の運営（十五条～十七条）
大祓（十八条・十九条）
神戸の管理（二十条）

といった配列をとっているのに対し、延喜神祇式では、

四時祭（巻一、二）

臨時祭（巻三）
伊勢大神宮（巻四）
斎宮（巻五）
斎院司（巻六）
践祚大嘗祭（巻七）
祝詞（巻八）
神名（巻九、十）

といった編目立てを行っている。神祇令における斎の期間の一部分は延喜式では四時祭式に入るが、その大半と祭祀の運営といった事柄は臨時祭式に対応する。また、神戸の問題は神名式と関連性がある。そうしたことからいえば、神祇令の大祓条と諸国大祓条は特殊な位置にあると考えられる。延喜式では大祓の儀が四時祭の部分に位置づけられるのに対して、養老神祇令では二十条中の十八条目になっており、四時祭のなかには記されていないのである。また、養老神祇令19諸国条にいう諸国大祓儀には定例のものがないと考えられること、(18) 職員令1神祇官条には神祇伯の職掌として大嘗と鎮魂などを示しているが大祓などはみえず、最初は重儀とはみなされていなかったらしいことなどからすると、これまでにもいわれていたように(19) 天武朝以降の律令の制定過程のなかで、大祓儀は六月、十二月の晦日に固定化していったと判断した方が適切であろう。

では、神祇令大祓条の後半部分がそういった来歴をもつとするなら、いま問題としている前半部分はいつ頃成立したものであろうか。それを考える際に注目すべき素材が、神祇令大祓条の東西文部の読む祓詞を注解した令義解と令釈とである。そこには、

謂、文部漢音所レ讀者也、

釈云、祓詞者両文部所レ讀漢語耳、

と記されている。そして、貞観儀式や延喜四時祭式には東西文部が祓詞を読むという明文は存在しないが、延喜祝詞式にみえる東文忌寸部献二横刀一時咒がそれに相当するであろうことはほぼ間違いない。この祝詞は本朝月令六月晦日大祓条にもだいたい同じものが載せられており、弘仁式にも存在していたのは確実である。(20)また、令釈は延暦年間の成立であるとも考えられるが、(21)少なくともそこまで祓詞の存在をさかのぼらせることは可能であろう。

そこで、次に考えるべきなのがその祓詞の中味である。そこには、

捧以二銀人一、請二除禍災一、捧以二金刀一、請二延帝祚一

という表現がみられる。ここの「銀人」という用字法は雲州本延喜式にみられるものであり、享保版本延喜式では「禄人」となっている。「金刀」があるので、その対としては「銀人」の方が適切であろうが、「禄人」であったとしても福禄をもたらす人という意味でその可能性も否定できない。そして、ここで注意すべきことは文部が祓いの刀だけではなく、人像も用いているという点である。確かに延喜式などには人像についての記載が各所に認められる。ここに注目して六月、十二月の二季晦日の御贖物の儀と、その他の毎月晦日の御麻、御贖の儀における料物の比較を行ったものが次の表4である。

まずここから読み取れる第一のことは、二季晦日御贖物の儀について貞観儀式と延喜式とでは数量の上ではよく似ているものの、人像、御輿形、挿レ幣木では非常に異なっているということである。これはこの三種の呪具が一まとまりのものとして組み合わされて使用された可能性を感じさせ、その差異は二つの典籍の成立の時間的相違によるものと思われる。すなわち、この儀式においては、貞観年間以降しだいに人像は使われない傾向にあったのではないだろ

表4　料物の比較

	貞観儀式（註1）	延喜四時祭式（註2）		
	二季晦日御贖	二季晦日御贖	毎月晦日御麻	毎月晦日御贖
偶人（人像）	鉄36枚（金粧16、銀粧16、無飾4）、木24枚	鉄2枚	鉄4枚	金32枚 銀32枚
御輿形	4具			4具
挟幣（帛）木	24枚			各20枚
横刀	金粧2口	金装2口		
五色薄絁	各1丈1尺	各1丈1尺		（五色帛）各5尺
糸	3両	3両		1絇
安藝木綿	2斤	2斤	1斤	（木綿）1斤
凡木綿	1斤	1斤		
麻	2斤	2斤	1斤	1斤
庸布	2段	2段	1丈4尺	（調布）1端
御衣	2領	2領		
袴	2腰	2腰		
被	2条	2条		
鍬	4口	4口	2口	
米	2斗	2斗	2升	1斗
酒	2斗	2斗	2升	6升5合
鰒	2斤	2斤	1斤	
堅魚	2斤	2斤	1斤	
腊	4斤	4升	2升	
海藻	2斤	2斤	1斤	
塩	4斤	4斤	1升	2升
水瓮	2口	2口		（瓮）8口
坩坏	2口	2口		（坏）2口
匏	2柄	2柄		1柄
柏	20把	20把		（槲）10把
小竹	20株	20株		
稲			2束	
紫帛				4尺
黄檗				1斤
鮭				2隻
雑盛				1籠
食薦				1枚

（註1）　この数量には明衣料はふくまれない。また、二季晦日御贖条には中宮と東宮の儀についてもしるされているが、この数量規定は延喜式と比較すると天皇の儀についてのみ適用されると判断される。

（註2）　この数量には明衣料はふくまれない。また、いずれも天皇の儀についてのみの数量である。

うか。また、金、銀、鉄、木など材質の差異を天皇、中宮、東宮とそれ以外という階層差と結びつけ理解する説も存在する。[22] しかし、天皇の儀式だけでもこれらがすべて揃っている。福永光司氏によれば、中国においては金人は官吏の旅行の安全、銀人は身代わり、錫人は鎮墓や延命祈願に用いられるという。[23] また、泉武氏は金属製人形が沖ノ島や平安初期の平城京側溝からも発見されることをもって、人像の材質の違いを階層性に結びつける見方に慎重である。[24] さらに、寛平元年（八八九）十二月二十六日の宇佐八幡宮行事例定文には所用物として金人形、銀人形、鉄人形がみられ、保安元年（一一二〇）八月の豊後国柞原八幡宮祓祭物注文にも金人形、銀人形、銅人形、鉄人形、青人形、黄人形、赤人形、白人形、菅人形といったものが記されている。金属製人像が当初は希少であったので、内裏で使われはじめたということはあったであろうが、いずれにせよこうした事例からみると、材質の違いは何らかの使用される目的の違いとみた方が適切であろう。もっとも、これらの人像の具体的な使い方については貞観儀式や延喜式にも記されていない。しかし、建久三年皇太神宮年中行事の六月晦日条には、家司がもっている輪を神官たちが人形をもちながらくぐる際に「六月ノ名越ノ祓スル人ハ、千年ノ命延トコソキケ」と唱え、五十鈴川の端で祓いをすることが記されていて、一つの参考にはなろう。養老神祇令にみえるこの「東西文部の祓詞」について、『日本思想大系律令』の補注では[25]「この人形は、天皇の身のけがれをうつし、荒世・和世の御服をそれに着せて河に流すためのものか」としている。確かに貞観儀式や延喜式においては、荒世・和世の御服と竹とが一体的に使われていることから、こうした可能性も否定はできないが、荒世・和世の御服はそれぞれ宮主、卜部に賜うとされていることから、その点では問題が残る。

次に注目すべき点は、延喜式の毎月晦日の御麻と御贖物を合計すると、貞観儀式のものとかなり類似してくるということである。すなわち、六月、十二月の儀とそれ以外の毎月晦日の儀は、その儀式の構造のみでなく料物の種類でも類似性が強い。また、延喜式のみについていうならば、二季御贖物儀よりも毎月晦日の御麻、御贖物儀の方がより本質的な形態を示しているということであろう。

第三の注目点は、二季晦日御贖物儀には、横刀、御衣、袴、披服、小竹がみられるのに対して、毎月晦日の御麻、御贖物の儀ではそれらが認められないことである。西田長男氏は祝詞について一度確立されると変化しにくい性質があるとするが、(26)もし弘仁式に記された東西文部の祓詞が神祇令がいうものと同一であるならば、八世紀はじめの二季晦日の儀でも東西文部が横刀とともに人像を扱っていた可能性がある。一方、毎月晦日の儀では先に示したように御巫が行事している。仮に二季晦日の儀で卜部が人像を扱っていたとしても、これらを比較すると、より天皇に近侍する存在であるのは、養老職員令1神祇官条において神祇伯の管掌事項にも記され、神祇官西院の八神殿を祭っていた御巫の方であろう。神祇令段階の二季晦日の儀における東西文部の関与は確実であることから、もし二季晦日の儀が先に行われはじめていたとするならば、後に穢れに対する感覚が強くなるなかで、その簡略化したものとして毎月晦日に御巫によって行われるようになっていったと考えられよう。もっとも、今のところ確実に年代の判別できる人像の出土例は、七世紀後半を上限としていることから、御贖物の儀の起源がそれ以前にさかのぼるにしても、最初から人像を用いる儀式であったとはいえないであろう。また、料物の竹についても、それが二季晦日の儀にしかみられないということは、その儀にとってそれが後になって付加されていった新しい要素である可能性を示していよう。

もし、これらの儀がそういった成立過程をたどっているとするならば、この竹の使用というものは、その淵源はどこにあるのであろうか。紀貫之集第五には延長四年九月二十四日の法皇六十の賀のために京極御息所に奉仕せらるる時の屏風歌として、

毎年に　生ひそふ竹の　よゝをへて　かはらぬ色を　誰とかは見む

というものがある。これは新古今和歌集では延喜御時屏風歌となっているが、竹の節《よ》と御世とを掛詞にした上で、さらに竹の常磐によって賀の歌としたものである。また、紀貫之集第三にも承平六年夏八条右大将の北方本院の北方七十賀し給ふ時の屏風歌として、

人の家の竹

千世もたる　竹の生たる　宿なれば　ちくさの花は　物ならなくに

とあり、十世紀前半の醍醐、朱雀朝には竹と代と長寿というのは一連の定型イメージとして確立していたものと思われる。こうしたことからすると、荒世、和世というのも当初から竹そのものを示す言葉であった可能性がある。

一方、神楽歌(27)のなかには神楽の採物をうたったものの一つに、

篠《ささ》

本

古乃佐佐波《このささは》　伊津古乃佐佐曾《いづこのささぞ》　堵禰利良加《とねりらが》　古志爾佐加礼流《こしにさがれる》　堵毛緒加乃佐佐《ともおかのささ》

末

佐佐和介波《ささわけば》　曾天古曾哉礼女《そでこそやれめ》　堵女加波乃《とねがわの》　以志皮不牟堵毛《いしはふむとも》　伊佐加波良與利《いざかはらより》

というものがある。この釈文は橘守部の「神楽歌入文」によったものであり、また、末の歌の第三句目の「女」は、鍋島家本神楽歌を底本とした神道大系本の「神楽歌次第」では「禰」となっており、その部分を「ね」と訓じたものである。神楽歌では、この他に榊、蘰、弓、剣、匏なども歌われているが、これらはいずれも神楽の際に手に取る依代である。篠竹が神聖な依代とされた例は、この他にも古事記の天の石屋戸の段で天宇受売命が天香山の小竹葉を採って舞踏したことなどが挙げられる。万葉集には「神楽」という表記に「ササ」という訓をあてている事例も存在して

いる(28)。貞観儀式や延喜式には二季晦日の御贖物の儀において神楽がなされたという表現はないが、新古今和歌集巻第十九の神祇歌には、

延喜御時、屏風に夏神楽のこころをよみはべりける

貫之

河社《かはやしろ》　篠《しの》にをりはへ　ほすころも　いかにほせばか　なぬかひざらん

とあり、また、承徳本古謠集(29)にも、

本

加《か》者《は》也《や》之《し》呂《ろ》　之《し》乃《の》尓《に》　乎《お》利《り》加《か》介《け》　之《し》乃《の》尓《に》　乎《お》利《り》加《か》介《け》

末

保《ほ》須《す》古《こ》呂《ろ》毛《も》　以《い》加《か》尓《に》　保《は》世《せ》者《ば》加《か》　奈《な》以《ぬ》加《か》　比《ひ》須《す》止《と》以《い》布《ふ》

とあって、夏の祓いが河原に社を作って行われていたことがわかるのである。延喜式の料物にみえる匏などはその利用方法の判明しないものの一つであるが、こうした神楽歌などから推測すると、これらの禊ぎの際に使われる採物であった可能性もある。そして、九世紀に成立した日本国見在書目録のなかに神仙伝の名称はすでに確認されるのである、が、この巻五にある壷公の部分などでは、人間の身体が竹に置き換えられる話がみられる(30)。こうしたことから、金子裕之氏は、こうした中国の民間信仰に存在した観念の影響を受けて、本来は神楽の際の採物の一つであった竹が、しだいに祓いの具として利用されるようになっていったのではないかと推定している(31)。

以上のことを総合してみるならば、節折の儀の展開過程についてはおおよそ次のような諸段階を想定しうるのではないだろうか。

（一）律令国家が形成されてくる七世紀以前から、大王の穢れを祓う儀式が中臣氏と御巫によって執り行われていた。これに大陸からの文化的影響により人像の要素が加わってきた。

（二）壬申の乱を経過した七世紀の後半、本格的に律令制度の整備がなされてくるなかで、これまで臨時に行われていた大祓の儀も料物の規定が整えられはじめ、また、六月・十二月の晦日に官人向けのものとして定例化されはじめた。一方、これまでにも存在していた大王に関する祓いにも、新たな要素として東西文部による大陸系の祓いの要素が加えられ、御巫の祓いとして置き換えられていった。そして、その両者を結合した形で神祇令大祓条が成立した。

（三）竹は本来、神楽の採物であったが、大陸からの新しい知識の輸入によって、しだいに祓いの道具として観念されるようになっていった。平安時代初期までには、天皇の身体の穢れを祓う儀式として、六月と十二月の晦日の儀のなかに確立されていった。

（四）九世紀における地震の頻発、火山活動の活発化、疾疫の拡大、大極殿等の焼失などにより高まる社会不安のなかでとくに貴族社会では穢れを除くための方法としての御贖物などの重要性が増した。それが御贖物の実施回数の増加や料物の多様化・多量化を促進していった。

（五）十世紀はじめまでには、竹のもつ常磐のイメージ、竹の節《よ》と天皇の治世を意味する世との同音連想から、六月と十二月の晦日の御贖物のなかで竹の存在がより意識化されるようになり、節折という表現が成立してきた。

（六）平安時代後期になると、六月と十二月の晦日の御贖物の儀のなかで節折が最も中心的な儀式であると考えられるようになり、節折の儀とも称されるようになった。

（七）節折の儀は、内裏において夜間に行われる行事として十五世紀中葉まで継続したが、応仁の乱による混乱などによって中止された。

（八）明治四年に至って、明治新政府により大祓とともに節折の儀も復活した。

もっとも、節折の儀をみていく場合には、天皇の儀のほかに、中宮と東宮に関する祓いなど、さまざまな観点からみてゆく必要がある。また、こうした問題はより広範囲に古代の日本列島への大陸文化の波及とそれへの対応という見地から全面的に考えられなければいけないものである。さらに、畑中彩子氏は平城京内の皇族の邸宅のなかにあった竹は庭の植栽として用いられたものであろうと推測したが[32]、このように審美的あるいは文学的な感性にまで対象範囲を広げていかなければならない。そして、そういった総合性の上に立って藤原氏の摂政や関白では代替しえない、日本の古代王権がもつ清浄性の問題を考えていかなければならない。

注

（1）所功「『江家次第』の成立」（『平安朝儀式書成立史の研究』国書刊行会、一九八五年）。
（2）岩橋小弥太「年中行事秘抄」（『群書解題』五、続群書類従完成会、一九六〇年）および所功「『年中行事秘抄』の成立」（前掲注（1）書）。
（3）所功「『西宮記』の成立」（前掲注（1）論文）。
（4）清水潔「清涼記と新儀式と天暦蔵人式」（『皇學館論叢』九―一、一九七六年）。
（5）岩橋小弥太「九条年中行事」（『群書解題』第五巻、続群書類従完成会、一九六〇年）。
（6）所功「『小野宮年中行事』の成立」（『平安朝儀式書成立史の研究』国書刊行会、一九八五年）。
（7）小松（藤森）馨「『清涼記』と『西宮記』の節折条について」（『大倉山論集』二十四、一九八八年）。
（8）神道大系本西宮記では、この「縫殿寮」のところが、「縫司」となっており、おそらく後宮十二司の一つである、縫司の方が適切であろう。
(9)　宮本常一『絵巻物に見る日本庶民生活誌』(中央公論社、一九八一年)。
(10)　岡田荘司『大嘗の祭り』(学生社、一九九〇年)。
(11)　小松前掲注(7)論文。
(12)　小松前掲注(7)論文。
(13)　虎尾俊哉編『弘仁式貞観式逸文集成』(国書刊行会、一九九二年)。
(14)　安江和宣「節折に於ける御衣と禊祓」(『皇學館大學紀要』二一、一九八三年)。
(15)　所功「『年中行事』の成立」(所前掲注(1)書)。および黒須利夫「『年中行事障子』の成立」(『歴史人類』二一号所収、一九九三年)。
(16)　『日本思想大系　律令』神祇令補注「大祓」の項(井上光貞執筆)岩波書店、一九七六年)。および並木和子「大祓の構造と変遷」(『神道学』一四六・一四七号、一九九〇年)。
(17)　本居宣長「大祓詞後釈」(『本居宣長全集』第七巻、筑摩書房、一九七一年)。
(18)　三宅和朗「古代大祓基礎的考察」(『史学』五九―一、一九九〇年)。
(19)　倉野憲司・武田祐吉校注『日本古典文学大系　古事記祝詞』(岩波書店、一九五八年)など。
(20)　虎尾俊哉「貞観式における神祇式の取扱い」(『古代典籍文書論考』吉川弘文館、一九八二年、初出は一九五三年)。
(21)　井上光貞「日本律令の成立とその注釈書」(『日本思想大系　律令』岩波書店、一九七六年)。
(22)　金子裕之「平城京と祭場」(『国立歴史民俗博物館研究報告』七、一九八五年)。および同「日本における人形の起源」(福永光司編『道教と東アジア』人文書院、一九八九年など)。
(23)　福永光司「道教における『醮』と『章』」(福永光司編『道教と東アジア』人文書院、一九八九年)。
(24)　泉武「律令祭祀論の一視点」(前掲注(23)書)。
(25)　『日本思想大系律令』神祇令補注の「東西文部の祓詞」の項(井上光貞執筆)、岩波書店、一九七六年。

(26) 西田長男「『延喜式祝詞』の作製年代」(『神道大系月報』三、神道大系編纂会、一九七八年)。
(27) 神道大系『神楽歌』(神道大系編纂会、一九八九年)。
(28) 例えば、国歌大観番号一五四、二〇六、一一五三、一三九八など。
(29) 『日本古典文学大系　古代歌謡集』小西甚一担当「神楽歌」の釈文。
(30) 『増訂漢魏叢書』二の神仙伝(一九八三年、台北大化書局)。
(31) 金子裕之「日本における人形の起源」(前掲注(22)書)。
(32) 畑中彩子「長屋王邸の『竹』」(『古代文化』六五─四、二〇一四年)。

第五章　神祇官に仕える女性たち ―御巫の祭祀―

一　古代祭祀における女性の関与

日本列島の古代社会の祭祀において、女性がどういった役割を果たしてきたのかについては、柳田國男の「巫女考」をはじめ、さまざまな形で論じられてきた。そして、その際にわれわれがいつも思い描くイメージの基礎にあったのは、伊勢の斎宮であり、賀茂社に仕える斎院であり、更には邪馬台国の卑弥呼などであったように思われる。したがって、そういった意味では、これらの研究のあり方というものが、いつも女性の祭祀関与のイメージ形成に非常に影響してきたといえる。

もちろん、今日、われわれが古代日本の祭祀の問題を考えようとする場合に、それらの研究の蓄積の上に、議論を進めなければならないのは当然であるが、そこでもう一つ考えるべきことは、日本列島の古代社会において存在した女性の祭祀関与の多様なあり方であり、それをより具体的に把握するということでなければならないだろう。義江明子氏は、祭祀と女性との関係を女性の霊的能力に起因させるような、これまでの言説に根本的な批判を行い、男女の組み合わせによる神事の執行を主張したが、こうした見方というものは在地社会の祭にのみ適用されるものではなく、

比較的史料にも恵まれ、さまざまな制度的改変を受けているはずの朝廷の祭祀についてもいえることである。(1)

ところで、現在、皇居内に存在する宮中三殿のうち、賢所と皇霊殿については、内掌典と称される女性たちによって奉斎がなされている。これらの女性たちは明治四年（一八七一年）九月に神祇省が設置された際には御巫《みかんなぎ》という名称で呼ばれていた。もっとも、この場合は、系統的にいうならば、平安京の内裏内にあった温明殿と御黒戸に奉仕した内侍にその起源をたどることが適切であろうが、皇室の祭祀において、女性がこうした関わり方をしているということは、古代社会の王権を考える際にも、是非とも注意しておくべきことの一つであるように思われる。そして、この御巫という名称をもつ女性たちが、平安宮内の神祇官に奉仕していたという事実にも、注目しなければいけないのである。(2)

確かに、御巫と呼ばれる人々は、神祇官に限定されるわけではなく、皇大神宮儀式帳にも御巫内人、日祈御巫などのように、伊勢神宮にも存在している。その点からすれば、本来はこうした存在すべてを研究対象とすべきであるが、ここでは史料的にもその輪郭を具体的に掴みやすい平安宮内の神祇官に奉仕する御巫に範囲を限定していくこととする。そのことが、日本の古代王権を具体的に考えようとする場合にも必要であると思われる。

こういう平安宮に存在した御巫は、天皇に近侍して祭祀に奉仕するとともに、神祇官内においては自らが祭る神殿をもっており、そこには高御産日神をはじめとする神々が鎮座していた。つまり、平安京内で最も高い格付けの神々が、こうした御巫の女性たちによって奉斎されていたのである。しかも、こうした御巫の女性たちは、中臣や忌部といった神代紀にも登場するヤマト政権の豪族出身者ではなく、少なくとも律令国家の時代においては、課役の民や国造の一族のなかから採られ、交替制でその奉仕を行っていたのである。

二 御巫という官職

古代日本の祭祀制度を考える際に、まず中心に置かれなければならない基本史料は養老神祇令である。しかし、そのなかには、この御巫について記した部分は存在しない。ところが、養老職員令には御巫について触れた箇所が存在する。いわゆる神祇官条と称されるところには、

神祇官

伯一人 掌神祇祭祀、祝部神戸名籍、大嘗、御巫、卜兆、惣㆓判官事㆒、

という規定がみられる。ここでは、「御巫」と「卜兆」の関係は必ずしも明確でないが、いずれにしろ養老令の成立段階において御巫というものが、神祇官のなかで重要な役割をもっていたことは確かである。

また、令集解巻二のなかの神祇官の御巫を注した箇所で、古記には「別記云、御巫五人云々、在㆑釈」とあり、令釈が引用している別記には、

御巫五人、倭国巫二口、左京生島一口、右京座摩一口、御門一口、各給㆓廬守一人㆒、又免㆓戸調役㆒也、

と記されている。この別記とは官員令別記のことであり、これは大宝令の注釈書であることから、その状態はすでに大宝令の成立段階にまでさかのぼることができると考えられる[3]。

そして、この段階において(1)御巫は巫、生島、座摩、御門の四種類に区分されること、(2)巫は倭国から、生島は左京から、座摩と御門は右京からそれぞれ採用されること、(3)御巫一人につき廬守一人が与えられること、(4)御巫を出した戸には、戸調が免除されることが判明するのである。

それにしても、この御巫の職掌とはそもそも何なのであろうか。また、とくに卜兆との関係はどうなっているのか。神祇官の存在が確認される最初の事例は、日本書紀持統天皇三年八月壬午条である。日本書紀天武天皇二年十二月丙戌条や同五年九月丙戌条、同六年十一月乙酉条にみえる「神官」は、これまでの研究により神祇官の前身官司であると考えられているが、その五年九月丙戌条には、

神官奏曰、為二新嘗一卜二國郡一也、斎忌〈斎忌、此云二踰既一〉則尾張國山田郡、次〈次、此云二須伎一也〉丹波國訶沙郡、並食レ卜、

とあり、この段階ですでに神官の職掌のなかには大嘗祭へ奉仕するだけでなく、その事前準備である悠紀と主基の国郡の卜定も含まれていたことがわかる。さらに、神官とは明示されていないが、日本書紀天武天皇七年是春条に、

将レ祠二天神地祇一而天下悉祓禊之、竪二斎宮於倉梯河上一、

とみえ、それに続く四月丁亥条にも「欲レ幸二斎宮一卜之」とあることから、これらはおそらく神官が執行していたものと考えられよう。こうした神事の日取りの卜占なども、神官の職掌として確立していたものと思われる。もっとも、延喜式などからすると、これらの卜占は神祇官の卜部が行っており、古事記の天石屋戸の段でも占いを執行しているのは、中臣氏の祖の天児屋命と忌部氏の祖の布刀玉命であり、御巫や猿女君の祖の天宇受売命ではない。また一方、古語拾遺のなかには、

至二于難波長柄豊前朝一、白鳳四年、以二小花下諱部首作斯一、拝二祠官頭一、令レ掌二叙王族、宮内儀礼、婚姻、卜筮一

夏冬二季御卜之式、始起二此時一、

という記載がみられる。ここで記された「祠官」は、神祇祭祀を担当する後の神祇官とは異なり、むしろ、祭祀の職掌は中臣氏系図が引用する延喜大中臣氏本系帳にみられる「祭官」の方であろうと考えられている[4]。ただ、ここでも

注意すべきことは、祠官の職掌の一つに「卜筮」が記されていることである。これは、夏冬二季の御卜の式と関連させて理解すべきものかもしれない。延喜式では、これは神祇官の卜部の職掌の一つということになるが、孝徳朝のこの段階ではそれが神祇官の前身官司である祭官の職掌ではなく、祠官という別の官司の仕事であったということになる。こうしたことからすれば、天武朝の神官の卜占も大宝令下の状況に必ずしも直接結びつかない可能性もあろう。

しかし、いずれにしても、以上のことからすれば、天武朝に、さらにはもっと早い孝徳朝の段階において、ヤマト政権内において卜占が一つの職掌として確立していたことは間違いないが、それが大宝令以降のような御巫によって担われていたのかは、確認できないのである。

それにもかかわらず、ここで留意すべきことが二つある。その一つは、日本書紀巻九の神功皇后摂政前紀仲哀天皇九年三月壬申条にみえる神功皇后の神懸りの記事である。ここでは、武内宿禰が琴を奏で、中臣烏賊津使主が沙庭となったところで、皇后に神が降りて神意が語られている。これと類似したことは、皇太神宮儀式帳の御巫内人条に、

六月十五日夜、以二亥時一、第二御門令レ侍、木綿蔓、御琴給而請二太神御命一、以二十六日朝一、所二祟出一罪、自二禰宜館一始、内人物忌四人館乃種々罪事祓、

とあり、御巫内人が穢れの所在を示す際に行っており、神祇官の御巫がこうした役割をもっていた可能性も否定できない。また、もう一つの留意点は、古記における「卜兆」の解釈の揺れである。すなわち、令集解の神祇令御巫卜兆条に引かれた古記には、

問、卜兆若為、答、卜者焼二亀甲一也、兆者焼効験、巫術亦名為二卜兆一也、

と記されており、卜兆とは亀卜であるとともに巫術であると理解されている。官員令別記では、「灼レ亀為レ卜、灼験為レ兆」とあるから、とくに巫術についての部分は、古記の著者が付け加えたものと考えられる。御巫が亀卜を行ってい

たとは考えられないとして、あるいは古記の著者が独自に知りえた御巫の行う神託のごときものを、そこに記した可能性も排除できない。

したがって、こうしたことから考えると、養老職員令の神祇官条における「御巫」と「卜兆」との関係は相互に独立したものとして解釈すべきものであり、「御巫の卜兆」という読み方はしない方がよかろう。しかし同時に、それは御巫が神懸りして託宣のようなものを行わなかったとは必ずしもいえず、むしろこういった場合もあったと理解すべきであろう。

一方、御巫の卜占への関与とは関係なく、すでに大宝令の段階で御巫が制度としてかなり整ったものとなっていたということは、当然のことながら、その前身形態が何らかの形で存在していたであろうことを推測させる。もっとも、それが孝徳朝以前にまでさかのぼりうるようなものであるのかは判断しがたい。しかし、八世紀の初頭において御巫の制度がかなり整っていたことも動かすことのできない史実であろう。

そして、その後の御巫について記された史料は、続日本紀天平九年八月甲寅条であり、ここでは災異により租と賦役の免除などを命じた詔の末尾に、「給二大宮主、御巫、座摩御巫、生島御巫及諸神祝部等爵一」と記されている。また、同書の神護景雲元年八月癸巳条の改元詔書のなかにも、「御巫以下人等、叙二一級一」とある。大同二年に記された古語拾遺には、御巫について各所で触れているが、とくに神武天皇の段において、

爰、仰二従皇天二祖之詔一、建二樹神籬一、所謂、高皇産霊、神産霊、魂留産霊、生産霊、足産霊、大宮売神、事代主神、御膳神〈已上、今、御巫所レ奉レ斎也〉、櫛磐間戸神、豊磐間戸神〈已上、今、御門巫所レ奉レ斎也〉、生島〈是、大八洲之霊、今、生島巫所レ奉レ斎也〉、座摩〈是、大宮地之霊、今、座摩巫所レ奉レ斎也〉、

と記されている。これにより、大同二年段階での御巫の種類、祭神、その性格がわかるのであるが、さらに、文徳天

皇実録の嘉祥三年九月壬午条から、八十島祭のために宮主、神琴師、典侍、御巫らが摂津国に派遣されていたことも知られるのである。

そして、こうした延長線上に位置づけられるのが、延喜式に記された諸規定なのである。ここでは神祇官の御巫についての記載は、おおよそ三つの部類にわけられる。すなわち、

（1）四時祭式や臨時祭式などにみられる儀礼の一部にしるされたもの、

（2）祝詞式の一部として記されたもの、

（3）臨時祭式などで、官人の季禄や採用方法などの身分規定に関して記されたものである。

このなかで御巫の制度的な概観を知る上では、（3）にあたる部分をみていくのが最も効果的であろう。そこで、それに相当するもののなかから、とくに注目すべきものを掲げるならば、おおよそ次のようになろう。

（イ）御巫等遷替供レ神装束

神殿各一宇、男神衣四領、被四領料緋帛八疋、汗衫四領、袴四腰料帛二疋、女神衣四領、裙四腰料紫帛五疋二丈、裙腰料緑帛二丈、汗衫四領料帛一疋二丈、綿五十四屯、帳一条料緋帛三疋、床覆一条、帳一条料黄帛一疋、縫料緋練絲各二両、蓋代地代各一條料布二端、床二脚、黄端帖二枚、韓櫃二合、

右、毎二御巫遷替一神殿以下改換、但座摩、御門、生島等奉レ斎神、唯改二神殿一不レ供二装束一其新任御巫、皆給二屋一宇一

（臨時祭式、新訂増補国史大系本、五一～五二頁）

（ロ）凡御巫、御門巫、生島巫各一人〈其中宮、東宮唯有二御巫各一人一〉、取二庶女堪一レ事充之、但考選准二散事宮人一、

（臨時祭式、新訂増補国史大系本、六八頁）

（ハ）凡座摩巫、取二都下國造氏童女七歳已上者一レ充之、若及二婚時一、申二弁官一充替、

（ニ）凡諸御巫、各賜㆓畿内田一町㆒〈中宮、東宮御巫、亦准㆑此〉

（臨時祭式、新鋭増補国史大系本、六八頁）

（民部式上、新訂増補国史大系本、五七五頁）

（ホ）凡勘㆓租帳㆒者、皆拠㆓当年帳㆒、（中略）其神田、寺田、布薩戒本田、放生田、勅旨田、公廨田、御巫田、采女田、（中略）並為㆓不輸租田㆒、（後略）

（主税式上、新訂増補国史大系本、六四三頁）

これらの記載を総合してまずいえることは、

（1）御巫は、御巫、座摩巫、御門巫、生島巫、中宮御巫、東宮御巫の六種類があり、このうち最初の御巫とは天皇の御巫と考えられること、

（2）それぞれの御巫の定員は一名であること、

（3）天皇の御巫と御門巫、生島巫、中宮御巫、東宮御巫は、庶民の女性のなかから適切な者を選んで採用するが、未婚か既婚かは問わないこと、

（4）座摩巫だけは、都下国造の一族のなかで七歳以上の未婚女性から採用すること、

（5）新任の御巫には屋一宇が与えられるとともに、一人につき一町の畿内の水田が資養料として与えられること、そして、それらの田は不輸租田であること、

（6）天皇、中宮、東宮の御巫が交替する際には、その奉斎する神祇官内の神殿とそのなかの供神装束などは新規のものに更新すること、

（7）座摩、御門、生島の各御巫が交替する際には、その奉斎する神祇官内の神殿のみ更新することなどである。

これらを大宝、養老の令制下で規定された御巫のあり方と比較する時、まず気付くことは、御巫の種類についてはほぼ対応関係が見出されるということである。問題が残るのは、延喜式における天皇の御巫と官員令別記にみえる倭国の巫との関係であるが、これについては延喜宮内式の新嘗小斎条に「御巫五人」とみえ、その内訳は延喜内蔵式の新嘗会禄条に、

供二奉新嘗祭一人等禄〈六月、十二月神今食、亦同レ之〉
宮主一人絹一疋〈中宮亦同〉、采女一人絹四疋〈六位已下三疋、並新嘗祭〉、中臣一人絹四疋〈六位已下三疋〉、忌部一人、御巫一人各三疋、座摩一人、御門一人、生島一人各二疋、中宮御巫一人二疋〈已上官物、東宮御巫准レ此〉、
（内蔵式　新訂増補国史大系本、四一八頁）

と記されたなかの御巫一人、座摩一人、御門一人、生島一人、中宮御巫一人と考えられるので、官員令別記にいう倭国巫二口とは、この天皇の御巫一人と中宮の御巫一人を指す蓋然性が高いと思われる。そして、ここでいう中宮とは、延喜四時祭式の祈年祭条に「三后、皇太子御巫祭神各八座、並奠二幣案上一」とあることから、この三后を指すものと思われる。したがって、ここから類推すれば、天皇の御巫とは上皇をも担当する御巫であったと考えられるのである。

一方、こうした比較で気付く第二番目のことは、延喜式において御巫に与えられるとされる「屋一宇」と官員令別記にある「廬守一人」の「廬」とは、同一のものであろうということである。この「屋一宇」の大きさについて、延喜臨時祭式の御巫等遷替供神装束条の分注には「長二丈、庇二面、長各二丈」と記されており、この尺度は唐大尺によると考えられることから、横幅五・九四メートルの切妻式建物ということになろう。そして、座摩巫については七歳の童女の場合もあり、とうてい一人で生活のすべてを切り盛りするわけにはいかないため、廬守のような者をつける必要があるとともに、穢れからの隔離の意味もあって、廬守は延喜式の段階でも当然のことながら配置されていた

ものと考えられる。[5] 拾芥抄には、平安宮周辺に三箇所の神祇官町があったことが記されているが、御巫の廬もこうしたところにあったのではなかろうか。

　また、三番目に留意すべきことは、延喜式によれば座摩巫以外の御巫は、「庶女」のなかから採用されるとあるが、官員令別記には「免二戸調役一也」という記載のみられることである。「戸調」は続日本紀の慶雲三年二月庚寅条にある制七条事のなかの、

　准レ令、京及畿内人身輸レ調、宜下罷二人身之布一、輸中戸別之調上、

という「戸別之調」と同一のものであろう。このことは、御巫が京や畿内の調布を出す階層から採用されていたことを意味し、延喜式の「庶女」のなかから採るという規定と一致するものと考えられる。ただ、ここで問題としなければならないのは、座摩巫の出自である。奈良時代前半の座摩巫は、官員令別記にあるように、右京に居住し、そこで課役を負担する者のなかから採られていたと思われる。しかし、延喜式の段階では、なぜかこの座摩巫だけが他の御巫と違った採用方法がとられており、「都下国造氏」の七歳以上で未婚であることが条件になっているということである。この点については、二つの見方が可能であろう。すなわち、一つは官員令別記の記述の方が本来の形であるという理解と、もう一つは延喜式のような国造氏から採用するというのが、御巫の本来の形であるとする理解である。しかし、もし前者のような形をとっていたとするならば、今度はどうして御巫は課役の民のなかから採用されていたのか、そして、後になって座摩巫のみが国造氏から採用されるようになったのかが問題とされなければならない。また、後者のような考え方をする場合にも、座摩巫だけに本来のあり方が残存したのかが説明されなければならなくなる。この点について考えを進めるためには、もう少し座摩巫自体の性格を明確化していく必要があろう。

　それにしても、このように御巫に関する規定をみてみると、大宝令の段階と延喜式の段階とでは、いくつかの相違

点はあるものの、全体としては強い継続性が存在していると判断できよう。そして、これは八世紀初頭において確立していた御巫の存在形態が、平安時代初期にまで基本的な構造を変えることなく維持されているためであるとみることができる。また、御巫の制度が、史料上で確認される時代の範囲においては、比較的安定した形を維持しているということは、この制度が大宝令の編纂時にはじめて確立したというよりも、すでにその前段階である程度の形をとっていた可能性を予測させるものであろう。

三　御巫の奉仕する祭

律令制度の下で、御巫は神祇官のなかで一つの官職として体制化された存在であったわけであるが、それではこの御巫は律令国家の中央政権のなかでいかなる機能を担っていたのであろうか。これを知るためには、そもそも御巫が中央政権のなかでどういった形態の祭祀に関与していたのかをみきわめなければならない。そこで、これらを最も体系的に表現していると考えられる延喜の四時祭式と臨時祭式を中心に図表化すると、表5のようなものとなる。

もっとも、それぞれの祭祀において、御巫が具体的にいかなる奉仕を行っていたのかという点になると判然としないことも多い。しかし、少なくとも、史料上から明確化しうる範囲で、その奉仕の形態を要素ごとに整理するならば、おおよそ次のようになろう。

（1）班給された幣帛を受け取ること
（2）祝詞を読み上げること
（3）呪具を用いて祓いをすること

表5　延喜式にみる御巫の祭祀関与

祭祀名	月　日	場　所	関与形態
祈年祭	二月四日	神祇官西院	神祇官人と共に入場、西庁の座に就く。のちに神部より幣帛を受け取る。
園并韓神祭	二月の春日祭の後の丑 十一月新嘗祭の前の丑	宮内省神院	神祇官人と共に入場、南殿・北殿でそれぞれ祝詞を読む。直会で歌舞する。
四面御門祭	四月の？ 十二月の？	建春門・宜秋門 建礼門・朔平門	御門巫のみ関与する。
御川水祭	四月の？ 十二月の？	内裏御溝水	座摩巫のみ関与する。
御贖祭	六月一日～八日 十一月一日～八日 十二月一日～八日	清涼殿	日別に御巫が行う。中宮も同じ。ただ、東宮のみは四日間のみ行われる。
月次祭	六月十一日 十二月十一日	神祇官西院	祈年祭に同じ。
神今食	六月十一日 十二月十一日	中和院	前後に内裏で大殿祭を行う。
(大殿祭)	—	内裏	中臣・忌部と共に内裏に行き、仁寿殿・紫宸殿などで米や酒などを撒く。
御巫奉斎神祭	九月の？	神祇官西院	？
御門奉斎神祭	九月の？	神祇官西院	？
座摩奉斎神祭	九月の？	神祇官西院	？
生島奉斎神祭	九月の？	神祇官西院	？
鎮魂祭	十一月の中の寅の日 (東宮は中の巳の日)	宮内省	まず神祇官斎院で祭に使う稲を搗いて準備をする。つぎに神祇官と共に宮内省に行き、宇気槽の上に立ち矛で槽を撞く。
新嘗祭	十一月の中の卯の日	中和院	前後に内裏で大殿祭を行なう。
御贖	毎月晦日 (六月・十二月以外)	清涼殿	御巫が行事する。
大嘗祭	十一月の中の卯の日	朝堂院の竜尾壇の南庭	①御禊の行幸に陪従。②大嘗宮の完成の後、殿と門を守る。③大嘗宮にむかう天皇を先導する。④祭の後、大嘗祭宮の鎮めの祭をする。
八十島神祭	大嘗祭の翌年	難波津	御巫・生島巫が関与する。

(註)　この表は延喜式を基本とし、儀式などで補っている。また、大嘗祭・八十島神祭のほかは、すべて恒例祭祀である。

（4）舞をすること
（5）宇気槽を矛で撞くこと
（6）天皇に陪従すること

などである。したがって、こうした要素をそれぞれ検討していくことがまずは必要となるのである。

そこで、最初の（1）の幣帛の受け取りのことであるが、これに相当するのが二月の祈年祭と六月、十二月の月次祭である。これらの祭は幣帛班給という形式がほとんど同一であり、神祇官西院での準備が整えられた後に、神祇官人に率いられた御巫や大臣、参議、諸王などが入場して所定の座に着する。そして、祝部らが入場したところで、中臣が祝詞を読み上げ、それが終わると神部が御巫や祝部に幣を班給して神祇官での祭儀が完了するというものである。したがって、ここにおいては、御巫は式内諸社の祝部と大差のない行為をしているわけであり、神祇官内に祭られている神々への幣帛などを受け取り、それをもち帰って神殿に供えるという所作を行っていることになる。つまり、祈年祭と二度の月次祭では、全国の式内社に対して中央政権が祭祀を行うという、律令国家の体制の一翼に神祇官の御巫も位置づけられているということになる。その意味では、一般の祝部と同列ということにもなるが、同時に御巫の場合、最初に西院に入場していること、御巫の祭る高御魂神や大宮女神などへの幣物にはとくに馬一疋が加えられていること、祈年祭と月次祭の祝詞には、御巫の齋く神々が特記されることなど、他の式内社の祝部とは異なった、特別な存在と考えられていたことも確かである。

次に（2）の祝詞を読み上げるということであるが、これが行れているのが確実な事例は、宮内省のなかに鎮座する薗并韓神の祭である。そこでは、まず神部が庭に榊を立てて庭火を燈し、大臣以下が着座したところで神馬を牽きいれ、大蔵省が諸官人に木綿を分与した後、御巫が微声で祝詞を読み上げるというものである。これが終了すると、御巫は再拝して二度拍手をした後、神馬が退場してから歌舞をしている。こうした儀礼の次第からすると、ここでの祝詞は神馬の貢上に関連するものであった可能性がある。しかし、この祝詞については、延喜祝詞式には収載されていない。一方、延喜祝詞式には御門祭の祝詞があり、延喜四時祭式の御門祭条および御川水祭条には「右、四面祭御巫、御川水祭座摩巫、各行レ事」と記している。同時に延喜祝詞式には、「凡祭祀祝詞者、御殿、御門等祭、斎部氏祝詞、以外諸祭、中臣氏祝詞」とあることからすると、この祝詞は斎部氏が行っていたものと考えられる。しかし、そこで問題になってくることの一つは、それではなぜ薗并韓神祭だけで御巫が祝詞を読み上げるのかということである。一つの可能性として考えられるのは、延喜祝詞式に「其臨時祭祝詞、所司随レ事修撰、前レ祭進レ官、経二処分一、然後行レ之」とあることである。薗神社、韓神社は秦氏の氏神として平安京遷都以前から、この地に鎮座していたと考えられている。[6] そこに平安宮を建設するということになれば、臨時に鎮祭を行わなければならなかったろう。あるいは、その際に御巫が関与していたものが、やがて恒例化して四時祭の一つと考えられるようになった結果とも思われる。

御巫の奉仕形態の（3）に示した、呪具を用いて祓いをするというのは、六月、十一月、十二月の月はじめの御贖祭、六月、十二月以外の毎月晦日の御贖物、六月、十一月、十二月に執行される大殿祭の三種類の儀礼の時である。このうち、毎月晦日の御贖物について直接記した史料は見出せないが、その形態はほぼ六月と十二月の晦日に行われる御贖物に類似したものと考えられ、その二季の御贖物については儀式に詳しく記載されている。また、月はじめの御贖物については、東宮年中行事や建武年中行事から、おおよその形態は推測できる。そして、それらによれば、刀、人像、壷、衣など、用いる呪具には違いがあるものの、いずれの御贖物も天皇、中宮、東宮の身体から穢れを祓い清めるという点では共通している。もっとも、月はじめの御贖物は、平安遺文第四九〇五文書によれば、弘仁五年六月から開始されたとされ、起源としては比較的新しく、月末に御巫が執行する御贖物がより古い形態であったと考えられる。ただ、六月と十二月の晦日に行われる御贖物に、御巫が関与していないのは、同日に行われる大祓に吸収されたか、あるいは実際には関与していても史料上に現れてこないだけなのかは、俄かには判断しがたい。

一方、大殿祭の場合は、御贖物とはかなり様相が異なっている。この祭では、仁寿殿、浴殿、廁殿の順に忌部が殿舎の四隅に玉を懸け、そこに御巫が米や酒などを撒いている。その途中で、御巫の一人が紫宸殿、承明門に行き、やはり散米を行っている。この時には、中臣も参加はしているが、祝詞を読み上げるのは忌部が行っている点が注目される。

また、大嘗祭において大嘗宮の完成の後、「中臣、忌部、率㆓御巫等㆒、祭㆓殿及門㆒」ということ、大嘗祭の終了後、「神祇官中臣、忌部、率㆓御巫等㆒、鎮㆓祭大嘗宮殿㆒」ということなどは、基本的には大殿祭や四面御門祭と類似の祭儀を行っているものと考えられる。さらに、御巫の奉仕形態の（6）に相当する、天皇の御禊の行幸に戸座とともに陪従することや、廻立殿から悠紀殿、主基殿へと向かう天皇を先導する形で「大臣一人、率㆓中臣、忌部、御巫、猿女㆒前行」というのも、御巫が清浄な存在として天皇の穢れを祓う行為と理解されよう。したがって、大嘗祭においては、御巫は天皇や大嘗祭殿舎を清浄にする行為のみに関与しているといえるだろう。

御巫の奉仕形態の（4）に示した、御巫が行う舞についてであるが、これが確認されるのは、薗并韓神祭と鎮魂祭である。このうち、薗并韓神祭においては、御巫の祝詞の読み上げが終了して、神馬が退場した後、雅楽寮の笛工と琴師が楽を奏で、歌人と歌女による歌舞が行われる。それが終わると、「御神子」が庭火を廻り、湯立の舞を供し、続いて神部の八人が一緒に舞をする。こうした所作が薗神社と韓神社とでそれぞれ執行される。その後、再び薗神社に戻ってから、歌笛が奏でられ、官人が和舞を行って直会となる。そして、最後に神祇官が御巫、物忌、神部らを率いて両社に神楽歌を歌いながら神楽を奉納して祭儀は終了する。

　このように、この薗并韓神祭において、御巫が確実に舞を行うのは最後の神楽においてであるが、これは参加した官人すべてが行う所作であるともいえる。問題は、ここで登場する「御神子」が、御巫と同一の存在であるのかという点である。もしそれが同一のものであるならば、次の庭火を廻る動作の意味が問題となるが、湯立の舞というからには、参加者に湯滴を散布する動作を伴っていた可能性がある。そうなると、これは神招きというよりも、やはり空間の清浄化という意味合いが強いものと思われる。

　一方、鎮魂祭の方では、参加者に木綿が支給された後、笛工と琴師とが楽を奏し、次に歌人が歌をうたい神部が拍子をとるなかで、御巫が三度の舞をまう。その度ごとに、巫部が「あなとふと」とその舞を褒める。そのあと御巫は伏せられた宇気槽の上に立って矛で槽をつく動作をする。一〇回つくごとに神祇伯は木綿鬘を結ぶ。その後、再び天皇の御巫、諸御巫と猿女、宮内丞、内侍、内舎人、大舎人の順で舞をまい、すべて終了すると直会となる。したがって、ここでは御巫の舞と宇気槽を矛で撞くという所作は一体のものとして連続している。宇気槽を矛で撞くことと木綿鬘を結ぶこととは、本来新嘗祭に先立って天皇の御魂を招き、それをしっかりと身体に繋ぎ止める意義をもつものと考えられている(7)。それを前提とするならば、こうした御巫の舞も本来は御魂を招く所作であったと理解するのが自然であろう。そして、祭儀の後に行われる舞は、それに対して、鎮魂成就後の日常性への復帰を意味しているといえるだろう。

　また、文徳天皇実録嘉祥三年九月壬申条や延喜臨時祭式の東宮八十嶋祭条によれば、八十嶋祭においても、御巫とともに神琴師が難波津に向かっている。そして、江家次第によればここでも鎮魂祭に似た祭式が行われていることから、やはり何らかの舞を御巫が行っていた可能性がある。八十嶋祭については、これまでにもこれを祓いの一形態とみる説（田中卓「八十嶋祭の研究」、瀧川政次郎「八十嶋祭と陰陽道」など）と、島々の霊魂を天皇の身体に取り入れることにより、国土の発展を祈念したものとみる説（岡田精司「即位儀礼としての八十嶋祭」など）が存在してきた。しかし、延喜臨時祭式の八十島神祭条には、人像をはじめとする多くの御贖物も記されており、これらを扱うには御巫が適切であったと考えられ、少なくとも史料に残る範囲では、御巫は舞をまうことよりも呪具によって祓いを行うことに重要な役割があったものと思われる。

こうしてみてくると、御巫の奉仕形態において、最も中心となっているものは、神事にあたって穢れを祓い清める点にあったものと判断される。その意味では、鎮魂祭での所作はやや例外的なものに属し、古語拾遺で「凡、鎮魂之儀者、天鈿女命之遺跡、然則、御巫之職、応レ任二旧氏一」とあるとおり、本来は猿女氏の職掌であった蓋然性が高い。そして、こうした御巫の奉仕形態は、前章での見通しと重ね合わせてみると、少なくとも大宝令の段階までは、確実にさかのぼりうるものと考えられる。

四　御巫の起源

御巫は日本古代の中央政権内において、主に穢れを祓うことを役割とし、八～九世紀にはその本質的な機能を維持しつつ存在していたといえよう。しかし、祓いを行うだけの存在であったなら、他にも大祓の時などに中臣、卜部も執り行っている。それでは、御巫は、それらといかなる意味において異なっており、どういった形成過程をへて古代国家機構の一端に位置付けられていったのかが問われなければならないだろう。

神祇官の御巫の起源に関わるものとして、古語拾遺は神武天皇の段において、高皇産霊尊と天照大神の詔に従って神籬を建てたことにはじまるとしている。そして、これが天皇の御巫が奉斎する高皇産霊をはじめとする八神や御門巫、生島巫、座摩巫らがそれぞれ奉斎する神々であるとしている。古語拾遺のこの部分は、神武天皇の東征と大和入り、宮殿の建設、祭祀の準備をした後に記され、御巫らがこれらの神々を祭った後に、即位の大嘗祭が行われるという構成をとっている。したがって、こうした御巫の奉斎が、天皇や宮殿、国土の安泰を祈るためのものであることは確実であるが、ここからそれ以上のことは判断しがたい。

そこで、これをより具体的に理解するためには、この前の章でみてきた祭祀のあり方にもう一度立ち戻らなければならない。その際、これまでみてきた祭祀のなかで、薗并韓神祭は平安京遷都の後に開始されたものであり、御巫の起源を考える場合には、ひとまず除外しておくのが適切であろう。また、きわめて重要でありながらも、九月に行われる御巫の諸祭は、それに関連した史料がないことから、これも一応検討の範囲からはずさなければならない。

そうした操作の上で、御巫が関わる祭祀をみると、まず、祈年祭と年二回の月次祭がある。これらは、すでに指摘されているように、そこで読み上げられる祝詞のなかに記された神々が、ほぼ大和の国内に入ってしまうことから、飛鳥浄御原宮か藤原京の時代に成立したと考えられ、七世紀後半の律令国家形成のなかから確立してきたものであろう(8)。それに対して、鎮魂祭であるが、年中行事秘抄に収録された鎮魂祭歌の少なくとも歌詞の一部については、かなり古層に属するものと考える立場もある(9)。また、鎮魂祭歌自体が、平安末期から鎌倉初期にかけて成立したと思われる年中行事秘抄にはじめてみえるところから、その成立の古さについて懐疑的な立場も存在する(10)。しかし、いずれにしても祭式のどのあたりが御巫固有のものであるかを判断することはきわめて難しい。

さらに、六月、十一月、十二月の月はじめの御贖祭は、弘仁年間以降のものと考えるべきだろう。このように考えてくると、恒例祭祀のなかで御巫の関与が明確であるのは、毎月晦日の御贖物と大殿祭、御門祭、御川水祭といった内裏関係の祭祀だけとなる。天皇や中宮が神聖な存在とされ、たえず清浄化を必要としていたことは、王権の起源に

表6　御巫祭神の比較

御巫の種別	古語拾遺	延喜神名式
天皇御巫 中宮御巫 東宮御巫	高皇産霊 神産霊 魂留産霊 生産霊 足産霊 大宮売神 事代主神 御膳神	高御産日神 神産日神 玉積産日神 生産日神 足産日神 大宮売神 事代主神 御食津神
御門巫	櫛磐間戸神 豊磐間戸神	櫛石窓神 豊石窓神
生島巫	生島（大八洲之霊）	生島神 足島神
座摩巫	座摩（大宮地之霊）	生井神 福井神 綱長井神 波比祇神 阿須波神

までさかのぼりうるであろうし、その居所についても同様のことがいえよう。その意味では、そういった清浄さを保つための役割をになう宗教者は、古くから存在していたはずである。しかし、そのことが、すぐさま御巫の起源を意味するわけではない。そこで次に、御巫の奉斎する神々の性格をみていかねばならない。

これについて、最も詳細に記しているのは古語拾遺と延喜神名式である。それを一覧表にしたものが、表6である。

このうち、天皇、中宮、東宮のための御巫については、二つの典籍の間に表記法以上の違いは存在しない。もっとも、東宮の御巫は皇太子制度の確立以降でなければ成立し得ないわけであり、すでにみてきたように実際には、大宝令の後に加えられたものと思われる。そして、これらの祭神は神祇官西院八神殿に鎮座しているが、このなかには天照大神、あるいは伊勢神宮系統の神々が入っていないことが注目される。このことについて、津田左右吉氏のように高御産日神を一貫して天照大神などよりも新しい要素とみて、日本神話の本質とは無関係であるとする立場に立つならば、この八神殿の成立自体も比較的新しいものということになろう[11]。しかし、岡正雄氏のように、日本神話における高御産日神系統と天照大神系統という二元性を認める立場に立つならば、八神殿の存在は伊勢神宮との関係において微妙な問題をはらむこととなる[12]。そして、神名や人名の分析から、「ヒ」の付く神名や人名は五世紀代にユーラシア大陸から伝わってきた文化的要素に由来し、高御産日神は天照大神よりも時代的に古い文化層に属するという見解に依拠するならば、八神殿の神々のなかにこそヤマト政権の祭祀にとってより古い段階の祭祀の観念があるとみる可能性につながる。[13] さらに、祈年祭や月次祭の祝詞においても、御巫の奉斎する神々が伊勢の天照大神よりも先に記されることとも関連して、神祇官の八神殿の神々が祭祀されはじめた時期の問題ともなる。もっとも、こうした神祇官において御巫が祭る神々が、いつから八神になったのかということは、また違った次元の問題でもあり、八神のうちでもムスヒ系の五神のうち、高御産日神と神産日神の他は、記紀神話においても現れず、また、大殿祭の祝詞では八神のうち大宮売神しか記しておらず、津田左右吉氏はこうしたことから八神の固定時期を天平以降とみている。[14] しかし、すべての重要な神々が記紀神話のなかに登場するという保証はなく、また、祝詞も八神のなかで最も関係の深い神だけを選択的に取り上げた可能性も否定できない。このほかにも、西田長男氏のように天武朝に起源を求める見解もあるが、いずれにしても明証性を欠いていることだけは確かである。[15] ただ、この八神はムスヒ系の五神とその他の三神との二つのグループに分類でき記紀神話においても、後の神階などにおいても、ムスヒ系の神々の方が上位に位置づけられていることだけは確かである。そして、このムスヒの神については、折口信夫氏に代表されるように、これをムスビと訓じて生成する能力の神格化とみる見解もある。[16] しかし、高御産日神の場合の「日」は清音であることから、やはり高御産日神などは日神と理解し、四世紀から五世紀にかけて、形成期にあったヤマト王権が朝鮮半島より天孫降臨の観念として受け入れたものと理解するのが妥当であろう。とくに、高御産日神は記紀神話や古語拾遺においても最高の神格とされているわけであり、そうなると神祇官においては天照大神の崇拝が高まってくる時期よりも、さらに一時代前に属する神々が祭られていたという可能性は無下には否定できないものといえよう。

一方、ムスヒの神以外の三神のうち、大宮売神は古語拾遺において忌部氏の祖である太玉命の御子神であり、内侍のような存在であるとされている。大殿祭の祝詞においても、君臣の間に立ち、内裏の平穏な秩序を維持する神として描かれている。また、その祝詞には、

神等《かみたち》〈能《の》〉伊須呂許比阿禮比坐《いすろこひあれびます》〈乎《を》〉、言直《ことなお》〈志《し》〉和《はや》〈志《し》、古語云二夜波志一〉坐《まし》〈氏《て》〉、皇御孫命《すめみまのみことの》、朝《あした》〈乃《の》〉御膳《みけ》、夕《ゆうべ》〈乃《の》〉御膳供奉《みけそなえたてまつ》〈流《る》〉比禮懸伴緒《ひれかくるとものお》、繦懸伴緒《たすきかくるとものお》〈乎《を》〉、手躓《てのまがい》、足躓《あしのまがい》〈古語云、麻我比《まがひ》〉、不レ令レ爲《なさしめず》〈氏《て》〉、

と記されており、こうした部分は事代主神、御膳神との関係を暗示しているものと考えられる。これまで、この大殿祭の祝詞については、殿舎の神を祭るにもかかわらず、大宮売神が記されていることが不審とされてきた。しかし、実際には大殿祭は神今食や新嘗祭と結びついて執り行われ、その祭式も殿舎自体を祭るというよりも、殿舎内の空間を清浄にするという点に力点が置かれている(17)。その意味では、八神のうちに大宮売神が入っているのは、きわめて適切なものであると思われる。また、同時に、こうした大殿祭のあり方は、新嘗祭などとともに古くまでさかのぼりうる可能性があり、したがって、大宮売神の観念もそれほど新しいものとはいえないであろう。

こうしてみてくると、天皇の御巫、中宮の御巫が奉斎する神々は、天皇や中宮、後宮の宮人たちと密接に関連し、あたかもそれらを神話のなかに象徴化した性格をもつものであることが判明しよう。そして、天皇とその周囲にいる人々を守護することに深く関連した神々であるとともに、それを形象化したものが、天皇の御巫らが奉斎する八座の神々であったといえよう。それらは最初から八座であったとは断定できないが、その核となる観念はヤマト政権の形成期にまで遡及しうる可能性があろう。そして、このことは天皇あるいはその前身たる大王が、清浄化された存在として、他の豪族や貴族とは区別されるようになっていった過程と無関係ではなかろう。王は集団を代表して神事に関与するがゆえに他者よりも一層清浄でなければならず、それをなし得ることが他者を従わしめる一つの根拠ともなり

得る。これらの御巫は、そうした意味からすれば天皇の権威を機能ならしめる一つの装置としてつくられていったと考えられる。

　では次に御門巫の祭る神々であるが、これも古語拾遺と延喜神名式ではほぼ一致している。そして、古語拾遺では、この御門巫が奉斎する櫛磐間戸神と豊磐間戸神の二神は太玉命の御子神であり、宮門の守護をする神であるとされ、それは御門祭の祝詞の記載とも明らかに対応する。また、大嘗祭では「中臣、忌部、率㆓御巫等㆒、祭㆓殿及門㆒」とされ、殿舎と一体となって大嘗宮の門の祭が行われている。さらに、大殿祭においても、御巫の一人が承明門まで行き、散米を行っている。延喜神名式では、御門巫が祭る二神は内裏の四面の門にそれぞれ鎮座し、合計八座であるとしているが、実際には神祇官西院にまとめて祭られている。したがって、その本質は宮殿の入口を守ることにあり、殿舎の祭と一体的な性格をもち、殿舎を祭ることと同程度の古さをもつ観念であろうと思われる。

　それに対して、生島巫の祭神については、古語拾遺と延喜神名式との間に違いが存在する。もっとも、この違いとは本質的なものではないように思われ、いずれも古語拾遺にあるように、大八洲の霊と考えてよいだろう。おそらく、大同年間以降、延喜年間までの間に、新たに足島神が加えられたものであろうか。そうした祭神の差異以上に、ここで問題となるのは、この神の性格がわかりづらく、延喜臨時祭式の東宮八十嶋祭条では、その祭神を「住吉神四座、大依羅神四座、海神二座、垂水神二座、住道神二座」としていることである。そして、生島巫が祭るものは、恒例祭祀でも九月の生島の奉斎神の祭しかない。つまり、この九月の祭を除けば、生島巫が行う特徴的な祭祀は、天皇一代に一度の八十島の神の祭しかないことになり、かなり存在感の希薄なものとなってしまう。この生島の神とは、おそらくイザナギ、イザナミの国土生成の神話に関係しているのであろうが、少なくともヤマト政権が瀬戸内海を中心とした西日本の広域支配を成し遂げた後でないと成立してこない観念である。そうした意味では、他の御巫の祭神とは性格を異にし、その成立が相対的に新しい可能性がある。それにしても、官員令別記に生島のことがみえ、大宝令の段階では成立していたことは確かであり、七世紀以前の成立にかかることだけは間違いなかろう。

一方、座摩巫の祭神となると、古語拾遺と延喜神名式との違いはさらに広がる。古語拾遺においては、座摩自体を神名と解し、大宮地の霊であるとするのに対して、延喜神名式では、井戸の神と思われる三神と、庭の神と思われる二神であるとしている。これらは性格的に重複しているといえなくもないが、やはりいささか不審である。確かに、宮殿を建設する際には、地鎮祭のような祭祀は必要であろう。そして、座摩巫が平安宮の井戸や庭の祭ではなく、内裏の周囲やなかを流れる御溝水の祭を行っていること、座摩の語義がヰカシリ、すなわち居処尻で敷地を意味するらしいことなどからすると、ひとまず、古語拾遺が成立した大同年間やその前の延暦年間あたりに確立されてくる観念とみるべきであろうか。(18) こうした神名について、斎部広成が無関心であったなどということは、とうていありえないことであり、この場合も大同年間から延喜式が編纂された十世紀前半までの間に変化があったとみる方が適切であろう。そして、座摩巫が祭る神が、宮殿の敷地の神であるとすれば、その起源は殿舎や宮門の祭祀と同程度の成立年代を考えるべきであろう。

このように御巫が奉斎する神々の神名をみてきていえることは、

（一）天皇の御巫、中宮の御巫、御門巫の奉斎する神々は、忌部氏と密接な関係をもち、その祭神の観念は最も古い段階にさかのぼりうるとみられること。

（二）座摩巫の祭神は平安時代になって変化を受けたが、本来は内裏の敷地の神であり、その観念自体はかなりさかのぼって考えるべきこと。

（三）生島巫の祭神も平安時代になって変化しているが、この神々の性格は他の神々と異なり、その確立の時期は相対的に新しいように思われること。

（四）いずれの御巫の祭神も、その原型は律令制度の導入以前の段階に存在したものと思われること。

などである。そして、これらのことは、御巫の関与する祭祀のなかで、天皇、中宮の穢れを祓う毎月晦日の御贖物と、内裏の穢れを祓い清浄な空間を保つための大殿祭、御門祭、御川水祭が観念としては最も古層に属するであろうとするこれまでの研究と、きわめて整合的であるとみることができる。

このようにみてきて最後に残る問題は、天皇や中宮に直接関与する重要な祭祀を司る御巫が、なぜ課役を負担する人々のなかから採用されるのか、また、こうした形態が本来的なものであったかどうかということである。これについて、天皇の御巫以外の御巫は、もともとは国造の娘のなかから採られていたとする見解がある。(19)

その最大の根拠とされるのが、延喜臨時祭式の座摩条にみえる「凡座摩巫、取㆓都下国造氏童女七歳已上者㆒充㆑之、若及㆓婚時㆒、申㆓弁官㆒充替」という規定である。しかし、延喜式においては、これ以外の御巫はすべて「庶女」から採用され、この形は大宝令の段階までさかのぼりうるということは、すでにみたとおりである。しかも、大宝令段階では座摩巫もそのほかの御巫と差異はないと判断される。また、古語拾遺でも、御巫は伴造系の氏とは関係をもつものの、国造系の氏とは関係が見出せないのである。確かに摂津国西成郡には座摩神社があり、佐伯有清・高嶋弘志編の『国造・県主関係史料集』の「都下国造」の項(20)にも指摘されているように、「都下国造」とはここの地域の氏であったとも考えられる。しかし、このことは、かつてこの地に宮殿があった可能性を示すにしても、国造が存在していたことの証明にはならない。それに、座摩巫が大宮地の霊を祭る役割をもつ存在であったにしても、なぜ座摩巫だけが特定の国造氏からだけ採用されるのかという問題は、いっこうに解決しない。むしろ本当に宮殿の敷地の神を祭るのであるならば、大殿祭や御門祭を司る天皇、中宮の御巫や御門巫に性格上は近いはずである。養老後宮職員令18氏女采女条によれば、采女は郡の少領以上の姉妹および娘のなかから、容姿端麗なものを採用することになっていた。つまり、采女は郡司の前身である国造層から採られていたと考えられるが、采女には本来宗教的な性格はないともいわれている(21)。

したがって、こうしたことから考えていくと、座摩巫のみが「都下国造氏」から採用されるというのは、比較的新しい現象に属するのではないかとも思われる。あるいは、大同年間以降に座摩巫の祭神に変化があると思われるのも、このことに関係しているのかもしれない。この「都下国造」をどのように解するかはそれ自体一つの問題であるが、もしこれを太田亮『姓氏家系大辞典』の「都下」の項に従って、「ツゲの国造」と解するならば、日本書紀の允恭天皇二年二月己酉条に記された「闘鶏国造」に一致し、また、大和国山辺郡都介郷に氷室があったことは、日本書紀仁徳天皇六十二年是歳条や延喜主水式の運氷駄条から明らかである。しかも、主水司は御井神や御生気御井神、氷池神などの祭に関係している。したがって、こうした関係から、ツゲの国造が平安時代になってから新たに関与しはじめた形態であるという蓋然性もある。もし、そうであるならば、座摩巫の場合も他の御巫と同じように、もとは課役の民のなかから採用されていたことになる。

御巫が国造層のなかからではなく、より広く調庸を納める一般人民の子女のなかから採用されるものであったとしたら、その理由は一体どこに求めるべきなのであろうか。御巫に類似したものに、巫部というものがある。新撰姓氏録では、和泉国神別の巫部連について、「雄略天皇御体不予、因レ茲、召二上筑紫豊国奇巫一、令二真椋率レ巫仕奉一、仍賜二姓巫部連一」と説明している。しかし、この巫部が御巫とはまったく別な存在であることは儀式の鎮魂祭条より明白である。両者の間に交流があるわけでもない。また、六国史にみられる民間の巫覡は、つねに秩序を揺るがす存在であり、弾圧の対象として描かれている。吉備真備の私教類聚においても、本当の巫は官で掌握しており、民間の巫覡はまやかしの存在であると認識されている。当時において、巫覡の厭魅が現実的に非常に恐れられる存在であったにしても、そうした点からすると、民間の巫覡がその能力を高く評価されて神祇官に採用されるといったことは、ほとんどありえないことであろう。

むしろ、ここで注意しておくべきことは、御巫が重要な役割を演じている大殿祭、御門祭あるいは鎮魂祭などは、いずれも忌部氏やそれに近い関係にある猿女氏が行うものであり、また、天皇、中宮、東宮の御巫が祭る大宮売神と御門巫が祭る櫛磐間戸神と豊磐間戸神は、いずれも古語拾遺によれば忌部氏の祖である太玉命の子であり、それらの神々の子が天富命となるという神統譜が認められることである。忌部氏は律令制度下においては、確かに朝廷祭祀の一部分を行うのみであるが、古語拾遺において主張されているように、大同年間よりも以前の時代においてはより広い範囲の祭祀に関与しており、むしろ中臣氏よりも古い段階からヤマト王権の祭祀を職掌としてきたと考えられている。(22)そして、古語拾遺の天石窟の段や神武天皇の段では、忌部の祖神が諸の神々を率いる形で祭祀を執り行っている。もちろん、古語拾遺自体が斎部広成の撰述したものであるから、そうした忌部のあり方を直ぐに史実であると判断すべきではないが、宮殿や宮門を建設するにあたって、忌部氏が中心となって他の関連する諸氏を率いて奉斎していたであろうことは、十分にありうることである。御巫が実際に行っていた祭祀の職掌は、そうした奉事の形態の一部に相当するわけであり、その際に御巫は忌部氏やその関連氏族、あるいはその所有する部曲のなかから採用されていたのではないかと考えられる。そして、ちょうどそれに類似した採用の形態は、他にも後宮に仕える氏女に見出されるのではないかと思われる。養老後宮職員令18氏女采女条によれば、内裏で女孺となる氏女は諸氏のなかから氏ごとに出され、もし自ら進んで奉仕しようとする場合には、京、畿内の一般人民でも許されて内裏に入り、天皇や中宮に近侍しえた。こうした形態は、いずれもヤマト政権がまだ小さな地域しか統治していなかった時代における宮人の採用のあり方を残しているものと思われ、御巫の特殊とも思える採用のあり方も、こうしたところから理解していくべきものではないだろうか。

五　神祇官御巫制度の変遷過程

われわれが、日本列島中央部に出現した古代国家について知ろうとする場合、その考える基礎となる文献は、ほとんど律令制度が実際に整備されていった奈良時代以降に成立したものである。したがって、そこには新旧さまざまの要素が入り混じり、その識別は簡単にはいかない。しかし、そのなかには、ヤマト政権の形成期にまでさかのぼりうる古い時代の要素が存在することも、また間違いないところである。

ここで取り上げた御巫は、そうした中央政権の儀礼に深く関係し、神祇官のなかに八神殿をはじめとする独自の神殿をもつ存在であるが、それを記した文献は七世紀よりも前にさかのぼることはできない。しかも、八世紀以降の文献のなかですら、ほんの僅かな記載しか残存していない。それでも、それらを方法論的に処理するならば、そこにはある程度の層序関係が見出しうるように思われる。

そうした見地から、これまでの分析を総合するならば、御巫の制度の変遷には、おおよそ次のような過程が想定されるのではないだろうか。すなわち、

（一）御巫はヤマト政権が形成途上の、まだ小地域しか統治していなかった段階において、王の身体や居住空間の清浄さを維持するため、その祭祀を分掌する忌部氏など伴造系諸氏、またはその部曲のなかから採用されていた。

（二）最初は、天皇の御巫、中宮の御巫、御門巫、座摩巫に相当する職掌の人々が制度化され、やや遅れて大八洲の

生成の説話が確立してくるとともに、生島巫が加わってきた。

（三）律令制度が整えられてくるなかで、天皇の御巫、中宮の御巫は大和国から、生島巫は左京から、座摩巫と御門巫は右京から採用するという形態が確立した。

（四）さらに、大宝令の施行以降に、東宮御巫が加わった。

（五）大同年間以降、主水司とつながりの深い、ツゲの国造が介入して、座摩巫はその氏から採用されることとなった。また、同じ頃、その奉斎する神名にも大きな変動があった。

こうした過程をたどって到達した状態が、延喜式のなかに定着した姿であると考えられる。

しかし、こうした令や式に記され、律令体制の一翼に組み込まれた御巫も、平安時代中期以降のその体制の解体過程のなかで、次第にその地位を下げていったものと思われる。江家次第における八十嶋祭の記述には御巫の関与が認められず、建武年中行事が記す月はじめの御贖祭にも御巫が現れてこない。このように儀式書のなかからも御巫の姿が確認されなくなる一方、それに代わって新たに注目されるのが、内侍の所作が記されるようになってくることである。これは、貴族社会における感性の変化とともに、内侍がその活動の領域を拡大していった結果、史料の上でも頻繁に現れることになったものと思われ、こうした神祇官の祭祀のあり方においても、中世国家への変化を読み取ることができるであろう。

注

（1）義江明子「『女巫』と御巫・宮人―鎮魂儀礼をめぐって―」および「御巫の再検討―庶女任用規定をめぐって―」（『日本古代女性史論』吉川弘文館、二〇〇七年、初出はそれぞれ二〇〇〇年と二〇〇一年）。

（2）髙橋紘『現代天皇家の研究』（講談社、一九七八年）、同『象徴天皇』（岩波書店、一九八七年）。
（3）大山誠一「官員令別記の成立をめぐる諸問題」（『日本歴史』三七二号、一九七九年）。
（4）東野治之「大化以前の官制と律令中央官制」（『日本歴史』三六二号、一九七八年）。岡田精司「日奉部と神祇官先行官司」（『古代王権の祭祀と神話』塙書房、一九七〇年）。
（5）岡田精司「宮廷巫女の実態」（『日本女性史　第一巻』東京大学出版会、一九八二年）。
（6）二宮正彦「宮中神二十三座について」（『古代史論集　下』塙書房、一九八九年）。
（7）松前健「鎮魂祭の原像と形成」（『古代伝承と宮廷祭祀』塙書房、一九七四年）。
（8）武田祐吉「祝詞概説」（『日本古典文学大系　古事記祝詞』岩波書店、一九五八年）、早川庄八「律令制と天皇」（『日本古代官僚制の研究』岩波書店、一九八六年、初出は一九七六年）など。
（9）三品彰英「神功皇后の系譜と伝承」（『日本書紀研究』第五冊、塙書房、一九八二年）など。
（10）渡辺勝義「『鎮魂祭神』と『鎮魂歌』について」（『鎮魂祭の研究』名著出版、一九九四年）。
（11）津田左右吉「神代の物語」（『日本古典の研究』上、岩波書店、一九七二年、初出は一九二三年）。
（12）岡正雄ほか「日本民族＝文化の源流と日本国家の形成」（『民族学研究』第一三巻第三号、一九四九年）。
（13）溝口睦子「『ヒ』型人名」（『古代氏族の系譜』一九八七年）。および溝口睦子「天の至高神タカミムスヒ」（『古事記・日本書紀論集』一九八九年）。
（14）津田左右吉「古語拾遺の研究」（『日本古典の研究』下、岩波書店、一九五〇年）。
（15）西田長男「八神殿の成立」（『日本神道史研究』第八巻、一九七八年）。
（16）折口信夫「産霊の信仰」（『折口信夫全集』第二十巻、中央公論社、一九五五年）。
（17）石川千恵子「古代大殿祭考」（『日本歴史』第五〇五号、一九九〇年）。
（18）西宮一民校注『岩波文庫　古語拾遺』解説、一九八五年。
（19）岡田精司「宮廷巫女の実態」（『日本女性史　第一巻』東京大学出版会、一九八二年）。

(20) 佐伯有清・高嶋弘志編『国造・県主関係史料集』(近藤出版社、一九七七年)。
(21) 門脇禎二『采女』(中央公論社、一九六五年)。
(22) 上田正昭「忌部の職能」(『日本古代国家論及』一九六八年)。

第六章　東国の海浜に現れた神々 ―二座の薬師菩薩名神―

一　海浜の怪異

延喜式は延喜五年（九〇五）八月に編纂が開始され、二二年後の延長五年（九二七）十二月二十六日に奏進された法制書である。その意味では、完全に十世紀の典籍といいうるのであるが、その素材となった単行法令などは、ほとんどが九世紀に成立したものであり、九世紀社会の研究により重要な貢献をする可能性をもつものである。[1]そして、この九世紀という時代は日本の宗教史の上では、一般に神仏習合の現象が進展して、従来の律令国家的な神仏観念から平安時代的な神仏観念へと移行していく時期と考えられている。[2]

ところが、延喜式五十巻のうち、冒頭の十巻を占める神祇式についてみるならば、この神仏習合の現象はなぜか非常に見出しにくいのである。巻九・巻十のいわゆる神名帳においても、それは例外ではない。伊豆国賀茂郡の優波夷命神社や石見国邇摩郡の国分寺霹靂神社、豊前国宇佐郡の八幡大菩薩宇佐宮などは、その例外的事例に属する。そうしたなかにあって、きわめて特殊的なのが常陸国鹿島郡の大洗磯前薬師菩薩明神社と那賀郡の酒烈磯前薬師菩薩神社の二座の神々である。[3]

もっとも、この二社がどういった由来で成立したのかについては、その起源がほとんど史書に記されていない多くの延喜神名式記載の神社と異なり、ある意味では日本文徳天皇実録（以下、「文徳実録」と略称）に明快である。すなわち、斉衡三年（八五六）十二月戊戌条において、大洗磯前の塩焼きの翁が夜半に海上の怪しい光を発見し、明くる朝、海岸に行ってみると不思議な二つの石をみつけた、時を同じくして神懸りする者があり、それがオホナモチとスクナヒコナのミコトであるとされたと常陸国司が朝廷に言上したというものである。また、同書の天安元年（八五七）八月辛未条には、大洗磯前と酒烈磯前の神などが官社とされたこと、同十月己卯条にはそれら二座の神々に薬師菩薩名神の名号が与えられたことが記されている。

しかし、これらの条文間には微妙な差異が存在している。その理由は一体どこにあるのであろうか。そして、更により本質的な問題は、なぜ斉衡から天安というこの時期に、東海道の東端の常陸国でのみこうした現象が発生したのかという点である。この問題を考えるにあたっては、まず、その二社の成立の発端となった事件を、文徳実録からみていかねばならない。その斉衡三年十二月戊戌（二十九日）条は次のように記している。

常陸國上言。鹿嶋郡大洗磯前有レ神、新降。初郡民有二煑レ海爲レ塩者一。夜半望レ海、光耀属レ天。明日有二兩恠石一。見在二水次一。高各尺許。體於二神造一非二人間石一。塩翁私異レ之去。後一日、亦有二廿餘小石一。在二向レ石左右一。似レ若二侍坐一。彩色非レ常。或形像二沙門一。唯無二耳目一。時神憑レ人云、我是大奈母知、少比古奈命也。昔、造二此国一訖、去往二東海一。今、爲レ濟レ民、更亦來歸。

（常陸国、上言す。鹿島郡大洗磯前に神あり、新たに降りたまふ。初め郡の民に海を煮て塩と為す者あり。夜半に海を臨むに光耀天に属す。明くる日、両つの恠しき石あり。見るに水次に在り。高さおのおの尺ばかり。体は神の造れるものに於いて人間の石にあらず。塩の翁、私にこれを異として去る。後一日、また二十余の小石あり。

石に向ひて左右にあり。侍坐するがごときに似たり。彩色、常にあらず。或は形は沙門に像る。唯だ耳目無し。時に神、人に憑きて云く、我はこれ大奈母知、少比古奈命なり。昔、この国を造り訖り、去りて東海に往く。今、民を済はむがため、更にまた来帰すと。）

この記事の真偽の程はもとより確認しようもないが、普通ならば鹿島郡司が何らかの解文を常陸国司に提出し、それを受けて国司が神祇官に報告するという手順が取られたものと考えられる。

ところで、文徳実録には、これ以外にも数多くの神異もしくは怪異の現象が記載されている。斉衡三年をはさむ三年間だけみても、記載は次のとおりである。

斉衡二年二月癸丑　有㆓長星㆒。出㆓於東北㆒。
同　二月癸亥　備中國言、吉備津彦名神庫内鈴鏡、一夜三鳴。
同　四月是月　寒、殞㆑霜。記㆑灾也。
同　閏四月是月　左右馬寮御馬、疫死殆盡。
同　五月庚午　東大寺奏言、毘盧舎那大佛頭、自落在㆑地。
同　六月癸未　震㆓建礼門前柳樹㆒。
同　八月丙戌　兵庫中鼓、自鳴。
同　八月辛丑　長門國言、牛、産㆓犢一身兩頭㆒。
同　三年二月癸巳　地震。有㆑聲。如㆑雷。
同　四月辛丑　虹、見㆓於辯官廳前㆒。
同　八月丁丑　冷泉院及八省院、太政官廳前、同㆑時虹見。記㆑異也。

同　　八月戊寅　安房國言、天、雨二黒灰一。従レ風而來。委レ地三四許分。
同　　十一月丁巳　御池水色、變レ黒。數日乃復。何以書レ之。記レ異也。
同　　十一月戊辰　有レ鷺。集二版位下一。記レ異也。
天安元年正月癸丑　近來、處々井泉、涸盡。左京三四條間、枯渇尤甚。今朝、始雨降。
同　　五月丙辰　地震。雷雨。近來、霖雨、不レ霽。今日、京中水溢。
同　　五月乙丑　淫雨、未レ霽。洪水、汎濫。道橋流絶、河堤斷決。
同　　六月庚寅　參河國上言、今月六日、廳院東庫、振動。
同　　七月己亥　雷雨。巽維有レ聲。如レ雷四五度。
同　　七月辛丑　乾維有レ聲。如レ雷五六度。又、巽維時々有レ聲。如レ雷。
同　　七月癸卯　地、大震。乾巽両維有レ聲。如レ雷。
同　　七月甲寅　虹、當二冷然院北門東腋一而見也。
同　　八月己卯　藻壁門、自然頽落。時人、以爲二恠異一也。
同　　十月己卯　是日、有二白雲一。廣四丈許。東西竟レ天。
同　　十月戊子　陰陽寮持行漏刻鼓、自鳴三度。
同　　十一月乙未　持行漏刻鼓、又、自鳴三度。与二去月戊子恠一同。

さらに、これらの記事以外にも、日食、地震、風雪雨などのものを加えれば、その分量はもっと多いものとなる。[4]そして、これらの記事には、先の常陸国鹿島郡の場合と違って、神懸りによる託宣といったことは、一つも記されていないのであるが、弘仁三年（八一二）九月二十六日太政官符[5]には、

恠異之事、聖人不レ語。妖言之罪、法制非レ軽。而諸國、信二民狂言一、申上寔繁。或言及二国家一、或妄陳二禍福一。

（恠異の事、聖人語らず。妖言の罪、法制して軽からず。しかるに諸国、民の狂言を信じ申上すること寔に繁し。或は言、国家に及び、或は妄りに禍福を陳ぶ。）

とあり、それに続けて、

宜下仰二諸國一令上加二撿察一。自レ今以後、若有三百姓輙稱二託宣一者、不レ論二男女一、随レ事科決。但、有二神宣灼然、其験尤著一者、國司、撿察定レ實言上。

（諸国に仰せて検察を加へしむべし。今より以後、もし百姓の輙ち託宣を称する者有らば、男女を論ぜず事に随ひて科決せよ。但し、神宣灼然として、その験尤も著しきものあらば、国司、検察して実を定め、言上せよ。）

とある。

また、将門記においては、天慶二年（九三九）十二月に平将門の軍勢が上野国府を占領した際に、

于レ時有二一昌伎一。云者、憒二八幡大菩薩使一。奉レ授二朕位於蔭子平将門一。其位記、左大臣正二位菅原朝臣霊魂表者、右八幡大菩薩、起二八万軍一、奉レ授二朕位一。今、須以二卅二相音楽一、早可レ奉レ迎レ之。

（時に一の昌伎有り。云へらく、八幡大菩薩の使と憒る。朕が位を蔭子平将門に授け奉る。その位記は左大臣菅原朝臣の霊魂、表すらく、右八幡大菩薩、八万の軍を起こして、朕が位を授け奉らむ。今、須く三十二相の音楽を以て早く之を迎え奉るべしと。）

とあるように(6)、一人の巫女が現れ、将門の坂東支配に正統性を与えているのである。

　こうしたことから推量すれば、斉衡、天安のこの時代にも神異や怪異という非日常的な現象に伴って、多くの託宣があったと考える方がより適切であり、それらの国司などの所司が調査して真偽の程を確認しようとしていたとみる

べきであろう。

それにしても、先の常陸国の事例は他の記事と比較して非常に詳細であり、託宣まで載せているのは一体なぜなのであろうか。そのことを考える際に一つの参考となるのが、大洗磯前での神異を常陸国が報告する二日前、すなわち、斉衡三年十二月丙申二十七日に、やはり同じ常陸国から木連理が発見されたという文徳実録の記事である。木連理の発見については、文徳実録のなかに合計七箇所記載されている。(7) しかし、この時の発見は、その翌日に美作国から献上された白鹿が、詔によって神泉苑に放たれたこととともに、天安改元の契機となっているという点で、他の事例とはかなり異質なのである。そして、その後、文徳実録においては、斉衡四年二月乙酉（十七日）条と同月己丑（二十一日）条との二度、繰り返してこの二国の瑞祥に関連した記事がみられるのである。

それらについての記載は次のようになっている。

Ⓐ 斉衡三年十二月丙申（二十七日）条　常陸国言、木連理。

Ⓑ 同　　　丁酉（二十八日）条　美作國、獻㆓白鹿㆒。詔放㆓神泉苑㆒。

Ⓒ 斉衡四年二月乙酉（十七日）条　遣㆘㆓使内外諸名神社㆒、賀㆗木連理、白鹿等之瑞㆖。宣制曰、……維齊衡三年十月廿日〈尓〉公卿奏〈久〉、常陸國木連理〈乎〉獻、同年十二月十三日〈尓〉美作國白鹿〈乎〉獻〈良久乎〉奏〈世利〉。……御代〈乃〉名〈乎〉改〈天〉天安元年〈止〉爲〈留〉事〈乎〉申賜〈尓〉差使〈天〉禮代〈乃〉大幣帛〈乎〉令捧持〈天〉奉出〈須〉。……（後略）

Ⓓ 天安元年二月己丑（二十一日）条　是日、改元爲㆓天安元年㆒。縁㆔美作、常陸二國、獻㆓白鹿、連理之瑞㆒。

Ⓔ 同　　宣制曰、天皇、恐〈美〉恐〈美毛〉掛畏〈岐〉山陵〈尓〉申賜〈倍止〉申〈久〉、公卿奏〈久〉、維齊衡三年十月廿日〈尓〉常陸国木連理〈乎〉獻、同年十二月十三日〈尓〉美作國白鹿〈乎〉獻〈礼留乎〉進〈止〉

奏〈世利〉。（後略）

Ⓕ　同　詔曰、……去歳冬中、景貺荐委。美作國、貢二白鹿一頭一。色均二霜雪一。自絶二毛群一、性是馴良、足レ称二仁獸一。……常陸国上言、生二連理樹二一也。一郡山裏、兩處森然。分レ根合レ幹。異レ體同レ枝。或相二連其間二一丈餘尺、或交柯之上、更挺二好姿一。……宜レ復二美作、常陸二國百姓當年徭役廿日一。就レ中瑞祥所レ出、重以二優矜一。苫田郡調、眞壁郡庸今年可レ輸、並皆免レ之。其畢二得異蹄一郡司螟臣全繼、叙二正六位上一、賜レ物准レ例。見二著祥木一吏民二人、亦宜レ量二與爵賞一。……（後略。Ⓐ～Ⓕの書き下し文は🅐～🅕）

🅐　斉衡三年十二月丙申（二十七日）条　常陸国言す、木連理有りと。

🅑　同　丁酉（二十八日）条　美作国、白鹿を献ず。詔して神泉苑に放つ。

🅒　斉衡四年二月乙酉（十七日）条　使を内外の諸の名神の社に遣わし、木連理、白鹿などの瑞を賀ひせしむ。宣制して曰く、……維れ斉衡三年十月二十日に公卿奏すらく、常陸国、木連理を献じ、同年十二月十三日に美作国、白鹿を献じらくを奏せり。……御代の名を改めて天安元年と為する事を申し賜ふに使を差して礼代の大幣帛を捧げ持たしめて奉り出す。……（後略）

🅓　天安元年二月己丑（二十一日）条　是の日、改元して天安元年と為す。美作、常陸の二国、白鹿、連理の瑞を献ずるに縁る。

🅔　同　宣制して曰く、天皇、恐み恐みも掛まくも畏き山陵に申し賜へと申さく、公卿奏さく、維れ斉衡三年十月二十日に常陸国、木連理を献ず、同年十二月十三日に美作国、白鹿を献れるを進ると奏せり。（後略）

🅕　同　詔して曰く、去歳冬中、景貺荐に委ぬ。美作国、白鹿一頭を貢ぐ。色は霜雪に均し。自ら毛群を絶え、性は是れ馴良にして仁獣と称するに足れり。……常陸国、上言す、連理の樹二つを生ず。一郡の山裏、両処森然たり。根を分ち幹を合す。体を異にして枝を同じうす。或るものはその間を相連ぬること一丈余尺、或るものは交柯の上に更に好き姿を挺す。……美作、常陸の二国の百姓の当年の徭役二十日を復すべし。なかんずく瑞祥出づる所は重ねて優矜を以てせよ。苫田郡の調、真壁郡の庸の今年輸すべきは、並びにみなこれを免ぜよ。その異蹄を畢得する郡司螟臣全継を正六位上に叙し、物を賜ふこと例に准へよ。祥木を見著せる吏民二人にもまた爵賞を量り与ふるべし。……

これらを比較してみて、まず気付くことはA・BとC・Eとの間で献上された日付に違いが認められるという点である。これは、美作国の場合においては、十二月十三日に公卿が文徳天皇に白鹿の献上を奏上し、それを受けて十二月二十八日に天皇が詔して神泉苑にその鹿を放ったということを意味しているのであろう。一方、常陸国の場合については、Fの記事に木連理は二つあり、C・Eの十二月二十日の木連理の献上の後、再び十二月二十七日に発見が上申されたことを意味しているのではないだろうか。さらに、それぞれが発見された場所が、美作国苫田郡と常陸国真壁郡であり、発見者は苫田郡司と真壁郡の吏民であったということも、これらの記事から判明する。

ところが、文徳実録においては、Cの二月十七日の記事の前後に政治的にきわめて注目すべき事柄が記載されている。すなわち、

二月甲申（十六日）　従五位下藤原朝臣基經等爲二少納言一。……

同　丁亥（十九日）　右大臣正二位藤原朝臣良房爲二太政大臣一。大納言従二位源朝臣信爲二左大臣一。大納言正三位藤原朝臣良相爲二右大臣一。……

という前期摂関政治の確立にとって非常に重要な一段階が、この瑞祥の発見に伴う改元と平行して展開しているのである。[8] もっとも、藤原良房の権力基盤の強化と瑞祥の発見との関係は、ここから直接確定することはできない。ただ、一月二十一日には良房が右大臣の官職辞任を願い出る表をはじめて奉っており、以後、右大臣の辞任を願う表一回、太政大臣の辞任を願う表四回の奉上がなされている。これらが本心からのものでなく、多分に儀礼的なものであることは、やはり、二月二十四日に源信が左大臣の辞退を願う表のなかで「竊見二古今一、凡升二高班一者、例必再三固辞。雖レ堪二其任一、猶有二此事一。」といっているとおりであろう。また、二月二十三日には藤原基経が左衛門佐に任じられるなど、衛府の人事が固められており、三月十六日、十八日、二十五日には京の南などで大規模な群盗の逮捕が実施されている。[9] 良房は一五年前の承和九年（八四二）に道康親王を皇太子にするべく恒貞親王の廃太子を行ったが、群盗の大掛かりな逮捕というのは、それ以降も朝廷内に存在する反対派への威圧行為と理解すべきであろう。[10] こうしたことから考えれば、良房の太政大臣就任はかなり事前からの綿密な計画の下に実施されたというべきであろう。しかし、ここでの問題は良房がたまたま数多くの瑞祥のうちの二つを自らの政治的行動に利用しただけなのか、それとも、これも常陸国や美作国との十分な連携の下で行われたのかという点であろう。[11] このことを考えるためには、もう少しこの時期の地域社会の状況をみていかねばならない。

二　官社に預かる神々

文徳実録において再び大洗磯前の神の名が見出されるのが、天安元年（八五七）八月辛未条である。そこには、

在二常陸國一大洗磯前、酒列磯前神等、預二官社一。

とある。ここにいう大洗磯前の神が前年の不思議な二つの石に関係しているであろうことはほぼ間違いないところであるが、酒列磯前の神とは一体どういう関係になっているのであろうか。また、文徳実録では複数の神が官社に預かる場合に「……神等、並預㆓官社㆒（並列㆓官社㆒）」とか「……以㆓両神（三神）列㆓官社㆒」という表現をとるが、ここでは「……神等、預㆓官社㆒」というやや曖昧な表現となっているのは何か意味あってのことなのであろうか。こうした点が、従来からこの条文の解釈に差異を生ぜしめる理由ともなったのである。

　これらのうち最も定説的な解釈と考えられるのは、二つの不思議な石はそれぞれオホナモチの命とスクナヒコナの命とを表し、それを大洗磯前と酒列磯前とにそれぞれわけて祭ったとするものである。[12] そして、この考え方はさらに一歩進められて、大洗にはオホナモチの命が祭られ、酒列にはスクナヒコナの命が祭られたと解釈されるに至るのである。[13] もっともこれについては大洗と酒列のそれぞれにオホナモチの命とスクナヒコナの命の二座の神々が祭られているとする解釈も一方には存在する。[14] しかし、延喜神名式には大洗磯前にも酒列磯前にもそれぞれ一座が祭れているとあることから、やはりわけて祭られたとする解釈の方が妥当であろう。また、常陸国とよく似た現象がみられるのが能登国の場合であり、日本三代実録の貞観二年（八六〇）六月九日条には、

　能登國大穴持神、宿那彦神像石神二前、並列㆓於官社㆒。

と記されている。この神々は延喜神名式においては羽咋郡の大穴持神像石神社と能登郡の宿那彦神像石神社とに相当すると考えられ、やはり同一の社に祭られているわけではない。こうした事例なども大洗磯前の一箇所に二座の神々が祭られていたのではないことを推定せしむる一つの傍証にはなるであろう。

　しかし、大洗磯前と酒列磯前との二箇所に分祀されたと理解した場合、そこで次に問題となるのはなぜ二箇所に分祀されたのか、また、その二箇所の間にはどういう関係があるのかということである。もちろん九世紀中葉のこの時

期に大洗磯前の社と酒列磯前の社が立地していた正確な地点は確定できない。それにもかかわらず、大洗磯前が鹿島郡の海岸部であり、酒列磯前が那珂郡の海岸部であることは名称からしてまず間違いない。そして、大洗磯前の社については永禄年間に兵火に遭うまでは、社がほぼ連続していたと考えられる。(15)したがって、この社が和名抄に記された鹿島郡宮田郷の一隅にあったことはまず間違いない。また一方、酒列磯前の社については平城宮址出土木簡の一つに、

　常陸国那賀郡酒□埼所ㇾ生若海藻

とみえ、おそらくこの欠字部分は「列」か「烈」である蓋然性が高く、もし酒列であるならば、その地名は八世紀までさかのぼることとなろう。(16)そして、こちらは磯前の名でもって和名抄の那珂郡幡田郷、中世には吉田郡戸田野郷の一隅に位置していたとみられるのである。(17)こうしたことからすると、大洗磯前とは鹿島郡の最北端の那珂川右岸の太平洋沿岸部、酒列磯前とは那珂郡最東部で那珂川左岸地域の太平洋沿岸部にそれぞれ比定して間違いないであろう。となると、この二箇所は郡こそ異なるとはいえ、那珂川をはさむきわめて接近した地点に立地していたと考えられるわけである。

　では、このことは一体何を意味しているのであろうか。それを確認するには鹿島郡と那珂郡の地域的特性にまで立ち返らねばならない。養老年間頃に原本が撰進されたとされる常陸国風土記の香島郡の条には、古老の伝えとして次の記載がみられる。

　難波長柄豊前大朝馭宇天皇之世、己酉年、大乙上中臣□子、大乙下中臣部兎子等、請二惣領高向大夫一、割二下總國海上國造部内輕野以南一里、那賀國造部内寒田以北五里一、別置二神郡一。其處所ㇾ有天之大神社、坂戸社、沼尾社、合二三處一、惣稱二香島天之大神一、因名ㇾ郡焉〈風俗説云二霰零香島之國一〉

（難波の長柄の豊前の大朝に馭宇しめしし天皇の世、己酉の年、大乙上中臣□子、大乙下中臣部兎子ら、惣領高向の大夫に請ひて、下総国の海上の国造の部内の軽野以南一里、那賀の国造の部内の寒田以北五里を割きて別に神郡を置きき。その処に有る天の大神の社、坂戸の社、沼尾の社、三処を合わせて惣て香島の天の大神と称し、因りて郡に名づけき。[18]〈風俗の説に霰零る香島の国と云ふ〉）

これは伝聞という形式で記されており、その点でやや信頼性に疑問も生ずる。とくに冠位については、これを天智天皇三年の制とする説も存在するが、それ以外については史実性を否定すべき積極的な根拠は存在しない。[19] そこで一応これを前提にして考えるならば、まずここで最も重視しなければならない点は、鹿島郡が七世紀の中葉段階において下総国海上郡の一部と常陸国那珂郡の一部とを分離し、それらを併合して鹿島神宮の神郡という形式で成立したということである。しかも、それを申請したのが中臣部の者であるという点である。このことは、海上の国造や那珂の国造にしてみれば、朝廷の権力と結びついた地元の勢力のために、彼等が従来より保有してきた権益の一部を削減されることを意味している。常陸国風土記の年代記述を信用すれば、鹿島建郡の四年後に行方郡が茨城の国造壬生連麿、那珂の国造壬生直夫子らの申請により建てられたことになっているが、これなどはそうした国造層、より限定的にいうならば壬生直氏らの不満への対処という可能性があろう。そして、鹿島郡はその後も都の藤原氏との関係を強くもっていったと考えられ、続日本紀の宝亀八年（七七七）七月乙丑条には、

内大臣従二位藤原朝臣良繼、病。叙二其氏神鹿嶋社正三位。香取神正四位上一。

とある。また、鹿島郡司としては天平勝宝四年十月の正倉院宝物人参袋白布[20]に擬少領無位中臣鹿島連浪足や類聚三代格所収天安三年二月十六日太政官符に大領中臣連千徳といった名前がみえ、中臣氏に連なる者が任ぜられていたことが判る。そして、延喜神名式には鹿島神宮は「名神大、月次新嘗」とあり、官幣大社であるとされ、ここの神戸から

の税は鹿島神宮司から常陸国府へ、そこから太政官、民部省をへて神祇官に入り、更に都にいる中臣氏にもはいっていた蓋然性が高い(21)と考えられる。

それに対して、那珂郡では郡司として続日本紀養老七年二月戊申（十三日）条に大領外正七位上宇治部直荒山、同天応元年正月乙亥（十五日）条に大領外正七位下宇治部全成、天平宝字元年十月の正倉院宝物白布(22)には擬少領大初位下宇治部大成といった名がみえる。ここでは風土記にみえた壬生直氏の名が史料上にみえないことから、八世紀において勢力交替のあった可能性がある(23)。そして、この宇治部直は新撰姓氏録抄にその名がみえないが、河内国神別の宇治部連と和泉国神別の宇遅部連はともに饒速日命の六世孫伊香我色雄命の後とある。また、国造本紀によれば那賀郡の北隣の久自国造は伊香我色雄命の三世孫船瀬足尼からはじまるとある。更に常陸国風土記香島郡条では、もと那珂郡であったこの地に坂戸社があったとあるが、これも天神本紀にみえる天物部の坂戸造に関係すると考えられる(24)。こうしたことからすると、那珂郡司の宇治部直や宇治部も物部氏の系譜に連なる氏である蓋然性が非常に高いと思われる。

こうして、鹿島郡と那珂郡とを比較すると、その性格はかなり違っているといえるのであるが、この二郡に同時に官社が成立したわけである。では、これを常陸国における延喜式内社の動向という点からみるならば、どういったことが認められるのであろうか。表7は、延喜神名式にみえる常陸国の二八座の神格が、続日本紀以降の官撰国史を中心した史料において、いかなる変化をしているかを表現したものである。

この表のなかには「列官社」「預官社」「叙神階」「預名神」といった項目が示されているわけであるが、ここで注目すべき現象はすべての神社において天長以前から仁和年間に至るまで、一貫して史料上に登場してくるものがないという点である。そして、むしろその現れ方は地域ごとにある程度の類似した傾向を有しているのではないかと思われ

表7　常陸国延喜式内社神格変化

郡名	神社名	格	天長以前	承和	嘉祥・仁寿	斉衡・天安	貞観	元慶	仁和
鹿島	鹿島	名神大 月次 新嘗	風土記にあり 宝亀8・7 無位→正三位	承和3・5 従二位→正二位 承和6・10 正二位→従一位	（嘉祥3・12 従一位→正一位）				
鹿島	大洗磯前	名神大				天安元・8 列官社 天安元・10 預名神			
真壁	大国玉	小		承和4・3 列官社 承和12・7 無位→従五位下	（嘉祥3・12 従五位下→従五位上）				
信太	楯縫	小	（風土記にあり）						
信太	阿弥	小							
久慈	長幡部	小	風土記にあり						
久慈	薩都	小	（風土記にあり）	承和13・9 無位→従五位下	（嘉祥3・12 従五位下→従五位上）		貞観8・5 従五位上→正五位上 貞観16・12 正五位上→従四位下		
久慈	天之志良波	小			（嘉祥4・正 無位→正六位上）		貞観8・5 正六位上→従五位下 貞観16・12 従五位下→従五位上		
久慈	天速玉姫命	小			（嘉祥4・正 無位→正六位上）		貞観8・5 正六位上→従五位下 貞観16・12 従五位下→従五位上		
久慈	静	名神大	（風土記にあり）		（嘉祥3・12 無位→正五位下）				仁和元・5 従五位下→従五位上
久慈	稲村	小			嘉祥2・4 預官社 （嘉祥4・正 無位→正六位上）			元慶2・8 正六位上→従五位下	仁和元・5 従五位下→従五位上
久慈	立野	小			（嘉祥4・正 無位→正六位上）		貞観16・5 正六位上→従五位下		

筑波	筑波山・男神	名神大	風土記にあり 弘仁14・正 既に従五位下 列官社			天安2・5 ?↓四位	貞観12・8 従四位上↓正四位下 貞観13・2 正四位下↓従三位		
	筑波山・女神	小		承和9・10 無位↓従五位下		天安2・5 ?↓四位	貞観12・8 従四位下↓従四位上 貞観16・11 従四位下↓従四位上		
那賀	大井	小							
	青山	小							
	吉田	名神大		承和13・4 預名神	(嘉祥4・正 従五位下↓従五位上)	天安元・5 従五位上↓従四位下	貞観5・8 従四位下↓従四位上	元慶2・8 従四位上↓正四位下	
	阿波山上	小							仁和2・12 従五位下↓従五位上
	酒烈磯前	名神大				天安元・8 列官社 天安元・10 預名神			
	藤内	小							
	石船	小			(嘉祥4・正 無位↓正六位上)		貞観元・4 正六位上↓従五位下		
新治	稲田	名神大							
	佐志能	小		承和4・3 列官社					
	鴨大神御子神主	小			嘉祥3・6 列官社		貞観3・9 従五位下↓従五位上		
茨城	夷針	小							
	羽梨山	小					貞観12・8 従五位下↓従五位上		仁和元・9 従五位上↓正五位下
	主石	小							
多珂	佐波波地祇	小			(嘉祥4・正 無位↓正六位上)		貞観元・4 正六位上↓従五位下		

註（1）郡名・神社名の用字は延喜神名式を基準とした。

註（2）「天長以前」の欄における「(風土記にあり)」は、地名・氏名より存在が推定されることを意味する。

註（3）「嘉祥・仁寿」の欄のカッコ内は「類聚三代格」所収嘉祥四年（八五一）正月二十七日太政官符および、それに引用された嘉祥三年十二月二十八日太政官符により推定されることを示す。

註（4）神社の格のうち、勲等は除外した。

ることである。これは、現存している史料にすべての神格の変化が一つひとつ正確に記録されているわけではないということを考慮に入れるにしても、やはり無視しえない事柄ではないだろうか。

例えば、鹿島郡の場合、奈良時代末の宝亀八年（七七七）に叙位がはじまり、承和三年と六年とに昇叙があるが、その後には国史上に現れてこない。そして、承和六年（八三九）から数えて一八年後の天安元年（八五七）になり、今度は鹿島郡のなかでは郡家や鹿島神宮から遥かに離れた一番北端に、官社が突如として出現するわけである。鹿島神宮と同様、承和年間前半の神格の変化があったものに、真壁郡の大国玉神社と新治郡の佐志能神社があるが、これらもその後ほとんど変化がみられない。ところが、承和年間後半から変化がみえだす久慈郡、筑波郡、那珂郡などでは、その後にも変化が継続しているのである。

ところで、官社に預かる場合や神階の叙位が行われる場合には、具体的にはどんな手続きが採られたのであろうか。文徳実録嘉祥三年（八五〇）五月丙申条には、

詔、以㆓武蔵國奈良神㆒、列㆓於官社㆒。先㆑是、彼國奏請、撿㆓古記㆒、慶雲二年、此神、放㆑光如㆓火熾㆒。然其後、陸奥夷虜反亂。國、發㆓控弦㆒赴㆓救陸奥㆒。軍士、載㆓此神靈㆒、奉以撃㆑之、所㆑向無㆑前。老弱在㆑行、免㆓於死傷㆒。和銅四年、神社之中、忽有㆓湧泉㆒。自然奔出、漑㆓田六百餘町㆒。民有㆓疫癘㆒、禱而癒。人命所㆑繫、不㆑可㆑不㆑崇。從㆑之。
（詔して武蔵国の奈良神を以て官社に列せしむ。是より先、彼の国奏請すらく、古記を検ずるに慶雲二年、この神、光を放ち火熾のごとし。然るにその後、陸奥の夷虜反乱す。国、控弦を発ち陸奥に赴き救はしむ。軍士、この神霊を載せ、奉じて以てこれを撃つに向かうところ前なし。老弱も行に在りて死傷を免る。和銅四年、神社の中に忽ち湧泉有り。自然に奔出して田六百余町を漑す。民に疫癘有るも、祈りて癒ゆ。人命繫ぐところ崇めざるべからずと。之に従ふ。）

とある。また、同年八月戊申条にも、

詔、以二遠江國角避比古神一、列二官社一。先レ是、彼國奏言、此神叢社、瞰二臨大湖一。湖水所レ漑、擧レ土頼レ利。湖有二一口一。開塞無レ常。湖口塞則民被二水害一。湖口開則民致二豊穣一。或開或塞。神實爲レ之。請加二崇典一、爲レ民祈レ利。従レ之。

（詔して遠江国の角避比古神を以て官社に列せしむ。是より先、彼の国奏して言はく、この神の叢社、大湖を瞰臨す。湖水の漑ぐところ土を挙げて利を頼む。湖に一口有り。開塞すること常なし。湖口塞がらば則ち民、水害を被る。湖口開けば則ち民、豊穣を致す。或は開け或は塞がる。神、実に之を為す。請ふらくは崇典を加へ、民の為に利を祈らんことをと。之に従ふ。）

とみえる。これらは直接的には国司が神祇官に申請したのを受けて、太政官で審議して奏上し、そこで天皇がその神を官社に預からしめることを許可するという形式を採っていると考えられる。しかし、なぜ国司はこうした申請をする必要があるのであろうか。少なくとも文面に挙げられている理由は、決して説得的であるとはいいがたいように我々には思われる。前者は慶雲、和銅といった百年以上も前の事柄を示し、後者は非常に抽象的な理由である。

では、そもそも、官社に列せられるということはどういったことなのであろうか。もちろん、具体的には二月四日の祈年祭に神祇官か国司から幣物が奉上されることを指すが、幣物自体にそれほど神社側が利益を感じていないことは、朝廷側の再三にわたる要請にもかかわらず、祝部の不参が続いていることから明白である。[25] そういった現象が一方にありながら、官社が増え続けるのは何らかの利益を誰かが得ないと説明できない。[26] また、表7からも明らかなように、これとほぼ平行して神階の叙位も活発に行われている。こうしたことから、官社制から神階社制への移行ということもいわれるが、両者は時期的には少なくとも重なっている。[27] また、官社に預かることは一度限りであるが、神階は昇叙があるため複数回にわたって行われるという違いもすでに指摘されている。[28] この点については、村上朝に成立した新儀式には、

神位階者、随二諸司諸國申請一、上卿奉レ勅、先令レ下二勘本位一、奉二加授一矣。令三内記勘二作位記一、附二内侍一奏聞之、請印訖、令レ頒二給之一。

とあり、七道諸国の神への叙位には国司が深く関与していることは間違いない。おそらく、官社に預かるということと神階に叙せられることとの間には、少なくとも国司が介在するということにおいて、何らかの関連性があったとみるのが穏当であろう。

そこで次に考えるべきことは、そういった立場にある国司と、官社に預かったり神階に叙せられた神社との関係である。養老職員令70大国条には、国守は「祠社を司る」と規定されており、また、同令68摂津職条の諸注釈書は、この「祠社」について「百神を祭る」「百神の集ふ処」「春時に田を祭る」などとしている。[29] しかし、これが国内すべての神を対象にしたものではなく、出雲国風土記にみえるような「神祇官に在る」社のみを指しているであろうことは、すでに指摘されているとおりであろう。[30] そして、神戸については神祇令20神戸条に国司の検校が規定されているものの、延暦十七年（七九八）九月七日以降に国司が行いはじめる祈年祭の奉幣[31]が、いかなる儀式を伴っていたのかについては、明確な規定は確認できない。ましてや、神階叙位については、なおさら不明な部分が多い。

ただ、こうしたなかにあって注意すべきことは、国司が官社の神主の選定権を有しているという事実である。[32] そして、類聚三代格巻一にある貞観十年六月二十八日太政官符では、神主という用語は禰宜、祝の総称として用いられていることは明白であるが、こうした神主が文徳朝においては、しばしば把笏《はしゃく》に預かっているという点である。[33] ところで、この神主たちは一体どこで把笏をするのであろうか。これは正式の服装を必要とする国衙において他にはないで

あろう。しかも、文徳実録斉衡三年四月甲戌条には、

詔、諸國三位已上名神、神主及禰宜、祝等、並預二把笏一。

（詔して諸国三位已上の名神の神主および禰宜、祝らみな把笏に預からしむ。）

とあり、神階と連動していることが認められている。確かに神階そのものに位田や位封が必ずしも伴わなくなったために、神階叙位の活発化がもたらされ、やがて諸神同時昇叙の現象を生み出したのであろう(34)。しかし、単に神階が儀礼的なもののみであったなら、九世紀における夥しい神階昇叙といったことは理解できるであろうか。官社に預かる場合もそうであるが、神階昇叙も各地のそれぞれ個別的な動向として現れる。これはそれぞれの地域の特殊事情に起因しているからに他ならない。こうした際に神階昇叙によって得られる具体的な変化といえば国衙内における神主の序列しか存在しないのではないだろうか。十世紀以降に作成された国内神名帳が官社か非官社かではなく、神階によって序列化されているのも、この点に関わっているのではないだろうか。したがって、その意味では、神階が国司と地元の神主との親疎関係、つまりは神主の属する地元勢力との親疎関係につながっているからこそ、非常な熱気を伴う動きとも成りえたのではないだろうか。

ところが、そういった国司が任期を終えた場合に、どういったことになるのであろうか。続日本後紀承和九年八月丙子条における大宰府からの上奏のなかには、国司が任期終了後も管内に残留して公民の生業を妨害している弊害が記されている。こうしたことは、斉衡二年六月二十五日太政官符が引く延暦十六年四月二十九日官符(35)にも記されており、九州では八世紀末から九世紀中葉まで問題として引き継がれていたことが知られる。元の国司が任期終了後もその地において勢力を維持できるのは、在任中に築いた財産と地元勢力との協力関係によっていることは論を待たない。神主もそういった地元の勢力の重要な一部であるといわねばならない。

そして、貞観十年六月二十八日太政官符においては、「應レ令下二國司一定中神主考上事」として、弘仁十二年正月四日に太政官が大和国に下した符を引いている。そして、更にそのなかに引用された大和国の解(36)には、

祢宜、祝等考者、國司勘定。而今、至二于神主一、不レ隷二國司一。回レ茲任中功過、無レ由二検覈一。

（禰宜、祝らの考は国司勘へ定む。しかるに、今、神主に至るまで国司に隷せず。ここに因り任中の功過、検覈に由ることなし。）

とあるように、新しい国司が着任しても、それには必ずしも新たな関係を構築する必要がないという状況が発生しているのではないだろうか。また、同解文に示された官職にあるものが、神主を務めると神事が軽視されるので新たに官にない者を選んで神主に任じようとしていること、貞観五年九月二十五日の勘解由使起請に示された神社帳(37)も官舎帳に准じて勘了の日に式部省に移そうとしていることなど、これらもやはり国司交替に伴って発生する地元勢力の再掌握の動きとして理解すべきであろう。常陸国については、直接こうした動きを確認できる史料は今のところ見出しえないが、こうした動きはおそらく日本列島中央部において広範囲に発生していたと考えたほうがよい。前に示した表7において、神社の社格変化が長期にわたって連続せず、地域ごとに類似した傾向がみられるという背景には、こうした現象があるものと思われる。

一方、九世紀において一貫して政治問題になっている事柄に、院宮王臣家や豪民勢家による山林原野などの土地独占という事態がある。ところが、それらに対する禁令の一つである大同元年（八〇六）閏六月八日太政官符には「五位以上六位以下および僧尼、神主ら、違犯の類には復た科法を立つ。」とある(38)。これらは神主らが土地の併合に深く関与していた何よりの証拠ともいえるだろう。また、この土地独占と関連した問題として、物資の輸送については往来の人や馬を強制的に動員する強雇の問題がある。貞観九年（八六七）の太政官符は、具体的には山崎の津と大津にお

けるこの問題を念頭において出されたものであるが、その引くところの承和二年十月十八日官符には、すでに「威勢の輩、強ひて往還の人馬を雇ひ、民をして愁苦せしむ。」とある。(39)京、畿内、近江などに下された同じく所引の嘉祥二年（八四九）九月二十五日官符のなかにも「諸衛府、諸家人ら、或は騎人を追い下ろし、或は負ふる荷を切り落とし、事を濫にして強ひて雇ふ。」という言葉がみえる。(40)しかも、これが経済的先進地域である畿内、近国のみでなく、東国にも拡大していったことを示すのが寛平六年（八九四）七月十六日官符である。(41)ここでは上総、越後などが対象となっており、しかも水上交通の舟もそのなかに示されてくる。(42)上総国については、これより先の元慶八年（八八四）に国司が、

前司子弟、不レ順二國政一。富豪浪人、乖二吏所一レ行。至三于勘二納官物一、対二捍国宰一、陵二寃郡司一。租税多逋、調庸闕レ貢。
（前司の子弟、国政に順はず。富豪の浪人、吏の行ふ所を乖る。官物を勘納するに至りては国宰に対捍し郡司を陵寃す。租税は多く逋れ、調庸は貢を欠く。）

と訴え出ている。(43)また、貞観三年（八六三）十一月に武蔵国では、郡ごとに検非違使一人を置いている。(44)その際、その理由に「凶猾、党を成し、群盗、山に満つ。」ということを挙げているが、これはこういった状況を指しているといえるだろう。そして、常陸国は上総、上野両国とともに天長三年（八二六）に親王任国となっており、(45)延喜民部式では大国、同主税式出挙本稲条では全国最大の一八四万六千束とあり、和名抄に記された水田は四万九十二町六段百十二歩で全国第二位となっている。こうした地域が、当時生じていた経済や社会の変化の圏外にあったとはとうてい考えがたく、当然のことながら、土地の独占と流通の問題が生じていたとしなければいけない。

こうした状況からすると、常陸国の各郡の動向は都の院宮王臣家とも密接に関連していたことが想定される。そし

て、承和年間のはじめに、真壁郡の大国玉神社が官社に列せられたことと、鹿島神宮が昇叙に預かっていたことは、それを可能とする状況において共通していたものとみなければいけない。そうした前提があってはじめて斉衡三年の真壁郡における木連理の発見と、それを理由にした都での天安改元があるのではなかろうか。やはり、真壁郡での発見は都の藤原氏と密接に連動した動きと理解した方が適切であろう。

では、その場合に大洗磯前と酒列磯前の官社化の動きはどのように理解すべきであろうか。那珂川河口部は律令国家以前に古墳の発達をみた地域であり、当時より有力な勢力の存立を可能ならしめた地域である。その後、ここの勢力がどういった変遷を辿っていったのかは不明であるが、斉衡三年にやっと台頭する機会を得たわけである。そして、大洗と酒列とを範囲とする勢力とが一つであったとは断定できないにしても、一体性のきわめて強い勢力であったことは間違いない。その勢力が官社化を成し遂げるためには先ず郡司の力を借りねばならないが、その際に従来から中臣氏の勢力下にある鹿島郡司のみでは十分ではなく、承和十三年（八四六）に名神に預かり、天安元年以降も昇叙が続き、国司ともつながりの強い那珂郡の吉田神社を祭る勢力の力を必要としたと考えられる。天安元年に鹿島郡大洗磯前のみでなく、那珂郡酒列磯前にも官社が出現する理由は専らここに求められよう。また、九世紀中葉のこの時期に、那珂川河口部の勢力が台頭する理由は、土地独占と治安の悪化に伴う新たな舟運による流通路の確保においては他には考えがたい(46)。斉衡二年正月に、陸奥国の警備問題が浮上するにしても、蝦夷との戦闘が最も激しい延暦から弘仁の時期や元慶年間ではなく、むしろ相対的安定期ともいうべきこの時期には主たる理由とはなりえないと考えられる。

三　薬師菩薩名神という名号

大洗磯前の神と酒列磯前の神とが官社に預かってから約二ケ月の後、この二神に新たなる名号が奉上された。それについて文徳実録天安元年（八五七）十月己卯条はこう記している。

在二常陸國一大洗磯前、酒列磯前兩神、号二薬師菩薩名神一。

（常陸国に在る大洗磯前、酒列磯前の両神、薬師菩薩名神と号せらる。）

こうした神名の奉上ということ自体、他に類例をみない。そのためにこうした記載がなされたのであろうが、これは一体何を意味しているのであろうか。これを考えるためには、まずこの不思議な神名である薬師菩薩名神を、名神と薬師菩薩という二つの部分にわけて考えることからはじめたい。

名神について、これがある種の神格を示すものであることは確実である。それは延喜臨時祭式に名神祭という祭礼があり（名神祭条）、名神、官社に預かる際の文書手続きも規定されていること（預名神官社条）、同神名式には「大」とは区別された「名神大」という表記があること、日本後紀以降の三つの官撰国史には合計二四条にわたって「預二名神（明神）例一」「預二之名神一」「預二名神一」「爲二名神一」「預二於名神一」「列二於名神（明神）一」といった表記が認められること、嘉祥三年（八五〇）十二月二十八日太政官符[47]のなかに、

唯、大社并名神、雖レ云二無位一、奉レ授二従五位下一。

（唯だ、大社并びに名神は無位と云ふと雖も従五位下を授け奉れ。）

とあることなどから確認されるのである。また、おそらく「名神」と発音が同じと考えられる「明神」については、

表8　官撰国史等における名神（明神）の著され方

日付	本文	備考	出典
天平2・10・29	遣レ使奉二渤海信物於諸国名神社一。	信物献納	続紀
天平宝字8・11・20	遣レ使奉二幣於近江国名神社一。先レ是、仲麻呂之走二拠近江一也、朝庭遥望祷二請国神一。而莫レ出二境内一、即伏二其誅一。所以賽二宿祷一也。	報賽	〃
延暦7・5・2	詔二群臣一曰、宜三差レ使祈二雨於伊勢神宮及七道名神一。是夕大雨。其後雨多、遠近周匝、遂得二耕殖一矣。	祈雨	〃
延暦9・5・29	以二炎旱経レ月公私焦損一、詔奉二幣畿内名神一。以祈二嘉澍一焉。	祈雨	〃
延暦10・7・1	以二炎旱経一レ旬、奉二幣畿内諸名神一。	祈雨	〃
延暦24・7・26	遣レ使奉二幣於畿内名神一。祈レ雨也。	祈雨	後紀
大同4・1・18	令下二天下諸国一、為二名神一写二大般若経一部一奉読供養。安中置国分寺上。若無二国分寺一者、於二定額寺一。	？	〃
弘仁3・6・26	勅、甘沢不レ降、稍渉二旬日一。眷二彼南畝一、深軫二于懐一。所レ冀神霊垂レ祐、早致二嘉雨一。宜下走二幣畿内一祈中於名神上。	祈雨	〃
弘仁3・7・1	勅、頃者、疫旱並行、生民未レ安。静言二于此一、情切二納隍一。但神明之道、転レ禍為レ福。庶憑二祐助一、除二此災禍一。宜レ走二幣於天下名神一。	祈雨・鎮疫	〃
弘仁5・9・15	奉二幣明神一、報二豊稔一也。	収穫報賽	〃
天長10・7・3	越後国蒲原郡伊夜比古神預二之名神一。以下彼郡毎有二旱疫一致レ雨救上レ病也。	祈雨・鎮疫	続後紀
天長10・閏7・1	勅、至二于秋序一、洪水敗レ稼、大風害レ物、古来尚在。宜レ令下二天下諸国一奉二幣名神一、予為二攘防一、勿上損二年穀一。	好天祈願	〃
承和1・6・28	奉二伊勢大神宮及畿内七道名神幣一、以祈レ雨也。	祈雨	〃

承和1・7・13	走二幣畿内名神一。亦令下二諸大寺及諸国講師一修法、以防中淫霖上。	止雨	〃
承和1・8・21	暴風大雨相并。折二抜樹木一、壊二民廬舎一。由レ是、走二幣畿内名神一、祈レ止二風雨一。	止風雨	〃
承和2・7・2	走二幣於天下名神一、豫攘二風雨之災一。	防風雨	〃
承和2・8・1	霖雨霽焉。頒二幣畿内名神一、以賽二于祷一。其丹生川上社、殊奉二白馬一疋一。	止雨報賽	〃
承和3・4・26	頒二奉幣帛五畿内七道名神一。為レ有二遣唐使事一。	好天祈願？	〃
承和3・7・15	勅曰、方今時属二西成一、五穀垂レ穂。如有二風雨愆一レ序、恐損二秋稼一。宜レ令下二五畿内七道諸国一、奉二幣名神一、攘中災未萠上。其幣帛料用二正税一。長官率二僚属一、自親斎戒、祭如二神在一、必致二徴応一。	防風雨	〃
承和3・7・16	復勅曰、如レ聞、諸国疫癘間発。夭死者衆。夫鎖二災胜一招二福祐一者、唯般若冥助、名神厳力而已。宜レ令下五畿内七道諸国司、転二読般若一、走中幣名神上。	鎮疫	〃
承和3・11・1	勅、護二持神道一、不レ如二一乗之力一。転レ禍作レ福。亦憑二修善之功一。宜下遣二五畿内七道僧各一口一、毎二国内名神社一、令上レ読二法華経一部一。国司検校、務存二潔信一、必期二霊験一。	鎮疫？	〃
承和4・6・28	勅令下二五畿内七道諸国一、奉二幣名神一、豫防二風雨一、莫上レ損二年穀一。	防風雨	〃
承和5・7・17	分二幣内外諸国名神一、以祈二秋稼一也。	好天祈願	〃
承和6・4・20	一向令下二七道諸国宰一、奠二幣名神一、雩致中甘雨上。	祈雨	〃
承和7・6・29	勅、頃者澍雨頻降、嘉穀滋茂。如有二風災一、恐損二農業一。宜レ令下五畿内七道諸国、奉二幣於名神一、豫防中風雨上焉。	防風雨	〃
承和8・7・21	勅、令下二五畿内七道諸国一、奠二幣名神一、務祈中嘉穀上。	好天祈願	〃
承和9・3・22	遣一レ使奉二幣松尾、鴨御祖、鴨別雷、乙訓等名神一、祈レ雨也。	祈雨	〃

承和9・9・20	勅、去四月四日御卜曰、来年春秋間、可レ有二疫気一。宜下奉二幣伊勢大神宮一、兼奠二幣於天下名神一、防中災於未然上。	防疫	〃
承和10・1・8	勅、如レ聞、疫癘間発、夭死者衆。加之、狂花発兮、示二不祥一。宜下始レ自二来二月一、迄二于九月一、毎二八日一、令上三十五大寺及七道諸国々分二寺、并定額寺、名神等寺、講二仁王般若経一。	鎮疫	〃
承和10・7・10	奉二幣於天下名神一、令レ祈二百穀一。	好天祈願	〃
承和12・4・27	奉二幣於畿内名神一、祈レ雨。	祈雨	〃
承和12・5・10	勅、比者渉レ旬不レ雨。新苗将レ燋。時当二播殖一。恐妨二農業一。而今嘉雨稍降、井邑赴レ農。不レ知畿外之国、如二渥潤一何。宜下仰二五畿内七道諸国一、奉二幣於名神一、兼毎レ社雩、令上レ祈二甘雨一。若有二雨降過レ度、応レ致二淫害一。復須三奉レ幣祈レ止如二初儀一。	祈雨・止雨	〃
承和15・6・10	勅曰、陰陽寮申云、今茲秋雨、応レ為レ害者、若不二予防一、恐損二年穀一。宜レ令下二五畿内七道諸国一、奉二幣於名神一、以防中止雨害上。	防雨	〃
嘉祥1・7・10	奉二幣畿内名神一、令レ祈二甘雨一。	祈雨	〃
嘉祥2・2・25	陰陽寮言、今年疫癘可レ滋。又四五月応レ有二洪水一者。勅、頃来染レ疫之人、往々夭亡。夫護防之恃、実頼二冥威一。存済之方、亦期二梵力一。宜レ令下二五畿内七道諸国一、奉二幣名神一、兼復於二国分二寺及定額寺一、一七ケ日、昼転二経一、夜礼二観音一如法修行、必呈中霊感上。	防疫・防雨	〃
嘉祥3・2・5	御病殊劇。召二皇太子及諸大臣於床下一、令レ受二遺制一。遣下二四衛府及内竪等一、或賚二御衣一、或賚二綿布一、分二散四方一、誦中経諸寺上。左右馬寮御馬六疋、奉二鴨上下、松尾等名神一。放二諸鷹犬及篭鳥一。唯留二鷴鵠一。又下二知近江国一、禁二諸殺生一。縁三梵釈寺修二延命法一故也。……	天皇延命	〃
嘉祥3・5・9	有レ制。為二諸名神一、令レ度二七十人一。各為二名神一発願誓念。其得度者、皆以二神字一、被二於名首一。	先帝七七御斎会？	文実

嘉祥3・9・26	……下二知五畿七道諸国一、班二幣名神一。同告二賀端之由一。	瑞祥奉告	〃
仁寿2・4・8	遣下二使者一、向二五畿七道諸国一、奉中名神幣上。	好天祈願？	〃
仁寿2・7・10	遣下二使者一、向中賀茂、松尾、稲荷、貴布祢等名神上。奉レ幣祈レ雨。即日得二甘澍一。	祈雨	〃
斉衡1・4・3	遣下二伝燈大法師位智戒、興智、真秀、伝燈法師位明昭、玄永、伝燈満位僧基蔵、基秀一、向二七道諸国名神社一、転二読般若一、祈中民福上也。	民福祈願	〃
斉衡3・4・2	詔、諸国三位巳上名神々主及祢宜・祝等、並預二把笏一。	（神主らの把笏）	〃
天安1・2・17	遣二使内外諸名神社一、賀二木連理・白鹿等之瑞一、宣制曰……。	瑞祥奉告	〃
天安2・4・10	於二冷泉院南路一大祓。為レ遣下諸名神社奉二幣帛一之使上也。	止雨報賽？	〃
貞観1・8・28	依二十禅師伝燈大法師位恵亮表請一、始置二延暦寺年分度者二人一。其一人為二賀茂神一、可下試二大安楽経一加中試法華経、金光明経上。一人為二春日神一、可下試二維摩詰所説経一、加中試法華経、金光明経上。表曰、……其受戒之後、依二先師式一、十二年不レ出二山門一、一日不レ闕、長講二件経一、利二益名神一、奉レ護二聖朝一。……	（年分度者表請）	三実
貞観1・10・28	鋳銭司進二新鋳銭一。奉二諸名神社并諸山陵一、及頒二賜親王巳下一各有レ差。	新銭奉納	〃
貞観3・1・21	宜二詔山城、河内、和泉、摂津及七道諸国司一、近来奉二修理一東大寺大毗盧遮那仏像、功夫即成。仍来三月十四日当下設二無遮之大会一極中荘厳之妙態上。……我寺知識所レ奉二修理一毗盧舎那、今日至心応レ奉二供養一。我亦運レ心、専念同就、広作二功徳一。但先帝準二拠本願天皇之弘願一、以二八幡大菩薩一為レ主、天下名神及万民為二知識衆一、初行二修理一。今至二当時一、此事遂成。始終雖レ殊、徳業惟一。然則使下二八幡大菩薩一別得中解脱上、令下二諸余名神一々力自在上。……爰及二当今一、表裏夷晏、風雨順レ時、年穀豊稔、以レ此為レ基。当下遍二法界一不レ論二自他一、終証中菩提上焉。	（大仏修理法会）	〃

貞観3・5・15	遣二使者於近京名神七社一奉レ幣祈レ雨。告文曰、……。	祈雨	〃
貞観5・3・4	勅、班二幣七道諸国名神一。今春咳嗽流行、人多疫死。仍祷二名社神明一有レ感。因以賽レ之。	鎮疫報賽	〃
貞観5・7・4	祠二広瀬、竜田神一。分二遣使者一、班二幣諸名神社一。	防風雨？	〃
貞観7・4・17	勅、奉レ充二諸明神神田一。松尾神五段、賀茂御祖神五段、別雷神五段、稲荷神三段、平野神五段、大原野神五段。並以二山城国愛宕、紀伊、乙訓、葛野等郡得度除帳田一充レ之。	（神田奉納）	〃
貞観7・11・4	勅、遣下二使者於伊勢大神宮并明神十一社一、奉幣上。告以三天皇遷二御内裏一也。	遷御奉告	〃
貞観8・7・6	班二幣南海道諸神一。告文曰、天皇我詔旨止南海道諸名神乃広前尓申給久。……天皇我御体乎常磐堅磐尓宝祚無レ動護恵給、天下国家平久、百姓乃作食五穀茂豊尓令レ登女給倍止名神達尓波京庫乃幣帛乎差レ使天奉牟。天神地祇仁波国別長官親自潔斎天、以二正税一天交易天可レ奉状乃官符乎下給布……	防災・防風雨・防疫	〃
貞観13・5・16	出羽国司言、従三位勲五等大物忌神社在二飽海郡山上一。巌石壁立、人跡稀レ到。夏冬戴レ雪、禿無二草木一。去四月八日山上有レ火。焼二土石一。又有レ声如レ雷。……並云、彼国名神因二所レ祷未一レ賽。又冢墓骸骨汗二于其山水一。由レ是発レ怒焼レ山、致二此災異一。若不二鎮謝一、可レ有二兵役一。是日、下二知国宰一、賽二宿祷一、去二旧骸一、并行二鎮謝之法一焉。	宿祷報賽	〃
貞観15・2・23	陰陽寮言、今茲天行応レ慎。稼穡不レ登、以三歳当二三合一也。詔二五畿内七道諸国一、班二幣境内名神一、并於二国分及諸定額寺一、限以二三日一、昼則転レ経、夜則礼懺。薫修之間、禁二断殺生一国司講師斎潔至誠、祈二仏神之冥助一、消二災疫於未然一焉。	防風雨・防止疫	〃
貞観17・6・26	下二知大宰府一、班二幣肥後国境内明神一、攘二謝大鳥群鳥之怪一也。	怪異攘謝	〃

貞観17・12・13	勅、令下二五畿七道諸国一、奉二幣境内名神一、及国分二寺、諸定額寺、屈二僧七口一、限以二三日一、昼転二金剛般若経一、夜念中薬師観音号上。明年当二三合一、豫攘二除水旱疾疫兵喪火災一。	防風雨・防疫・防兵乱・防火	〃
元慶2・3・9	分二遣使者一、奉二幣馬於賀茂御祖、別雷、松尾、石清水、稲荷、住吉、平野、大原野、梅宮一、及班二幣五畿七道諸名神一。賽二旧祷一也。告文曰……。	天皇病気平癒報賽	〃
元慶8・2・21	……分二遣大中臣氏人等於五畿七道諸国一、奉二境内名神幣一。	光孝天皇即位奉告	〃
寛平3・11・24	於二鴨明神一、有二奉幣走馬一。勅使右兵衛督藤原高経、率二遊男二十人一参二上下社一。	?	紀略
昌泰1・7・20	下二知五畿七道諸国一、奉二幣神宝於諸名神社一。	鎮疫?　祈雨?	〃
昌泰1・7・23	発二遣使者於伊勢大神宮并五畿七道諸名神一、奉二神財一。又豊前国宇佐宮同奉二神財一。	鎮疫?　祈雨?	〃

註（1）この史料では「名神に預る」とか名神の神階昇叙の記事は除外してある。
註（2）備考欄の疑問符（?）が付いているものは前後よりの推定であることを示す。
註（3）備考欄中のカッコ（　）が付いているものは、直接、祈願等の条文ではないことを示す。
註（4）出典の「続紀」・「後紀」・「続後紀」・「文実」・「三実」・「紀略」は、それぞれ続日本紀・日本後紀・続日本後紀・日本文徳天皇実録・日本三代実録・日本紀略であることを示す。

文徳実録仁寿元年（八五一）六月甲寅条に、

詔、以二近江國散久難度神一、列二於明神一。

（詔して近江国散久難度神を以て明神に列せしむ。）

とある。これは他の名神となる場合の表現方法と同一形式であり、やはりある種の神格を示していることは間違いない。また、延喜神名式の近江国栗太郡にみえる「佐久奈度神社　名神大」と一致すると考えられることから、「名神」と「明神」との間には用字法以上の違いはないといってよいだろう。(48)

　では、名神（明神）が特定の神格を意味することが確実であるならば、それは官社に列せられることや叙位に預かることとの間には、どういった差異があるのであろうか。名神という用語が史料上で確認される最初の事例は、続日本紀の天平二年十月庚戌条である。そこには、

　遣レ使、奉二渤海信物於諸國名神社一。

（使を遣はして渤海の信物を諸国の名神の社に奉る。）

と記されており、この記載からこの時点において、すでに制度としての名神祭祀が確立していたとする考え方(49)も存在している。しかし、これについては早くから特定の神格を指すものではなく、「名ある神の社」または「名だたる神の社」と訓じ、普通名詞と理解すべきであるとする見解も存在している。(50)名神祭の開始を明示する史料がないことから、その起源をいつに求めるかについては未だ定説をみないが、官撰国史において名神の事例が延暦年間以降に頻出してくることだけは間違いない。(51)しかし、それらの名神という用語をふくんだ個々の事例が、特定の神格としての名神を指すのか、あるいは名だたる神という普通名詞の意味で使われているのかについては、それぞれの史料だけでは判断しがたいことも事実である。その一方、確実に神格を示す最初の事例は、日本後紀弘仁二年（八一一）七月己酉条の、

　安芸國佐伯郡速谷神、伊都岐嶋神、並預二名神例一、兼二四時幣一。

（安芸国佐伯郡の速谷神、伊都岐島神、みな名神の例に預かり、四時の幣も兼ねしむ。）

である。したがって、少なくともこの時以降の名神の記載されている事例を、すべて名だたる神とのみ理解するわけにもいかない。そこで、「預名神」とか「列於名神」といった明確に神格を示す史料のほかに、名神（明神）という用

語が官撰国史等でどんな記され方をしているかを示したものが表8である。

この表から明瞭なことの一つは、名神の事例が多くなる延暦期から嘉祥三年（八五〇）、すなわち仁明天皇不豫に際して左右馬寮の馬が鴨の上下社、松尾社などの名神に奉納される時まで、その大部分が祈雨、止雨、好天祈願といった天候の事柄に関係して記述されていることである。疾疫などの沈静化、もしくは予防といった目的も若干は認められるものの、これらは九世紀前半においては、寧ろ副次的なものと考えた方がよいだろう。しかし、天候の順調なることを祈願することが、名神たることの最も本質的な要件と断定できるであろうか。六国史のなかには、他にも多数の祈雨や止雨の記事が認められる。(52) これらのなかには、名神とは記されていないものの、丹生川上神社、貴布祢神社、松尾神社、鴨御祖神社、鴨別雷神社などの名神が奉幣の対象となっている場合がある。その一方で、伊勢大神宮や室生竜穴神社、積川神社など、明らかに名神でない神社にも奉幣がなされていることも確認されるのである。したがって、祈雨などの天候に関する祈願や奉賽とが、名神の固有の属性であるとはいいえないのである。また、名神という言葉でこそ表現されていないものの、実際には名神の神格を有する神に奉幣している場合も、官撰国史になかには相当数あると考えられるのである。

次にこの表から確認されるもう一つのことは、名神と仏教との関連性についてである。例えば、大同四年正月十八日、斉衡元年四月三日には名神のために大般若経が、また、承和三年十一月一日には法華経がそれぞれ転読されている。また、嘉祥三年五月九日、貞観元年八月二十八日には名神のために得度する者が認められ、貞観七年四月十七日には山城国の得度除帳田を名神の神田にあてている。史料上では名神の場合に奉幣、班幣という表現が一般的であるが、名神が記されているその同じ条文のなかに、国分寺や定額寺が並び記されている事例も多い。それら相互の関係は記述されているわけではないが、何らかの関連性を予想させる記載の方法がとられている。(53) また、名神と仏教との

表9　官撰国史等における仏教関連の祈雨事例

日付	本文	備考	名神との関連	出典
慶雲2・6・27	太政官奏、比日亢旱、田園燋巻。雖二久雩祈一、未レ蒙二嘉澍一。請遣下二京畿内浄行僧等一、祈上レ雨、及罷レ出二市廛一、閉二塞南門一。奏可之。		×	続紀
霊亀1・6・13	設二斎於弘福法隆二寺一。詔、遣レ使奉二幣帛于諸社一、祈二雨于名山大川一。於レ是、未レ経二数日一、澍雨滂沱。時人以為、聖徳感通所レ致焉。		×	〃
天平4・7・5	令下両京四畿内及二監、依二内典法一以請上レ雨焉。……	同年5・23、6・28にも祈雨あり。	×	〃
承和1・6・30	延二百僧於大極殿一、限二三箇日一、転二読大般若経一。為下祈二甘澍一兼防中風災上也。	6・28に伊勢・七道名神に祈雨あり。	×	後続紀
承和1・7・2	初為二祈雨一、転二読大般若経一。期日已満。晴而無レ応。由レ是、転レ経更延二二日一、以効二精誠一。	7・13に畿内名神に走幣、諸大寺諸国講師に修法。	×	〃
承和3・6・1	太政官牒二僧綱一曰、奉レ勅、日者、陰雨不レ降、陽旱擲レ旬。不レ有二預慎一、恐損二百稼一。宣下告二東西二寺并十三大寺、畿内諸寺一、転二読経王一令上レ祈二甘雨一。	5・29に貴布祢社等に奉幣、6・6に松尾社等に祈雨奉幣。	×	〃
承和6・4・17	勅、頒二幣於松尾、賀茂上下、貴布祢、丹生川上雨師、住吉諸社一、令レ祈二澍雨一。又限二七箇日一、令レ読二仁王経於十五大寺一、兼通二城外崇山有験之寺一、同俾二転経一。並以二自レ春迄レ今不レ雨也。	4・20に諸国名神に奉幣、4・21に伊勢に遣使。	○	〃
承和6・4・27	会二百法師於八省院一、限二三箇日一、転二大般若経一。以祈レ雨焉。諸司為レ之醋食。	5・11より賀茂社に金剛般若経転読。	×	〃

承和6・6・4	勅、頃者、亢旱渉レ旬。宜下告二諸寺一、三日三夜読経悔過、令上レ致二甘雨一。	6・1に丹生・貴布祢社に祈雨。	×	〃
承和6・6・16	勅、頃、縁二旱涸一、頒レ使祈レ雨。頗以レ有レ応。未レ能二普潤一。宜下請二七大寺僧於東大寺一、三日三夜間、令上レ称二讃竜自在王如来名号一。		×	〃
承和8・5・14	請二名僧於八省院一、読レ経祷レ雨。是日雨降。		×	〃
承和11・7・12	請二百僧於八省院一、転二読大般若経一、祈二甘雨一。是日雨降。		×	〃
承和12・5・1	請二百僧於大極殿一限以二三箇日一転二読大般若経一、以祈二甘雨一。	4・27に畿内名神に祈雨奉幣。	×	〃
承和12・5・3	縁二雨未一レ降、更延二読経一二箇日。		×	〃
承和12・5・5	停二五日節一、亦更延二読経一二箇日。	5・6雨降、5・10諸国名神に祈雨奉幣。	×	〃
承和13・5・13	請二百僧於八省院一、限二三箇日一、読レ経。以祈レ雨也。		×	〃
嘉祥1・7・6	請二百僧於八省院一、転二読大般若経一。以祈二甘雨一。	7・2に松尾社等に祈雨奉幣、7・10に畿内名神に祈雨奉幣。	×	〃
嘉祥3・5・9	荘二厳清涼殿一、安二置金光明経、地蔵経各一部及新造地蔵菩薩像一躯一、屈二請百僧一、修二先皇七々日御斎会一。解座之後、便於二大極殿一限二三ケ日一転二読大般若経一。以祈二甘雨一也。応レ時雨降。	この日、諸名神のために七十人を度せしむ。	×	文実
貞観3・5・16	請二諸大寺僧六十口於御在所一、転二読大般若経一、限二三箇日一訖。祈二甘雨一也。	5・15に近京名神七社に祈雨奉幣。	×	三実
貞観3・5・19	地震。微雨即止。読経更延二二箇日一。為レ未レ得二嘉澍一也。		×	〃
貞観8・6・9	令下二五畿七道一奉二幣境内諸神一兼転中読金剛般若経上。旱也。		○	〃

貞観8・6・18	請二六十八僧於大極殿一限以二三日一、転中読大般若経上。以祈レ雨也。	6・29に神功陵に祈雨の告文。7・2に七道諸神に祈雨奉幣。	×	〃
貞観13・6・13	勅二東海、東山、北陸、山陰、山陽、南海道諸国一、班二幣境内名山大沢諸神一、并転二読大般若、金剛般若経等一。祈二甘雨一也。	6・11に諸神班幣。	○	〃
貞観13・6・15	延二六十僧於大極殿一、限二以三日一、転二読大般若経一。苦請二澍雨一。		×	〃
貞観13・6・17	更延二講経一三箇日。縁レ不二快雨一。		×	〃
貞観14・7・18	延二六十僧於大極殿一、限以二三日一、転二読大般若経一。祈レ雨也。		×	〃
貞観14・7・21	降レ雨。天皇以二百姓罹一レ旱、依レ仏祈レ雨。不レ御二葷鮮一。果得二甘澍一。時人以為、感之至也。		×	〃
貞観15・5・17	延二六十僧於紫震殿一、限以二三日一、転二読大般若経一。	これが祈雨であることは5・20条より判明。	×	〃
貞観15・5・20	転二読経巻一、更延二二日一。奉二幣於賀茂、松尾、乙訓、稲荷、貴布祢、丹生川上雨師神一、並祈二嘉澍一也。		○	〃
貞観15・5・23	於二十五大寺一読レ経請レ雨。		×	〃
貞観15・7・9	延二六十僧於紫震殿一限以二三日一、転二読大般若経一。遣二レ使於賀茂、松尾、稲荷、乙訓、貴布祢神社一、奉レ幣。祈レ雨也。	7・19に伊勢に祈雨奉幣。	○	〃
貞観17・6・13	分二遣使者於十五大寺一、転二読大般若経一。毎レ寺充二新銭一。或二貫。或三貫。祈レ雨也。	6・8に春日、大原野に、6・9伊勢に祈雨。	×	〃
貞観17・6・15	屈二六十僧於大極殿一、限二三箇日一、転二読大般若経一。十五僧於二神泉苑一修二大雲輪請雨経法一。並祈レ雨也。		×	〃

貞観17・6・16	先レ是、有二山僧一。名聖慧。自言三有二致レ雨之法一。……聖慧於二西山最頂一排二批紙、米一、供レ天祭レ地、投二体於地一、殷懃祈請。如レ此三日。油雲触レ石、山中遍雨。		×	〃
貞観17・6・18	大極殿読経、神泉苑修法、更延二二日一。未レ得二快澍一也。		×	〃
貞観17・6・23	不レ雨数旬。農民失レ業、転レ経走レ幣、祈二請仏神一、猶未レ得二澍樹一。……	6・24から26まで神泉苑で楽を奏す。7・2に賀茂等に祈雨奉幣。	×	〃
元慶1・6・12	令下二京城側近諸寺一読上経。祈レ雨也。	6・14に石清水、賀茂等に奉幣祈雨。	×	〃
元慶1・6・26	屈二伝燈大法師位教日於神泉苑一、率二二十一僧一、修二金翅鳥王経法一。祈レ雨也。	6・23に丹生社に祈雨奉幣。	×	〃
元慶1・6・27	勅、遣二権律師法橋上人位延寿、正五位上行式部大輔兼美濃権守橘朝臣広相於東大寺大仏前一、限以二三日一、修法祈レ雨。遂不レ得二嘉澍一。	この月、民、修法走幣すれども効験なし。	×	〃
元慶1・7・7	請二一百僧於紫震殿一、限以二三日一転二読大般若経一。即是秋季読経兼祈二甘雨一也。		×	〃
元慶1・7・9	是日、読経将レ竟、旱気猶盛。更延二二日一、転二仁王経一。		×	〃
元慶1・7・13	先レ是、内供奉十禅師伝灯大法師位徳寵言、弟子僧乗縁、有二咒験致レ雨之術一。請試令レ修レ之。仍徴二乗縁於武徳殿一、限以二五日一、誦咒祈請。		×	〃
元慶4・5・20	快雨。……先レ是、有レ勅、議定、始レ自二二十二日一三ケ日間、於二賀茂、松尾等社一、将レ修二灌頂経法一。為レ祈レ雨也。崇朝遍雨。故暫停止。	5・16に賀茂社等に祈雨奉幣。	○	〃

元慶4・5・22	自二二十日一大雨。漸没二苗稼一。由レ是於二神泉苑一修二灌頂経法一。限以二三日一祈二止雨一也。		×	〃
元慶4・6・26	延二七十五僧於紫宸殿一、限以二三日一転二読大般若経一。請レ雨也。	6・22に賀茂社等に祈雨奉幣。	×	〃
元慶4・7・3	終日大雨。入レ夜方霽。先レ是、令二七大寺及諸定額寺一、転レ経請レ雨。		×	〃

註（1）「備考」には本文に直接関連すると思われる事項を示した。
註（2）「名神との関連」には本文中に名神もしくは名神となっている神が直接示されている場合を「○」、示されていない場合を「×」とした。
註（3）出典の略称は表8に同じ。

関連は、寛平九年（八九七）六月二十三日太政官符などでも確認され、この場合には近江国甲賀郡飯道名神、坂田郡山津照名神、野洲郡三上名神、同郡兵主名神のために二人の年分度者が許可されている(54)。

こうして表8から読み取れる二つのことを突き合わせた時に、そこで浮上してくるのが官撰国史のなかに見出される神前読経の事例である。例えば、文徳実録においては斉衡三年（八五六）五月庚戌（九日）、同年九月壬戌（二十二日）、天安元年（八五七）五月己亥（三日）などに上下賀茂社および松尾神社において、僧が大般若経、金剛般若経を読んでいる。これらの神社がいつの時点で名神に列せられたのかはわからないが、少なくとも続日本後紀の嘉祥三年（八五〇）二月甲寅条には「左右馬寮御馬六疋、奉二鴨上下、松尾等名神一」、文徳実録仁寿二年（八五二）七月乙亥条には「遣下二使者一、向中賀茂、松尾、稲荷、貴布祢等名神上」とあることから、斉衡三年にはすでにこれらの神々が名神という神格をもっていた蓋然性はきわめて高いのである。したがって、これらの上下賀茂社や松尾社での読経は、名神という言葉こそ使っていないものの、名神に対する読経であることはほぼ間違いない。そして、祈雨や止雨において仏教僧が関与していることは、早い事例では皇極紀元年（六四二）七月庚辰条に蘇我蝦夷が僧らに大雲経を読ませて雨を祈ったという事例に認められ、その後も官撰国史のなかに多数の記載を見出しうる。次の表9はそれらの記事を一覧にして示したものである。

まずこの表から確認される傾向の一つは、慶雲二年六月丙子条でみられるごとく、当初は例外的に開始されたと思われる仏教による祈雨の儀式が、のちには非常に一般的なものとなっていったのではないかと考えられることである。そして、次に注目すべきことは、宮域や諸大寺で読経がなされるのに並行または相前後して、諸神社への奉幣がなされていると思われることである。確かに表9においては、仏教形式の祈雨の儀式を記しているのと同じ条文のなかに、名神という言葉または名神となっている神名が記されている事例はそれほど多くはない。しかし、その前後に名神社に奉幣がなされているという事例を加えるならば、これはかなりの数となる。この現象を、神仏二系統の祈雨儀式が同時平行して行われることが九世紀における一般的なあり方であったと解釈することも可能であるが、また一方で、神仏二系統の儀式は相互に関連しており、両者が相俟って実施されるものであったと理解することも可能である。ただ、三代実録元慶四年（八八〇）五月二十日条は、賀茂神社、松尾神社において灌頂経法を行うとしており、この場合は確実に神仏習合したものであったことが判明する。また、先に示した表8において、日本後紀大同四年（八〇九）正月乙未（十八日）条では、諸国の名神に大般若経が奉読され、続日本後紀承和三年（八三六）七月癸未（十六日）条および同年十一月朔日条では、やはり諸国名神への読経が行われている。これらのことから考えるならば、九世紀における祈雨の儀式は神仏二系統が相互に関連しながら実施されるのが、普通の形態であったと考える方が実態に近いのではないだろうか。

では、神仏二系統が相互に関連しているとするならば、その関連の仕方とはどういったものであったと考えるべきであろうか。日本後紀大同四年（八〇九）正月乙未条においては、誰が名神のために写経し読経しているのかが、もう一つ明瞭ではない。しかし、続日本後紀承和三年（八三六）十一月朔日条では、派遣された五畿内七道の僧が名神ごとに法華経を読んでいる。また、同年七月癸未（十六日）条では、諸国司に般若経を読ませ、名神に奉幣させたとあるが、これも実際には国司自らが行うというよりも、国司が諸国の僧を使って実施したと理解すべきであろう。そうした事例から考えると、史料上には名神への奉幣や班幣と記されていても、そこには何らかの形で仏教関係の者が参加していた可能性は否定できない。

従来も、名神を仏教との関連において理解しようとする考え方は存在していた(55)。しかし、また、名だたる神が名神であるとするところから、神々のなかの特定のものに与えられた神格であるとする解釈も根強い(56)。ただ、そのように考えた際に、官社や神階といった神格とどういう関係になっているのかが問題として残されている。後の二十二社制のごとく、官社のなかで特定のものを指すという考え方もあるが、日本紀略では昌泰元年（八九八）七月三日に二十二社へ祈雨の奉幣がなされながら、七月二十日には五畿七道諸国の名神社に奉幣が下知され、さらに八月二十三日にも伊勢大神宮と五畿七道の諸名神へ神財が奉納されているところからみて、二十二社などとは重複しないと考えた方がよいのではなかろうか。そして、何よりも、伊勢国度会郡の十四座の大社のなかに一つも名神がないという事実を説明できないという欠点をもつ。また、伊豆国賀茂郡の伊古奈比咩命神社のように官社化に先行して名神に預かる例（釈日本紀巻十五所引の日本後紀天長九年五月癸丑条および文徳実録嘉祥三年十一月甲戌条）や、安芸国佐伯郡の速谷神社、伊都伎島神社のように官社化と名神に預かることが同時に行われている例（日本後紀弘仁二年七月己酉条）もあり、名神の制度と官社とは別次元のものとしてとらえるべきである(57)。それは神階との関係においてもまったく同じことがいいうる。したがって、こうしたことからすると、寧ろ名神とは祈雨や止雨といった祈願をとおして、奉幣祭

祀にしだいに仏教関係者が関与していった形態と理解すべきではないだろうか。(58)

確かに延喜臨時祭式には名神祭とは別に、祈雨神祭八十五座が規定されている。そして、この祭神が三代実録貞観元年九月八日条にみえる祭神とほぼ一致していることから、この時の祈雨奉幣を契機として定式化された蓋然性が高いともされている。(59)ただ、この祈雨神祭の祭神が、名神祭の祭神とかなりの部分で重複しており、八十五座のうち五十三座は名神祭の祭神でもある。両者の差異はといえば、祈雨神祭はその範囲が五畿内に限定されるということ、山城国の水主社や大和国の山口社、水分社といった名神となっていない神社が、合計三十二座あるということである。祈雨という祭祀が、実際には時と場所により多様な形態を必然的にとらざるをえないことを考えるならば、延喜臨時祭式にいう祈雨神祭とは、九世紀中葉のある時点で実施された具体的な形態が、そのまま延喜式に採用されたものとみることができるであろう。祈雨神祭がそういった性格のものであるとするならば、これは名神祭の有する性格にかなりの程度、包摂されるものであるといえるだろう。

また一方、神格としての名神とは、名神祭という臨時祭に加えられることを意味すると考えられる。(60)しかし、それが四時祭ではなくなぜ臨時祭なのか、また、名神という言葉が奈良時代の「名だたる神」という普通名詞的な用法から、なぜ平安時代における特定の神格を示す用法へと変化したのかといった点について、名神は祈雨や止雨のための祈願の際にしだいに仏教関係者が関与していった形態と考えるならば、比較的理解しやすいのではないだろうか。そして、さらに名神に預かるという事例が三代実録には一例も記されていないが、これについても神社の祭祀に仏教関係者が参加する形が常態化していった結果とみるべきであろう。(61)

その一方で、伊勢神宮などでは仏事を忌避する傾向が強められた。(62)それが、度会郡における名神化を阻止する要因として作用したものと考えられる。そして、十世紀以降の国内神名帳においては、名神に代わって明神という表記法が一般化してくるが、これはこうした仏教側の影響力の増大によるところの結果と思われるのである。

では、大洗磯前と酒列磯前の二座の神々が名神となったのみならず、薬師菩薩という名号を奉られた理由はどこにあったのであろうか。この地域が古人の言では「常世之国」とされていたと常陸国風土記は記している。そして、薬師経に説かれた薬師瑠璃光如来は東方浄瑠璃世界の主尊であり、衆生の治療、施薬を司る現世利益の仏であるとされるところから、オホナモチの命とスクナヒコナの命との間に仮託が行われたとする説がある。(63) 貞観二年に官社に列せられた能登国の大穴持神像石神社と宿那彦神像石神社においては、薬師菩薩への改称といった現象はみられない。その理由の一つは、専らこういったところにあるのかもしれない。

しかし、それにしても薬師如来ならぬ薬師菩薩という名号は、どういった起源をもっているのであろうか。多度神宮寺伽藍縁起并資材帳によれば、天平宝字七年（七六三）に満願禅師は多度大神を多度大菩薩と称したとある。しかし、確実なものでは、延暦十七年（七九八）十二月二十一日太政官符（類聚三代格巻一所収、大同三年七月十六日太政官符所引）および大同三年（八〇八）七月十六日太政官符（類聚三代格巻一所収）で宇佐八幡大神を八幡大菩薩と称しているのが早い事例であり、おそらく延暦年間から神が神身離脱を図るために悲利他行をしていると考えられはじめた結果であるという。(64)

それならば、なぜ東海道の果ての常陸国において、こうした現象が発生したのであろうか。嘉祥三年八月五日太政官符に引かれた承和三年のものと思われる鹿島神宮司大中臣朝臣広年の解（類聚三代格巻二所収）には、鹿島神宮寺は天平勝宝年間に僧満願が建立したとある。この満願が、多度神宮寺を建立した満願禅師と同一人物であろうことは、従来より指摘されているところである。そして、多度神宮寺が地元や近傍の郡司層の協力によって整備されていったのと同様に、鹿島神宮寺も神宮司である中臣鹿島連や郡司である中臣連らの協力によって建立されている。(65) ところが、この鹿島神宮寺において新しい動きがみられるのは、建立から七〇年余を経た承和年間からである。鹿島神宮のタケミカヅチの命は承和三年（八三六）五月九日に従二位から正二位へ（続日本後紀承和三年五月丁未条）、同六年十月二十九日に正二位から従一位へ（続日本後紀承和六年十月丁丑条）、それぞれ昇叙されているが、それと平行するかのごとく神宮寺でも承和三年六月十五日に常住僧が認められ（類聚三代格巻二所収嘉祥三年八月五日太政官符所引承和三年六月十五日太政官符）、同四年には定額寺に預かっている（類聚三代格巻三所収天安三年二月十六日太政官符）。そして、少し間をおき、再び九世紀中葉の嘉祥三年（八五〇）八月五日に神宮寺僧の欠員補充が規定され（類聚三代格巻二所収嘉祥三年八月五日太政官符）、天安三年（八五九）二月十六日に神宮寺の修理と検校を神宮司と中臣氏人が行うことが認められている（類聚三代格巻三所収天安三年二月十六日太政官符）。この裏には、三代実録貞観八年正月二十日条に記されているように、陸奥国にある鹿島の苗裔神三十八社に対して、弘仁以来奉幣が行えなくなり、嘉祥元年には陸奥国に向かった鹿島神宮の使が、旧例がないことを理由に、管内に入ることを拒否されたという陸奥地域における鹿島神宮の地位低下といった問題があるのであろう。続日本後紀承和四年四月戊申条は、陸奥の玉造塞温泉石神の雷鳴振動を、同月癸丑条は昨年来の陸奥の百姓の騒擾、八月庚申条は陸奥の課丁に復五年が与えられたこと、承和六年三月乙酉条は陸奥の百姓に復三年が給されたこと、四月丁丑条は陸奥に災星が現れ地震が頻発していること、承和七年三月壬寅条は陸奥の庚申と称する騒擾をそれぞれ記している。承和年間のこうした動きは、鹿島神宮がこういった機会をとらえて地位の回復を主張した結果であるともされている(66)。もとより、こうして史料上に残された事象が、鹿島神宮と神宮寺に生じた動きの一部しか表現していないことは確かであろう。しかし、承和年間と嘉祥から天安にかけてこうした動きがあったこともまた事実であり、この背後には神宮と神宮寺を支える鹿島郡の中臣系諸氏に、何らかのそれに相応する行動があったことも否定し得ないところである。

一方、常陸国の式内社で承和年間に史料上の変化がみられるものは、鹿島郡以外では、

真壁郡大国玉神　承和四・三・二十五に官社に列せられる。
承和十二・七・二十六に無位から従五位下に叙せられる。
久慈郡薩都神　承和十三・九・八に無位から従五位下に叙せられる。
筑波郡筑波女大神　承和九・十・二に無位から従五位下に叙せられる。
那賀郡吉田神　承和十三・四・十七に名神に預かる。
新治郡佐志能神　承和四・三・二十五に官社に列せられる。

という五座に限定される。このうち、まず注目すべきは鹿島郡での動きと同時期に、常陸国西部域の真壁郡、新治郡で官社となる神社があるという点である。真壁郡はすでにみたように、天安改元の契機となる木連理が発見された場所でもある。こうしたことは、都の藤原氏と鹿島郡の中臣系諸氏と常陸西部二郡の郡司層とが、密接な連携を行っていたのではないかということをうかがわせる。それとともに、次に注意すべきは、やや遅れた承和十三年になり、那珂川中流域の吉田神社が名神となっていることである。そして、この神社はその後も神階の上昇を続けているのである。先にみたように、名神が神社祭祀への仏教僧の関与を示しているとするならば、この時期に吉田神社が名神に預かったということとは、一体何を意味しているのであろうか。吉田神社の神宮寺である薬王院の建立は、最仙の布教と関係するであろうとする説がある(67)。元亨釈書によれば、最仙は常陸国の講師であったとあり、後の伝のごとく最澄の弟子であることが事実ならば、あるいは薬王院の建立もこの頃に求められるであろうか。

ところで、常陸国は筑波山中禅寺に布教の拠点を有した法相宗の徳一の影響が強く、元亨釈書は天台宗の布教が上野国緑野寺や下野国大慈寺などを中心としていたと伝えている(68)。その徳一が没したのは承和七年とも九年ともいわれ

ている。[69] その後、法相宗の地盤であった陸奥、出羽、常陸などでは、天台宗の勢力拡張が活発化する。元亨釈書の安慧伝には、安慧が出羽国講師となった承和十一年以降、人々が法相宗から天台宗へと改宗していった様子が記されているが、おそらく類似の状況は常陸国においても起こっていたものと推量される。吉田神社が承和十三年に名神に預かるというのも、こういった東国に生じていた状況の一端に位置する現象といえるであろう。

そして、この吉田神社は、鹿島神宮寺が再び動きをみせる九世紀中葉に神階を上昇させている。文徳実録天安元年五月壬戌条は、従五位上勲八等吉田神に従四位下が授けられたと記している。大洗磯前と酒列磯前の神々が官社に列せられるのが天安元年八月七日、名神に預かり薬師菩薩の名号を奉上されるのが天安元年十月十五日である。したがって、こうした状況から考えるならば、薬師菩薩名神という名号も天台宗の布教と関連していると理解するのが自然であり、より、直接的には法華経薬王菩薩本事品などに根拠を有する名号なのではないかと思われる。[70]

では、大洗磯前と酒列磯前の神々が、薬師菩薩名神という名号を奉上される具体的な利点とは何なのであろうか。多度神社の神宮寺である法雲寺は、承和六年正月二十六日に天台別院となり（続日本後紀承和六年正月己卯条）、同七年十二月頃それを停止され（続日本後紀承和七年十二月己酉条）、さらに嘉祥二年正月二十六日に真言別院となることが許可される（続日本後紀嘉祥二年正月辛巳条）という来歴をもつ。これは、本山との関係を強化することにより、自己の立場を有利にせんとする措置と考えられるが、類似のことは大洗磯前と酒列磯前の場合においても起こりうるであろう。もっとも、正式に別院となるためには、朝廷の許可を必要とするが、名神となることのみでも、実質的には特定の寺や宗派との関係が発生しているものと考えるべきであろう。また、公民が課役負担から逃れるために僧形をするということは、九世紀にはかなり拡大しており、三善清行の意見封事十二箇条では、天下の人民の三分の二が禿首であるとしている。こうした人民を自らの勢力圏内に包摂するためにも、仏教関係者とのつながりを強めることは、有利に作用したに違いない。さらに、史料上で明確に菩薩号が確認されるものは豊前国の宇佐八幡宮と伊勢国の多度神社であるが、それらと対比しつつ東方浄瑠璃世界との関連から東海道東端の常陸国に薬師菩薩をおこうという心理が、那珂川河口部の勢力に存在していたのではなかろうか。すでにみてきたように、大洗磯前と酒列磯前の二座の神々が神社として成立してくる背景には、鹿島郡司および鹿島神宮、神宮寺という巨大な勢力があることを抜きにしては考えられない。寧ろそれらの勢力との対抗関係として理解されるべき性格が濃厚に存在する。したがって、こうした状況で、とくに自己の存在を強調するためには、他とは違った強い個性を有する名号が必要とされたのであろう。大洗薬師菩薩名神と酒列薬師菩薩名神というきわめて特殊な神名には、そういった複雑な要因が作用しているものと考えられるのである。

四　鎮座の意味すること

日本古代の神祇祭祀における祭神の問題は、確かに観念の問題であり、宗教上の問題である。しかし、官社制度や神階制度といった神社制度上の問題は、すぐれて政治的、経済的な問題である[71]。敬神思想といい神祇イデオロギーといい、われわれはこれまで余りにも神社制度上の問題を宗教観念の問題として理解しようとしすぎてこなかったろうか。祈年祭の幣帛を、祝部が神祇官に取りに来ないという問題は、すでに宝亀六年の太政官符にも見出しうる（類聚三代格巻一所収、貞観十年六月二十八日太政官符所引）。そして、延喜十四年の三善清行の意見封事のなかでは

（祝部）皆於二上卿前一、即以二幣絹一、挿二着懐中一、抜二弃鉾柄一、唯取二其鋒一、傾二其瓮酒一、一挙飲尽。曾無下一人全持二出神祇官之門一者上。況其神馬、則市人於二郁芳門外一、皆買取而去。然則所レ祭之神、豈有二歆饗一乎。若不二歆

饗㆒者、何求㆓豊穣㆒。
（（祝部は）皆上卿の前に、即ち幣の絹をもて、懐の中に挿み着け、鉾の柄を抜き棄てて、ただその鉾を取り、その瓮の酒を傾けて一挙に飲み尽す。曽て一人として全く神祇官の門より持ち出づる者なし。況むやその神馬は則ち市人、郁芳門の外に皆買ひ取りて去ぬるをや。然らば則ち祭るところの神、豈に歆饗すること有らむ。もし歆饗せずは、何ぞ豊穣を求めむ。）

といった状況にまで立ち至る。そして、その一方で、九世紀には官社のかなりの増加や神階昇叙が非常な熱心さでもって繰り返されるという、一見相反する現象が認められる。これはもう、解体もしくは変貌しつつあった律令国家が、それを立て直すために採用した新たな宗教政策上の措置とはいえないのではなかろうか。

　確かに九世紀において国司の権限が徐々に拡大していくことは、以前から指摘されているところである。その結果として、それぞれの地域社会により深く国司の影響力が浸透していったことも、また間違いないところであろう。しかし、そのことをもって、律令国家の一層の完成が図られたという理解方法にも、やはり躊躇を覚えざるを得ない。それは同時に、都に存在する中央権力の権限と統制力の縮小を意味していることに他ならないためである[72]。官社化や名神化という動きは、国や郡のレベルの地域社会において、新たな利益確保の手段が確立してきたことを示している[73]。そして、それは律令制度のなかにすでに存在していた各種の要素を活用するといった形で、実現していったものということができる。その意味では、七世紀代に形成されてきた律令国家が解体されたという表現を用いることは適切とはいいがたく、連続的な変貌を遂げつつ平安期国家の基礎的な部分がそれぞれの地域社会で生成されていったのが、この九世紀であったと考えるべきだろう。先述した平安京にいる藤原氏と鹿島郡や常陸国西部二郡の郡司層との密接な連携からもうかがいうるように、常陸国の那珂川河口部に生じた神社のあり方をめぐる小さな変化は、そういった時代の大構造の転換を図らずも表現した事例といえるのではないだろうか。

注

（1）虎尾俊哉「延喜式雑感」（『延喜式研究』一、一九八九年）。
（2）たとえば義江彰夫『神仏習合』（岩波書店、一九九六年）など。
（3）これらの神社の表記法について、享保版本延喜臨時祭式名神祭条、同神名式常陸国条では、「大洗礒前薬師菩薩神社」「酒烈礒前薬師菩薩神社」となっているが、九条家本や吉田家本、土御門本などの神名式常陸国条では「大洗礒前薬師菩薩明神社」という表記もみられる。また、国史大系本日本文徳天皇実録の天安元年十月己卯条では、「在二常陸国大洗磯前、酒列磯前一両神、号二薬師菩薩名神一」とある。そこで、ここでは地名を指す際には「大洗磯前」「酒烈磯前」と、また、神社名を指す際には「大洗磯前薬師菩薩名神社」「酒烈磯前薬師菩薩名神社」という表記を用いることとする。
（4）この期間内に日食の記事は斉衡二年六月朔日、同三年十二月朔日、天安元年五月朔日の三回が記されているが、内田正男『日本暦日原典』（雄山閣、一九七五年）によれば、このうち天安元年のものについては、実際には日食は生じていないという。したがって、この場合は除外しなければいけない。
（5）類聚三代格巻一所収。
（6）日本思想大系『古代政治社会思想』所収「将門記」の訓読（竹内理三校注）。
（7）文徳実録斉衡三年十二月丙申（二十七日）条、天安元年二月乙酉（十七日）条、同元年二月己丑（二十一日）条、同元年十月己卯（十五日）条、同元年十一月庚子（七日）条、同二年正月壬子（十九日）条、同二年二月壬申（九日）条の七箇所である。
（8）福井俊彦「藤原良房の任太政大臣について」（『史観』七五、一九六七年）。
（9）文徳実録天安元年二月辛卯条および天安元年三月癸丑、乙卯、壬戌の各条。また、仁明朝の末年にも類似の動きがあり、続後紀嘉祥三年正月乙巳条、同二月壬子条などがそれにあたる。
(10) 玉井力「承和の変について」(『歴史学研究』二八六、一九六四年)。また、承和から天安にかけての朝廷内の微妙な対立については、目崎徳衛「惟喬・惟仁親王の東宮争い」(『日本歴史』二一二、一九六六年)参照。
(11) 熊谷保孝「藤原良房と美作国」(『政治経済史学』一三〇、一九七七年)では、美作国を取り上げて都と地方の間に綿密な連携があったとする。
(12) 本居宣長『玉勝間』十三。
(13) 伴信友『神名帳考』三の上、「大洗礒前薬師菩薩明神社」および「酒烈礒前菩薩神社」の項。
(14) 白井宗因『神社啓蒙』五、「洗礒前」の項。
(15) 石井修融編『二十八社略縁誌』四の「鹿島郡大洗神宮」および中山信名編『新編常陸国誌』三の「宮田郷」の項参照。
(16) 宮崎報恩会編『那珂湊の歴史』(一九七四年)、勝田市史編さん委員会編(『勝田市史』原始・古代編、一九八一年)、大洗町史編さん委員会編(『大洗町史』通史編、一九八六年)などはいずれもこの欠字部分に「烈」を充てている。
(17) 石井修融編『二十八社略縁誌』八の「那珂郡酒列礒前宮」、中山信名編『新編常陸国誌』三の「幡田郷」、吉田東伍『大日本地名辞書』六の「酒列礒前神社」の各項参照。
(18) この訓読は秋本吉郎校注、日本古典文学大系「風土記」による。
(19) 大化五年制においても大乙上、大乙下は存在しており、ここのみで天智三年の制と断定することは慎重でなければならない。
(20) 松島順正『正倉院宝物銘文集成』(吉川弘文館、一九七八年)、「調庸関係銘文」十三。
(21) 井上光貞「神祇令補注『神税』」(日本思想大系『律令』岩波書店、一九七六年)。
(22) 松島前掲注(20)。
(23) 三谷栄一「常陸国風土記から習合思想へ」(『国學院雑誌』六四—五・六、一九六三年)は九世紀中葉においても依然として壬生氏が那賀郡で勢力を保っていたとする。

(24) 森田悌「坂戸と物部」（『古代東国と大和政権』新人物往来社、一九九二年）。
(25) 類聚三代格巻一所収の斉衡二年五月二十一日太政官符、貞観十年六月二十八日太政官符、貞観十七年三月二十八日太政官符、寛平五年三月二日太政官符、寛平六年十一月十一日太政官符などから、祝部不参が宝亀年間以来一貫して問題とされていたことが判る。これについては早川万年「律令制祭祀における官幣と国幣」（虎尾俊哉編『律令国家の政務と儀礼』吉川弘文館、一九九五年）参照。
(26) 九世紀における官社の増加を、この時期に多発する地震、火山噴火、疫病流行といった自然災害に対する鎮静化に求める見解も存在する。保立道久『歴史のなかの大地動乱』（岩波書店、二〇一二年）などはその代表的なものである。確かに、九世紀における自然災害は重要な要因ではあるが、これを過度に評価しすぎてもいけない。
(27) 三宅和朗「古代祝詞の変質とその史的背景」（『古代国家の神祇と祭祀』吉川弘文館、一九九五年、初出は「古代祝詞の変質」と題して一九八六年）、川原秀夫「古代における祭祀統制とその変質」（『歴史学研究』五七二、一九八七年）、小倉慈司「八・九世紀における地方神社行政の展開」（『史学雑誌』一〇三―三、一九九四年）など。
(28) 林陸郎「官社制度と神階」（『国学院雑誌』五四―二、一九五三年）など。
(29) それぞれ義解は「祠者、祭㆓百神㆒也。社者、検㆓校諸社㆒也。凡称㆓祠社㆒者、皆准㆓此例㆒。」、古記は「祠、百神集処也。廟也。」、穴記は「祠、謂祭㆓百神㆒也。祭㆑社之外、別祠耳。仮、春時祭㆑田等是也。」とする。
(30) 後に非官社でも神階に叙せられていることからすれば、「神祇官に在る社」という表現は厳密さに欠ける。しかし、「百神」とはいっても村落レベルの神々まで包摂しているわけではないことは、小倉慈司前掲注（27）論文などでもすでに指摘されている。
(31) 類聚国史巻十、祈年祭の項所収、延暦十七年九月癸丑条。
(32) 類聚三代格巻一所収、貞観十年六月二十八日太政官符所引弘仁十三年四月太政官符。
(33) 三島安精「神職把笏の制について」（『國學院雑誌』五〇―二、一九四四年）参照。
(34) 小倉前掲注（27）論文。

(35) 類聚三代格巻十二所収。

(36) 類聚三代格巻一所収。この太政官符は神主に関する三ヶ条より構成されるが、この大和国の解はその第三条目に引かれている。

(37) 類聚三代格巻十二所収。

(38) 類聚三代格巻十六所収。「五位以上、六位以下、及僧尼、神主等、逶犯之類、復立二科法。」

(39) 類聚三代格巻十九所収貞観九年十二月二十日太政官符。「威勢之輩、強雇二往還人馬一、令二民愁苦一。」

(40) 前掲注(39)。「右大臣宣、如聞、諸衛府、諸家人等、或追二下騎人一、或切二落負荷一、濫レ事強雇。毎致二民患一。」

(41) 類聚三代格巻十九所収。

(42) 東国における水上交通については、志田諄一「古代常陸の水運」(岩崎宏之編『常総地域における交通体系の歴史的変遷に関する総合的研究　平成二・三年度文部省科学研究費補助研究報告書』一九九二年)、久志田喜一「志万郷と古代常陸の水運」(『地方史研究』二三九、一九九二年)、中村太一「古代東国の水上交通」(関和彦編『古代王権と交流　二　古代東国の民衆と社会』名著出版、一九九四年)、川尻秋生「古代東国の外洋交通」(『歴史学研究』七〇三、一九九七年)など参照。

(43) 日本三代実録元慶八年八月四日条。

(44) 日本三代実録貞観三年十一月十六日条。

(45) 類聚三代格巻五所収天長三年九月六日太政官符。

(46) こうした見地からこの時期の交通の問題を扱ったものに、戸田芳実「九世紀東国荘園とその交通形態」(『政治経済史学』一一〇、一九七五年)がある。

(47) 類聚三代格巻一所収、嘉祥四年正月二十七日太政官符所引嘉祥三年十二月二十八日太政官符。

(48) 「名神」と「明神」との間に表記法以上の差異がないことは、すでに梅田義彦「明神考」(『神祇制度史の基礎的研究』吉川弘文館、一九六四年)や西牟田崇生「官社列格と名神祭」(『延喜神名帳の研究』国書刊行会、一九九六年、初出は「名神祭の一考察」と題して一九七六年)などに示されている。

(49) 熊谷保孝「律令時代の名神」(『政治経済史学』一六六、一九八〇年)。
(50) 早い事例では『古事類苑』が社格との区別を行っている。
(51) 延暦年間の成立とする説には、巳波利江子「八・九世紀の神社行政」(『寧楽史苑』三〇、一九八五年)、川原秀夫前掲注(27)論文、小倉慈司前掲注(27)論文などがある。
(52) 三宅和朗「日本古代の『名山大山』祭祀」(『古代国家の神祇と祭祀』、吉川弘文館、一九九五年)参照。
(53) 名神と仏教との関連性については、すでに川原秀夫「国司と神社行政」(林陸朗、鈴木靖民編『日本古代の国家と祭儀』雄山閣出版、一九九六年)にも指摘がなされている。
(54) このうち、飯道名神と山津照名神とは延喜臨時式、同神名式においては名神とされていない。これを延喜式編纂時の遺漏とみるか、特定の社格としての「名神」ではない結果とみるか、両説がある。
(55) 中村元『仏教語大辞典』(東京書籍、一九八一年)の「明神」の項では、「神仏習合説によって仏教側からよぶ神祇の称。」とし、『仏教辞典』(岩波書店、一九八九年)の「明神」の項でも、「神に対する尊称として中国古典で用いられる。……仏教側から日本の神を呼ぶ場合に用いられることも多い。」とする。
(56) 梅田前掲注(48)論文をはじめ、この考え方は非常に強い。
(57) こうした見解に立つものとしては、川原前掲注(27)論文や小倉前掲注(27)論文がある。
(58) 祈雨との関連から名神祭を理解していこうとするものに、並木和子「平安時代の祈雨奉幣」(二十二社研究会編『平安時代の神社と祭祀』国書刊行会、一九八六年)がある。
(59) この点について、早川万年氏のご教示による。
(60) 梅田前掲注(48)論文では、むしろ神名帳に登録されることを重視している。
(61) 小倉前掲注(27)論文では、貞観年間以降の名神の認定の可能性を考慮しつつも、名神制度が解体の方向に向かっているためと理解している。
(62) 田中卓「伊勢神宮寺の創建」(『田中卓著作集』四、国書刊行会、一九八五年、初出は「イセ神宮寺の創建」と題して一九五七年）、渡辺寛「延喜式における仏事忌避条文の成立」（『史料』八〇、一九八五年）、岡田登「伊勢大神宮寺としての逢鹿瀬寺について」（『史料』八五、一九八六年）参照。
(63) 三谷前掲注（23）論文、岡直己「薬師菩薩神社の神体考」（『神像彫刻の研究』角川書店、一九六六年）、井上辰雄『常陸国風土記にみる古代』（学生社、一九八九年）など。
(64) 中井真孝「神仏習合」（曽根正人編『論集奈良仏教　四　神々と奈良仏教』雄山閣出版、一九九五年、初出は一九八〇年）。
(65) 類聚三代格巻三所収天安三年二月十六日太政官符。
(66) 志田諄一「神々の世界とその変貌」（戸沢充則・笹山晴生編『新版日本の古代　八　関東』角川書店、一九九二年）。
(67) 志田諄一「天台宗の流入と田村麻呂伝説」（『茨城県史　原始古代編』第六章第三節第一項、茨城県、一九八五年）。
(68) 髙橋富雄『天台寺』（東京書籍、一九七七年）、高井悌三郎「筑波山寺」（『茨城県史　原始古代編』第六章第三節第三項、茨城県、一九八五年）など。
(69) 『茨城県史』は承和九年説を採り、田村晃祐「徳一」（『国史大辞典』第十巻、吉川弘文館、一九八九年）は承和七年ごろとする。
(70) 森田悌「官社小考」（群馬考古学研究会編『東国の考古学』六一書房、二〇一三年）では、薬師菩薩の名号の由来を虚弱であった文徳天皇の玉体安穏にあるとしている。
(71) 義江前掲注（2）書参照。
(72) 佐藤進一『日本の中世国家』（岩波書店、一九八三年）。
(73) 早川万年前掲注（25）論文では主に太政官の動きを中心に、また、小倉前掲注（27）論文では主に国司の動きを中心として、こうした利益確保の観点から九世紀の神社の変貌を想定している。

結章　本書の成り立ちと今後の展望

この書は、一九八〇年代より折に触れつつ発表してきた論考を基礎にしている。したがって、各章はそれぞれかなり独立した構想の下に執筆されてきたものであり、その対象とするものの差異から第Ⅰ部を「古代貴族の結集」、第Ⅱ部を「神事の実像」と区分はしてあるがその問題関心の所在についてはほぼ一貫したものをもっているのである。それは、現代の日本社会にもつながる集団や組織の動き、さらには国家や王権といったさまざまな政治的現象というものがどういった性質を有するものであり、それはどういった日本列島上における歴史の展開のなかから成立してきたのかを把握したいということである。そういった意味からするならば、本書の各章はそのまま一連の思考の軌跡となっているともいってよいであろう。しかし、個別的な特定の政治や社会に関する現象を、それを行っている人々の日々の行為や心理にまで還元して理解していこうとすることは、それほど簡単に成し遂げられるものではない。本書の各章で論じられている事柄も、やはりその例外ではなく、それらが問題の解決というよりも、ある種の問題の指摘であるといった趣きをもってしまっているのは、専らこうした対象の複雑な性格に由来しているのである。したがって、本書の各章を紐解く際にも、本書がそういった性格のものであるということを的確に受け止めて、それぞれの人が自らの思考へと誘うための一つの契機としてもらえたならば、著者にとってこれ以上の喜びはない。そして、そういった前提に立った上で、ここでは各章の一応の成り立ちを記しておくこととする。

まず、第一章の「結集の原理」は、一九八六年三月に発行された歴史人類学会の学会誌『史境』第十二号に、「古代貴族の結集原理」という表題で掲載されたものに基礎を有している。このころ、日本歴史の研究においては中世史を中心に、しだいにフランスのアナール派の影響が出はじめていたが、この歴史人類学会もまさしくこうした動きにいち早く反応し、これまでの文献に偏在しすぎた歴史研究から、考古学や民俗学、地理学、言語学などを積極的に取り込んでいこうとする考え方から発足したものであった。こうしたなかにあって、日本の古代社会をより中根千枝氏のような人類学的な見方やきだみのる氏のような社会学的なとらえ方を応用して把握できないものかと試みたのが、この論文であった。もちろん、これまでにも古事記や日本書紀に登場するウヂの存在形態や、奈良朝の戸籍から古代家族の姿を探っていこうという研究は大変な蓄積となっていたが、それらはどちらかというと社会組織を理解していこうとする傾向を強くもっていたように思われた。それに対して、この論文では、実際の社会が成り立ち機能するところの人間の感性やつながり方というものを問題とし、それを史料にみえる固関と開関、それに反乱や政変といった非日常的な場面から考えてもみようとしたのである。したがって、これはいわゆる人類学でいうところの社会構造のような概念に近いものであるともいえよう。ここから、少なくとも七世紀後半から九世紀前半において、日本列島中央部の政治権力を担っていた人々は、いわゆる律令制度が浸透していくなかにおいても、かなりの程度に個別的な人間関係に強く依存し、それらが重層的につながる形で実際の権力関係は構成されていたという見通しをえることができた。

次に第二章の「ウヂとカバネが提起する世界」は、一九八九年十月に国書刊行会から出版された井上辰雄編『古代史研究の課題と方法』に収録された「ウヂ研究の現段階」を元にしている。これは、当時、従来のウヂ研究に対して新しい角度からとらえていこうとする研究が出はじめていたことに触発され、そういった新傾向をどのように受け止めていくべきかを考えていこうというところから出発したものである。そうした新しい研究を推進していた最も代表的な一人が、文献史料を中心に研究しながらも文化人類学などにも強い関心を示していた吉田孝氏であり、また、これまで史料的な信憑性に疑念がもたれなかなか古代史研究の史料としては適切な評価を与えられて来なかった系譜に光をあて、それを統計的に処理することによって、本格的に古代史像を描くことに用いた溝口睦子氏であった。そして、これらの人々の研究は多くの研究者の意欲的な研究を引き出し、熊谷公男氏、明石一紀氏、鷲見等曜氏、関口裕子氏といった人々が次々に重要な見解を発表していった。そして、更にそれらを踏まえて、日本古代社会の性質に迫ろうとしたのが義江明子氏であったといえるだろう。こうした一連の研究によって、はじめてわれわれは津田左右吉氏の研究以来の、ウヂを政治制度とみるのか、それとも社会組織として理解すべきであるのかという問題の建て方を乗り越えることができ、それらを一続きの現象として統合的に把握する展望をもてるようになったと評価することができよう。こうしたことにかんがみ、この章では吉田氏、溝口氏、義江氏という三人の研究者の学説分析をとおして、そこから、日本古代におけるウヂとカバネを位置づけ、自分なりに社会のあり方の推移を考えてみようとしたものである。これにより、古代から中世へといたる社会集団の変化の道筋がおぼろげながらもみえてきたように思う。

第三章の「御贖物という呪具」は、一九九一年六月、延喜式研究会の機関紙『延喜式研究』第五号に掲載された「御贖物について」をもとにしている。この頃、千葉県佐倉市の国立歴史民俗博物館の一室では虎尾俊哉先生を中心にして延喜式を講読する小さな研究会が、ほぼ毎月一回のペースで開かれていた。最初は太政官式からはじまったこの講読会も、当時は四時祭式に及んでいたが、そのような会において、著者がたまたま担当したのが四時祭式上の30御贖条、31中宮御贖条、32供奉人禄条であり、この論文の濫觴もたどっていくとここに行き着くものである。しかし、実は延喜四時祭式上に収載されているこの条文は本文校訂上においてかなり難しい問題をもっているだけでなく、豪族や貴族の結集の核となっている日本列島中央部の王権のあり方にも深く関連しているものなのである。そこで、ここでは延喜式本文の研究という性格を残しつつも、とくに天皇や中宮、東宮に使用対象を限定して、その祓いの具でありそれを用いた儀式でもある御贖物について論じてみたものである。

それに対して第四章の「節折の起源」は、御贖物の問題を具体的な歴史の変化のなかでとらえようとしたものである。これは、一九九五年七月に吉川弘文館から発行された虎尾俊哉編『律令国家の政務と儀礼』に「節折儀とその起源」と題して収録されたものがその原型となっている。もちろん、御贖物とは多様な祓いの具の総称なのであるが、ここではそのなかでもとくに六月と十二月の晦日において行われる竹を折るという儀式の部分に注目して、この儀式がどのように形成されていったのかを推測したものである。確かに、今日、われわれが日本古代におけるこの儀式について知りうるのは、主に平安期に成立した法制書や儀式書によってであり、しかも、節折という言葉が確実に史料上で認められるのは十世紀中葉なのである。ここから、藤森馨氏の「『清涼記』と『西宮記』の節折条について」（『大倉山論集』第二四号、一九八八年）のように節折儀の成立をここにみる学説もあるのであるが、一方、これを儀式の構造という見地からみていくならば、そこには養老神祇令に至るある種の安定性と連続性があり、竹を用いた儀式自体はアジア大陸からもたらされた可能性が強く、おそらくそれは弘仁年間以前にはこの儀式のなかに取り入れられていたものであろうと推定した。

第五章の「神祇官に仕える女性たち—御巫の祭祀—」は、こうした天皇や中宮などに関わる神事を、それに関与する人々の面から把握しようと試みたものであり、日頃は神祇官西院において八神殿に奉仕している女性の神職を対象としたものである。これは、最初、古代学協会の『古代文化』第四四巻第八号（一九九二年）に「御巫考」という題名で掲載されたものであるが、これはそれに手直しを加えたものである。もっとも、御巫は宮域内に存在するだけでなく、伊勢神宮においても同名の神職の存在が確認されるのであるが、神祇官の御巫が特異なことは、神祇官八神殿においてはタカミムスヒをはじめとする神々が祭られているのに対してアマテラス大神が祭られていないということ、天皇のための御巫のほかに中宮御巫や東宮御巫、それに座摩巫、御門巫、生島巫という担当の分化がみられること、養老の神祇令のなかにもその存在が明記されていることなどである。こうしたことから、この御巫はヤマトの王権がまだ比較的小さな地域しか掌握していなかった初期の段階から存在しており、やがて国家制度の整備と共に徐々に整えられていったもので、平安中期以降の朝廷の権力分散化の過程でしだいに消えていったが、その機能は他の女官などに引き継がれていったのではないかという見通しをえることができた。

そして、第六章の「東国の海浜に現れた神々―二座の薬師菩薩名神―」は、それまで考えてきた天皇や中宮に直接関わるところにおける神事の問題から一度距離を置き、京より遥かに遠い東国の果ての常陸国の海浜において九世紀中葉に発生した神社の成立の問題を扱ったものである。これは、一九九九年六月に雄山閣出版から発行された井上辰雄編『古代東国と常陸国風土記』に「大洗・酒列磯前薬師菩薩名神社の成立」と題して掲載されたものを、今回ふたたび手をいれてまとめたものである。延喜式の巻九と巻十には合計で三一三二座の神々の名が記されているが、それらのかなりの部分が、九世紀に入って朝廷の祭るところとなったことは、小倉慈司氏が「八・九世紀における地方神社行政の展開」（『史学雑誌』第一〇三編第三号、一九九四年）で明らかにしたところであるが、またそれらの神社の大半はその成立の起源を明確には知りえないものとなっている。ところが、少数ながら、その成立の状況がある程度は判明するものも存在している。その一つが、常陸国の大洗と酒列の海浜に鎮座している二座の神々のこれらの社なのであり、それらは日本文徳天皇実録に記されたがために、今日、われわれが知りうることとなった。しかも、この歴史書があるためにわれわれは、当時の京の政治状況をも同時に把握することができるのである。すなわち、東陲辺土で発生した小さな事件であっても、それは京の政治の状況を巧みに利用しながら、下向貴族や在地の勢力がその地域社会における自らの利益を確保するために行動する姿なのであり、いわゆる平安期の国家とはそういった地域社会における多層的な利害関係の組み換えの上に成り立っていたものであることを主張したものである。

ところで、いま、日本の古代史研究は大きな転換期にさしかかっている。その理由の一つは、中華人民共和国寧波の天一閣に所蔵されていた明の鈔本中に宋の天聖令が発見され、ここから唐令の原文が判明したことに象徴されるように、その視野が日本列島からアジア大陸へと急速に拡大していることである。天聖令については、二〇〇六年に出版物（『天一閣蔵明鈔本天聖令校證』中華書局出版、二〇〇六年）として公開されるに至ったが、こうした新しい史料の発見と公開は、日本列島だけでなく朝鮮半島の各地において発掘された遺跡やそこで発見された木簡などとともに、今日の研究を進める際の強い刺激となっていることは間違いない。また、海外の研究者との人的交流もこれまでには考えられなかったほど活発となり、現地に行って調査を行い現物を直接に確認することもできるようにもなったことも無視しえないことである。もはや日本の古代史は日本列島の上だけで考えることはできなくなり、どのような対象を扱うにしても、研究者の意識は遥かカフカスの山々を越えてユーラシア大陸の全域、あるいはポリネシアの島々の更にかなたの南米大陸の地域にまで及びはじめている。歴史の研究は、いちだんと文明史、人類史といった様相を帯びはじめているのである。

さらに、インターネットの発明と普及という技術的な革新は、これまで難しかった典籍の原本へ研究者が接近することを非常に身近なものに変えた。これまで限られた写真版による写本か、あるいは校訂本による活字を使ってしか考察できなかった研究方法は、再度、原典に立ち返って一字一句を疎かにしないという古代史研究の原点への回帰を迫るものとなっている。それとともに、こうしたインターネットのもう一つの特長は、その優れた検索機能にある。

従来は個別的な研究論文を探す場合にも、目録を駆使しながら雑誌や著書の原本にあたるという作業がどうしても必要であった。そして、それを筆写したりコピー機器を使って複写するという営みは、それに伴ってさまざまな副産物の発見につながるということはあっても、研究の効率をあげていく上で阻害要因となっていたことは確かである。しかし、今では、論文の全文データがネット上に公開されていれば、研究をしている机上においても直ちに閲覧することも可能になった。あるいは、そこまでいかなくても、どこの図書館のどこに所蔵されているのかということは、かなり簡単に把握することができるようになった。これらのことは、われわれの偉大な先人たちが長い年月をかけて苦労して乗り越えてきたものを、われわれはたちどころに飛び越えてしまえるような感覚にもさせるものである。そして、こうした技術の革新と表裏一体で進む経済活動のグローバル化はわれわれの意識のもち方をも根底から変えようとしている。

しかしそれとともに、こうした変化というものが、いま本当に日本古代史、あるいは歴史学的研究の質的向上に結びついているかどうかということはもう一度立ち止まって考えてみなければいけない。この時代が後世からみた時、本当に日本古代史研究の黄金期であったと評価されるものとなっているであろうか。確かにある特定の問題に関しては、その研究の精度は非常に向上しており、それに関連した史料を博捜できるようになったことは確かである。その一方で、それぞれの論文が局所的な正確さを求めるあまり、ともすれば技術的になりすぎたり、目的意識の不明確なものとなってしまってはいないだろうか。あるいは、研究者自身が自らの生きる社会との緊張関係を十分に自覚しなくなり、狭い研究者集団のなかでのみ通じ合える言葉で自らの成果を語ってはいないだろうか。もとより同時代に生きるものとして、自分もその例外であるとはいえないが、自分は現在の研究状況にある種の閉塞感を感じ、なんとかそこから脱出したいという希望を懐いている。日本古代史の研究が社会ではたらく多くの人々からその意義を承認され、尊敬されるものになることを願うものである。今回、この書において記したことは、そうした意味では出発地点にすら到達していないかもしれないが、少なくとも自分の気持ちのなかではそんな地点に立っているつもりなのである。

今回、こうした文章をまとめて一書にすることを薦めて下さったのは、かつて筑波大学において日本近代史を担当されていた大濱徹也先生である。大濱先生の数多くの的確な指導と助言がなければ、本書が完成することはとうていありえなかった。また、本書の刊行を推薦して下さった法政大学の小口雅史先生、度重なる原稿の遅延にもかかわらず、辛抱強くご助言を与えてくださった同成社社長の佐藤涼子氏、編集に当ってたいへん丁寧な仕事をしていただいた山田隆氏にもこの場をかりて感謝申し上げ、ひとまず擱筆することとしたい。

二〇一六年八月

野口　剛

古代《こだい》貴族《きぞく》社会《しゃかい》の結集《けっしゅう》原理《げんり》

■著者略歴■

野口　剛（のぐち　たけし）

1955 年　埼玉県生まれ
　　　　筑波大学第一学群人文学類日本史専攻卒業
　　　　筑波大学大学院修士課程教育研究科教科教育専攻修了
現　在　帝京大学教育学部教授

主要著書

『日本書紀の世界』（〔共著〕思文閣出版、1996 年）。『続日本紀の世界』（〔共著〕思文閣出版、1999 年）。『訳注日本史料　延喜式　上』（〔共著〕集英社、2000 年）。

2016 年 10 月 31 日発行

著　者　野　口　　剛
発行者　山脇由紀子
印　刷　三報社印刷㈱
製　本　協栄製本㈱

発行所　東京都千代田区飯田橋 4-4-8　（〒 102-0072）東京中央ビル　TEL 03-3239-1467　振替 00140-0-20618　㈱ 同 成 社

ISBN978-4-88621-744-8 C3321

同成社古代史選書

（全て本体価格）